WILFRIED HENDRICKS (HRSG.)

Neue Medien in der Sekundarstufe I und II

Didaktik,

Unterrichtspraxis

studium
kompakt

Lernen Internet

Cornelsen
SCRIPTOR

| Cornelsen online http://www.cornelsen.de |

Gedruckt auf chlorfrei gebleichtem Papier
ohne Dioxinbelastung der Gewässer.

Die Deutsche Bibliothek – CIP-Einheitsaufnahme

Neue Medien in der Sekundarstufe I und II : Didaktik,
Unterrichtspraxis / Hrsg.: Wilfried Hendricks. – Berlin :
Cornelsen Scriptor, 2000
   (Studium kompakt)
   ISBN 3-589-21249-7

Dieses Werk berücksichtigt die Regeln der reformierten Rechtschreibung und Zeichen-
setzung.

| 5. | 4. | 3. | 2. | 1. | ✔ € | Die letzten Ziffern bezeichnen |
| 04 | 03 | 02 | 01 | 2000 | | Zahl und Jahr des Drucks. |

© 2000 Cornelsen Verlag Scriptor GmbH & Co. KG, Berlin
Redaktion: Gregor Rauh, Berlin
Herstellung und Satz: FROMM MediaDesign GmbH, Selters/Ts.
Umschlaggestaltung: Bauer + Möhring, Berlin
Druck und Bindung: Druckerei zu Altenburg GmbH, Altenburg
Printed in Germany
ISBN 3-589-21249-7
Bestellnummer 212497

Inhaltsverzeichnis

Teil B: Pädagogische und didaktische Innovationen

Wilfried Hendricks

Einleitung

Multimedia und Telekommunikation werden das Lern- und Arbeitsverhalten der Lernenden innerhalb und außerhalb der Bildungseinrichtungen grundlegend verändern. Diese Tatsache muss von den Lehrerinnen und Lehrern im Hinblick auf die sich daraus ergebenden Situationen und Probleme in ihrer Tragweite für das pädagogische Handeln in der Schule erfasst werden. Hier stellt sich die Frage nach der Qualifikation der Lehrenden. Allerdings finden Multimedia und Telekommunikation im Studium und im Referendariat bei weitem noch nicht die Aufmerksamkeit, die sie angesichts der gesellschaftlichen Veränderungen durch die Informations- und Kommunikationstechnologien (IuK) und die sich wandelnde Rolle der Schule in der Informationsgesellschaft eigentlich haben müssten. Deshalb bietet dieses Studienbuch Impulse sowohl für den pädagogischen Nachwuchs als auch für die in Universität und Referendariat verantwortlich Handelnden, die sich der Aufgabe einer zukunftsorientierten Ausbildung stellen wollen.

Die Leserschaft interessieren zum einen unterrichtspraktische Aspekte, wie z. B. die Einsatzmöglichkeiten von Multimedia und Telekommunikation, die Rolle der Lehrenden, die Vielfalt der Nutzungskonzepte. Zum anderen aber stellen die Studenten und Referendare auch allgemeine, grundsätzlichere Fragen nach den pädagogisch-didaktischen Begründungszusammenhängen und aktuellen bildungspolitischen Planungshorizonten und Maßnahmen. Beiden Anliegen versuchen Herausgeber und Verlag dadurch gerecht zu werden, dass sie für das Studienbuch „Neue Medien im Unterricht der Sekundarstufe I und II" ein Autorenteam mit ausgewiesenen Fachleuten gewinnen konnten. Sie sind oder waren tätig in der Entwicklung von bildungspolitischen und didaktischen Konzepten für die Nutzung von Multimedia und Telekommunikation in der Schule, in Herstellung und Evaluation multimedialer und telematischer Produkte für Lernzwecke, als Lehrende in Hochschule und Schule.

Im ersten Hauptteil des Bandes stellen wir Fragen nach den wesentlichen Entwicklungstendenzen bei der Auseinandersetzung mit den IuK im deutschen Schulwesen.

Die Diskussion über die Nutzung von elektronischen Werkzeugen und Medien hatte einen ersten Höhepunkt in der bildungstechnologischen Epoche in den 60er Jahren. Diese Entwicklung warf einen langen Schatten, der neuere Entwicklungen zu Beginn der 80er Jahre belastete, weil das Scheitern der Bildungstechnologie den Verfechtern einer Öffnung der Schule gegenüber den IuK als Menetekel vorgehalten wurde. Die Kritiker übersahen jedoch ein wesentliches Argument: Die Bildungstechnologie war in den 60er Jahren auf das Bildungswesen beschränkt; sie fand keine Entsprechung in der Gesellschaft. So blieb ihr sichtbarstes Zeugnis, das Sprachlabor, auf das Lernen im Bereich der modernen Fremdsprachen in Bildungseinrichtungen beschränkt. Anders sieht es bei den IuK aus: Diese bewirken in der Gesellschaft einen Wandel, auf den das Schulwesen inhaltlich reagieren muss; aber auch dadurch, dass sie als elektronische Werkzeuge und Medien zum Zwecke des Lernens und Lehrens genutzt werden. Hier sind neue curriculare Konzepte erforderlich, die einerseits zwar Anleihen auch in der kurzlebigen bildungstechnologischen Debatte nehmen können, andererseits aber auch Erträge aus den jahrzehntelangen medienpädagogischen und -didaktischen Entwicklungen werden ziehen müssen. Da mit alten Positionen den neuen Herausforderungen nicht zu begegnen ist, sind deshalb im Kontext von IuK im Bildungswesen neue Konzepte gefragt. Hierzu kann auf eine ansehnliche Vielzahl und -falt in den letzten anderthalb Jahrzehnten bundesrepublikanischer Reform verwiesen werden – sei es auf der Top-Ebene der staatlicherseits durchgeführten Maßnahmen zur Innovation, sei es auf der Ebene der Basis in den Schulen. Erstere bestehen im Wesentlichen aus Modellversuchen, die mit Mitteln des Bundes und der Länder realisiert werden; letztere entstehen im Zusammenhang der Schulentwicklung am Ort der Schulen selbst.

Von der Bildungstechnologie der 60er Jahre bis zu Konzepten des multimediagestützten Lehrens und Lernens zu Beginn des 21. Jahrhunderts spannt *Haymo Mitschian* den Bogen. Es werden die damaligen konzeptionellen didaktischen Vorstellungen vorgetragen, die in ihrer kybernetischen Ausprägung auf den Computer als Lernmaschine setzten. Der Autor stellt dar, welche Momente zu einer Regression der Bildungstechnologie geführt hatten und worin sich die heutigen Konzepte von den damaligen unterscheiden.

Wilfried Hendricks und *Renate Schulz-Zander* befassen sich als Insider in ihrem Überblicksartikel „Informations- und Kommunikationstechnologien in der allgemeinbildenden Schule – eine Analyse von Modellversuchen" mit staatlichen Programmen, die von der ersten Hälfte der 80er bis Mitte der 90er Jahre – lange vor der breiten öffentlichen Diskussion über die Notwendigkeit des Lernens mit Multimedia und Telematik – zu innovativen Konzeptionen für den Unterricht mit wegweisenden Erkenntnissen und Weichenstellungen in den Bundesländern geführt haben. Damals mussten die Protagonisten der so genannten „Neuen Technologien" noch folgende Erfahrung machen: Ihr Engagement für eine Öffnung der Schule für den gesellschaftlichen Wandel kollidierte mit der unheiligen Allianz aus klassischem Bildungsbürgertum (den Gralshütern des traditionell philologisch orientierten Schulwesens) und

Finanzpolitikern (die aus ihrer haushälterischen Perspektive wenig Verständnis für Reformmaßnahmen besaßen, die der Anschaffungen und Qualifikationsmaßnahmen wegen tatsächlich ins Geld gehen). Erst in jüngster Zeit, unter dem Druck der Wirtschaft und ihrem Ruf nach mehr technologischer Qualifikation in der jungen Bevölkerung wegen des Mangels an technikwissenschaftlichem und informatischem Nachwuchs, ist die (Bildungs-)Politik endlich zu mehr finanziellem Engagement bereit. Es darf allerdings auch nicht übersehen werden, dass einige Bundesländer – allen voran Nordrhein-Westfalen, Hessen, Baden-Württemberg und Bayern – kontinuierlich an grundlegenden Verbesserungen auf dem informations- und kommunikationstechnischen Sektor gearbeitet haben. Hinzu kommen Bundes- und Landesinitiativen zum Thema „Schulen ans Netz" oder „Computer in die Schulen", die für die breite Popularisierung des Gedankens gesorgt haben, dass in der Schule und außerhalb das Lernen für morgen schon heute mit Mitteln und Werkzeugen stattfinden muss, die der Informationsgesellschaft gemäß sind.

Den neuen Medien wird eine Schlüsselstellung in der Entwicklung von Schulen zugeschrieben. Den Zusammenhang zwischen den neuen Medien und dem Potenzial von Schulentwicklungsprojekten diskutiert *Detlev Schnoor* in seinem Beitrag „Neue Medien und die Entwicklungsfähigkeit von Schule". Er arbeitet wesentliche Problemfelder heraus, die für die Schulentwicklung unter der besonderen Berücksichtigung der Rolle von Medienintegration beachtet werden müssen. Dabei wird deutlich, dass sich nicht nur Teilbereiche, sondern die Schule als Gesamtsystem verändern.

Der zweite Hauptteil des Bandes zeigt Schwerpunkte der „pädagogischen und didaktischen Innovationen", die durch die IuK ausgelöst wurden. Häufig wird die Diskussion verkürzt auf eine reine Anwendung der neuen Techniken. Dieser instrumentelle Aspekt ist zwar außerordentlich wichtig im Hinblick auf die sich daraus ergebenden Gestaltungsmöglichkeiten für Lernprozesse; aber die inhaltlichen Herausforderungen sind in ihrer Reichweite für Lerngegenstände und -organisationsformen als mindestens gleichgewichtig zu betrachten. Deshalb stellen die Autoren in diesem Teil des Bandes dar, welche Veränderungen sich aus den Innovationen für den Kompetenzerwerb der Lernenden und für das Verhalten der Lehrenden ergeben.

Das niedersächsische Modellvorhaben „Neue Technologien und Schule" hat frühzeitig die Notwendigkeit gesehen, in allen Fächern und Schulformen sowohl die technologischen Entwicklungen im Hinblick auf ihre Voraussetzungen und Auswirkungen zu thematisieren als auch die Techniken selbst zu nutzen. „Der Computer als Lern-Gegenstand, Medium und Werkzeug im Unterricht" – dieser Trias widmet sich *Wolf-Rüdiger Wagner* begrifflich und zeigt beispielhaft Konsequenzen für schulisches Handeln. Dabei betrachtet er den medialen Aspekt natürlich auch kritisch vor dem Hintergrund der neueren Diskussion über Medienkompetenz.

Für die Lehrerschaft bedeutet die Veränderung ihrer Rolle, die ausgelöst wird durch den Einsatz digitaler Medien im Unterricht, Gewinn und Verlust zugleich. Es bedarf einer intensiven qualifikatorischen Vorbereitung, damit die neuen Gestaltungsmöglichkeiten der Lernprozesse und des pädagogischen Handelns entfaltet werden können. Auf einen wesentlichen Aspekt gehen *Petra Hobrecht* und *Wolfgang Weber* in ihrem als fiktives Gespräch unter Kollegen verfassten Beitrag besonders ein, wenn sie vor dem Hintergrund ihrer Erfahrungen in nordrhein-westfälischen Qualifikationsmaßnahmen die spannende Frage stellen: „Rollenveränderung durch den Einsatz neuer Medien im Unterricht?"

Es gibt einige Modellversuche, in denen festgestellt wurde, dass die Nutzung von entsprechenden Werkzeugen zu einer signifikant positiven Entwicklung der Fähigkeit zu Kommunikation und Kooperation der Schüler und Schülerinnen führt. Auf der Basis von Erfahrungen in hessischen Modellversuchen zeigen *Manfred König* und *Rudi Peschke* in ihrem Beitrag „Förderung der Kooperation und Kommunikation durch Multimedia", welches Entwicklungspotenzial im Bildungssystem durch die Pluralität der Kooperations- und Kommunikationsformen für alle Akteure gegeben ist.

Der dritte Hauptteil des Bandes „Veränderungen in der Schulpraxis" will angehenden Lehrerinnen und Lehrern konkrete Hinweise zur Klärung der Frage geben, wie die neuen elektronischen Medien und Werkzeuge gewinnbringend in den Schulunterricht integriert werden können. Unterricht in den Sekundarstufen ist in der Regel Fachunterricht. Lehrerinnen und Lehrer betrachten die Schule primär aus der Perspektive ihrer Fächer. Deshalb ist es erforderlich, in unserem Band nicht nur die allgemein bedeutsamen Aufgaben, Fragen und Probleme der neuen Medien und Werkzeuge zu diskutieren. In ausgewählten Fächerbereichen wird dargestellt, welche Erfahrungen vor welchem didaktischen Hintergrund mit welchen Konsequenzen gemacht wurden. Es soll mit Hinweisen auf viele gute Beispiele und mit der Darlegung von überzeugenden Argumenten Mut gemacht werden, sich auf einen in der Praxis auch mittelfristig nicht einfachen Weg zu begeben.

Was das Neue am neuen Lernen ist, darüber geben *Heike Schaumburg* und *Ludwig J. Issing* Auskunft: „Neues Lernen mit neuen Medien und Werkzeugen: Gestaltung und Organisation von multimedial gestützten Lehr-Lern-Prozessen in der Schule". Der Einsatz neuer Medien und Werkzeuge wird notwendigerweise die didaktische Gestaltung des Unterrichts ebenso beeinflussen wie dessen Organisation. Dies wird vor dem Hintergrund des aktuellen Standes der mediendidaktischen Forschung dargestellt. Auch werden didaktische Überlegungen zum erfolgreichen Einsatz der neuen Medien und Werkzeuge in der Schule mit unterrichtspraktischen Beispielen konkretisiert.

Mit dem Aufkommen der so genannten neuen Medien wird die alte Forderung nach Entwicklung von Medienkompetenz als curriculares Desiderat unabweisbar. Es ist nicht abzusehen, dass die „neuen Medien" eine Monopolstellung für den Lernsektor erobern werden. Auch die Schule wird dauerhaft mit dem Medienmix leben müssen. Im Informationszeitalter wird „Medienkompetenz als Schlüsselqualifikation" angesehen. *Hartmut Warkus* stellt dar, welche Momente den medienkompetenten Menschen auszeichnen, woran sich Medienkompetenz erweist, welche Aufgaben die Schule erfüllen muss, damit sich Medienkompetenz bei den Lernenden entwickeln kann.

Für *Inge Blatt* steht außer Zweifel, dass der „Deutschunterricht als Kernfach in der Informationsgesellschaft" zu gelten hat. Das dürfte eigentlich nicht überraschen, hat dieses Fach seit jeher zentrale Bedeutung im Kanon der Fächer. Die Konsequenzen aus dieser Erkenntnis zu ziehen, gelingt offenbar nicht ohne weiteres. Denn bislang gehören die Fachlehrerinnen und -lehrer nicht unbedingt zu den Promotoren eines Unterrichts, in dem die IuK inhaltlich und instrumentell für das schulische Lernen erschlossen werden.

Es hat den Anschein, dass „Multimedia und Telekommunikation im Fremdsprachenunterricht" in Theorie und Praxis offensichtlich über ein größeres Maß an Akzeptanz in der Fachlehrerschaft verfügt, allerdings nur für den Englischunterricht. Dieser Eindruck drängt sich auf, wenn man das Angebot am Bildungssoftwaremarkt als Maßstab wählt, denn der Anteil der Englischprogramme ist überproportional hoch. *Markus Ritter* zeigt in einer fiktiven Podiumsdiskussion, in der auf besonders pointierte Weise konträre Standpunkte in der fachdidaktischen Diskussion herausgearbeitet werden, dass die Veränderungen gegenüber dem konventionellen Sprachunterricht außerordentlich groß sind. Deswegen kann es nicht verwundern, wenn auch das Interesse am Festhalten an bewährten und langfristig erprobten didaktisch-methodischen Konzepten groß ist.

„Neue Medien in den mathematisch-naturwissenschaftlichen Fächern" bringen nach Meinung von *Wolfgang Tews*, Lehrer und Experte für Online-Lernberatung, insbesondere durch die Einbeziehung der im Netz vorhandenen Lernangebote neue Möglichkeiten zur Weiterentwicklung des Unterrichts. In den Ausführungen wird das Interesse des Autors deutlich, durch die Einbeziehung der Telematik in das Schulleben die enge Beschränkung der neuen Medien und Werkzeuge auf rein fachunterrichtliche Aspekte zu überwinden und deren Bedeutsamkeit für das Schulleben insgesamt zu betonen.

Gewiss gibt es in Fragen von Multimedia und Telekommunikation sehr viele Gemeinsamkeiten in allgemeinbildenden und berufsbildenden Schulen. Man muss allerdings die unterschiedlichen pädagogischen und didaktischen Konzeptionen sowie die unterschiedlichen Zweckbestimmungen ebenso berücksichtigen wie die spezifischen Rahmenbedingungen, die *Bernd Mahrin* in seinem Beitrag „Multimedia in der beruflichen Bildung – Intentionen und Varianten" herausarbeitet.

Die Schule von heute sei vielfach noch von gestern – dieses oft geäußerte (Vor-)Urteil, das insbesondere im Hinblick auf die Versorgung mit Multimedia und Telekommunikation vorgebracht wird, wollen wir an dieser Stelle nicht diskutieren. Vielmehr stellen wir dar, dass den deutschen Schulen auf ihrem Weg in die Informationsgesellschaft heute bereits eine breite telematische Unterstützung zur Verfügung steht. Die Frage: „Was findet die Schule für morgen im Netz von heute?" kann auch *Tanja Siemer* in ihrem Übersichtsartikel in diesem Band gar nicht umfassend beantworten. Es ist mittlerweile auch für Fachleute ein schwieriges Unterfangen, den „totalen Durchblick" zu bekommen. Zu wissen, dass es viel gibt, ist eine Sache; zu erkennen, was für die Schüler gut und nützlich ist, aber eine ganz andere. Hierzu sind die Lehrerinnen und Lehrer gefordert, sich für ihr lokales Umfeld einen globalen Überblick zu verschaffen.

Studienbuch mit Internet-Präsenz

Dem Thema dieses Bandes angemessen, werden wir den Lesern moderne Telekommunikationswerkzeuge für ein Diskussionsforum anbieten. Dies wird durch eine publizistische Begleitung zu dem Buch über das Internet (www.medien.cornelsen.de) stattfinden. Es wird ein Forum eingerichtet, das Möglichkeiten zur Diskussion mit den Autorinnen und Autoren bietet, aber auch den Lesern Gelegenheit bietet, ihre eigenen Erkenntnisse zu Einzelthemen oder zum Gesamtzusammenhang des Bandes zur Diskussion zu stellen. Dies könnten z. B. Arbeitsergebnisse einer Studentengruppe oder eines Seminars sein oder die kritische Diskussion von Fachkolleginnen und -kollegen aus der zweiten Ausbildungsphase, Schule und Hochschule zu Aussagen in den einzelnen Beiträgen dieses Bandes. Für Verlag, Herausgeber und Autoren ergeben sich Möglichkeiten, aktuelle Entwicklungen hier zu referieren oder zu reflektieren und per Link relevante Adressen zu erschließen.

Was Sie schon immer über
Neue Medien wissen wollten:

http://www.medien.cornelsen.de

Teil A

Entwicklungen im deutschen Schulwesen

Haymo Mitschian

Vorsprung durch Technik?

Von der Bildungstechnologie der 60er Jahre bis zum multimedialen
Lehren und Lernen zu Beginn des 21. Jahrhunderts

1. Auswirkungen des Sputnik-Schocks auf die Pädagogik

Als am 4. Oktober 1957 der erste von Menschen geschaffene Raumkörper um
die Erde kreiste, begann sich in der westlichen Hemisphäre der nach dem
Flugkörper benannte *Sputnik-Schock* auszubreiten. Die bislang in nahezu jeder Beziehung als unterlegen eingeschätzten Sowjets hatten offensichtlich einen Vorsprung erzielt, und dies dazu in einem prestigeträchtigen Technolo-
giebereich.

Als Reaktion darauf startete die Politik im Westen eine Reihe von Maßnahmen, um den vermeintlichen oder tatsächlichen Rückstand gegenüber der
Sowjetunion aufzuholen. Neben rein technologieorientierten Vorhaben in der
Art des US-amerikanischen Mondfahrtprogramms schlugen sich diese Bestrebungen vor allem in umfassenden *Bildungsoffensiven* nieder.

Kennzeichnend für die Entwicklung der Pädagogik in dieser Epoche ist der
Versuch, sie auf eine *„wissenschaftliche" Basis* zu stellen, worunter im Kern
die Übernahme naturwissenschaftlicher Forschungs- und Erkenntnismetho-
den verstanden wurde.

2. Bildungstechnologie in den 60er Jahren

Untermauert von einem generellen Glauben an die „Allmacht der Technik",
gewannen naturwissenschaftlich ausgerichtete Lerntheorien an Gewicht, die
auf der Basis „objektiver" Erkenntnisse das Lehren und Lernen neu zu organisieren versprachen. Das Lernen sollte unabhängig werden von den subjek-
tiven Entscheidungen einzelner Lehrpersonen und statt dessen auf den Ge-
setzmäßigkeiten des Lernens basieren, wie sie die modernen Wissenschaften
aufdecken. Hilfestellungen erwartete man durch den Einsatz von Lerntechnologien, das heißt von technischen Geräten sowie von kleinschrittig vorgegebenen Lernprogrammen, die die Lehrer ersetzen oder zumindest als „sub-
jektive Störfaktoren" eliminieren sollten. Bildungstechnologisch orientierte

Pädagogen und Psychologen gaben sich dadurch eine grundlegende Umorientierung in der Art der Wissensvermittlung.

Die lerntheoretische Basis für diese Erneuerung steuerte der *Behaviorismus* bei, die methodischen und didaktischen Grundlagen die *kybernetische Pädagogik*, die ihrerseits den Einsatz von Lehrgeräten forderte. Die jüngsten Fortschritte bei der Speicherung und Übertragung von audiovisuellen Medien, die Verbreitung von Funk und Fernsehen sowie die Aussichten, die sich durch die einsetzende Computerisierung eröffneten, sorgten Anfang der 60er Jahre für eine enorme Erweiterung des Spektrums potenzieller Lehr- und Lernmethoden, die durch entsprechende Methodiken zu erschließen waren.

Der *Behaviorismus* hebt sich von den mit ihm konkurrierenden kognitiven Lerntheorien durch den Verzicht auf Aussagen über die interne Art der menschlichen Informationsverarbeitung ab. Er beschränkt sich auf das, was beobachtbar und messbar ist, während er alle anderen Vorgänge in einer „Black Box" lokalisiert und damit aus der wissenschaftlichen Betrachtung ausblendet. Genau erfasst werden der Input in diese Box, die Reize, die auf einen lernenden Organismus treffen, und der Output, die Reaktionen dieses Organismus, die von den Reizen verursacht werden. Beides lässt sich mit Hilfe (natur-)wissenschaftlicher Verfahren messen und verleiht dadurch der daraus abgeleiteten Lerntheorie ihre wissenschaftliche Basis. Lernen wird entsprechend definiert als das Erreichen von überdauernden Verhaltensänderungen, die nicht von biologischer Reifung oder ähnlichen Einwirkungen auf den Organismus hervorgerufen werden (Bredenkamp 1974, S. 609).

Die Konzentration auf die *Reiz-Reaktions-Folgen* kennzeichnet die Lehrmaßnahmen auf behavioristischer Grundlage. Der eine Schwerpunkt liegt in der Gestaltung der Reizsituationen, in die Lernende gebracht werden, und der andere in den Testverfahren, die Aufschluss über die erreichten Verhaltensänderungen und damit die Lernergebnisse liefern sollen. Für dieses Schema ist es notwendig, die Lerngegenstände in einzelne Lernschritte aufzuteilen, die jeweils nur einen einzigen Wissenspunkt beinhalten. Diese Punkte werden z. B. in Form von Erklärungen, Anweisungen oder Übungen präsentiert und sofort anschließend überprüft. Die Ergebnisse dieser Überprüfung zeigen nicht nur die Lernleistungen, sondern liefern die Ansätze für Verstärkungen positiver (Erfolgsbestätigung/Lob) oder negativer (Bestrafung/Tadel) Art, die den weiteren Lernverlauf beeinflussen.

In diesem kleinschrittigen Vorgehen bei der Wissensvermittlung und dem Ausblenden aller nicht unmittelbar messbaren Faktoren liegen die Verbindungen zwischen der behavioristischen Lerntheorie und der *kybernetischen Pädagogik*. Die *Kybernetik* selbst entstammt der mathematischen Informationstheorie und befasst sich mit der Aufnahme, Verarbeitung und Übertragung von Informationen innerhalb oder zwischen Systemen und vergleicht diese

Vorgänge miteinander. Der entscheidende Einfluss dieser Forschungsrichtung auf andere Wissenschaften außerhalb der Mathematik resultiert aus der Übertragung der Methoden und Erkenntnisse, die aus der Untersuchung technischer Regel- und Steuerkreise gewonnen werden, auch auf biologische, psychologische und soziologische Systeme.

Unterrichtssituationen stellen, aus dieser Perspektive betrachtet, Prozesse des Informationsumsatzes dar, wobei die Vertreter der Kybernetik darin primär psychologisch und weniger pädagogisch beeinflusste Vorgänge sahen. Kennzeichnend für die pädagogische Kybernetik ist die Abstraktion davon, „ob die beteiligten Systeme Menschen (Lehrer, Adressaten) oder Maschinen (Lehrmaschinen, lernfähige Geräte) sind" (Frank 1964, S. 146). Die bestimmende Größe der Vorgänge bildet der *Lehralgorithmus*, die Reihenfolge der Lernschritte, die aus den Strukturen des Lerngegenstandes abgeleitet und in Übereinstimmung mit behavioristischen Lerngesetzen festgelegt wird. Er ermöglicht „einem Lehrsystem zu jedem Zeitpunkt eine determinierende Entscheidung über den nächsten Lehrschritt" (ebd.).

Konkretisiert hat sich das kybernetische Lernen im *Programmierten Unterricht*. Der Terminus „Programmierung" bezieht sich dabei nicht auf die Übertragung von Anweisungen in eine Computersprache, sondern auf die exakte Festlegung der Abfolge von Lehr- und Lernschritten in einem Lehralgorithmus. Das Programmieren eines Lehrstoffes bedeutet „die Entwicklung eines Algorithmus zur Übermittlung dieses Stoffes an ein Lernsystem" und ist deshalb gleichbedeutend mit der vollständigen didaktischen Aufbereitung des Lehrstoffs (Frank 1964, S. 149).

Da jedes „Lehrsystem" in der Lage ist, nach den Gesetzen der Kybernetik zu handeln, wird programmierter Unterricht nicht zwangsläufig mit Lehrgeräten oder entsprechend aufbereiteten Lernmaterialien realisiert. Auch der „von einem Lehrer gehaltene, präzise vorbereitete Unterricht" gehört dazu, während ein „unvorbereiteter bzw. lückenhaft vorbereiteter Unterricht" den Gegensatz abgibt (ebd.).

Trotz dieser sachlich richtigen und mit den theoretischen Voraussetzungen übereinstimmenden Differenzierung ist der Prototyp des programmierten Unterrichts derjenige, der ohne die Lehrer auskommt. Die *Lehrerrolle* blieb in diesem Konzept umstritten. Während einige ganz offen den Ersatz der Lehrer durch die Programme vorhersagten, sahen andere für sie durchaus noch Aufgaben:

> Wenn einerseits ein Sachspezialist für die wissenschaftliche Richtigkeit des Lehrstoffs, andererseits ein Spezialist für die didaktisch optimale Aufstellung des Lehralgorithmus gefordert wird (und womöglich künftig noch ein Spezialist zur Programmierung des Lehralgorithmus für einen als Lehrmaschine einzusetzenden Rechenautomaten!) – welche Aufgabe verbleibt dann dem Pädagogen? […] Dem Lehrer verbleibt insbesondere die Aufgabe des Erziehens – aber darüber hinaus könnte er sich in Zukunft auch auf eine der zwei oder drei genannten Aufgaben bei der Programmierung des Unterrichts spezialisieren. *(Frank 1963, S. 8)*

Die *Erzieher- und Betreuerfunktion*, die hier den Lehrern angedient wird, scheint lediglich das Auffangen ansonsten nirgendwo unterzubringender Unterrichtszwecke zu sein. Wie sollte das Erziehen auch aussehen, wenn die Inhalte alle programmiert vermittelt werden? Auffallend ist, dass Lehrer weder als Sachspezialisten für den Lerngegenstand noch als die für die Didaktik Zuständigen in Frage kommen: Zur Durchführung von programmiertem Unterricht reicht die Kooperation eines Fachexperten mit einem Spezialisten für Lehralgorithmen aus, beim maschinengestützten Lernen ergänzt um einen Softwarespezialisten. Obwohl die Aufstellung eines Lehralgorithmus *per definitionem* nichts anderes sein sollte als die vollständige didaktische und methodische Aufbereitung des Lehrstoffs, verrät die hier vorgenommene Ausgrenzung der Lehrer ihre lückenlose Ersetzbarkeit.

Zur Umsetzung dieser Konzepte in die Lehrpraxis stand damals jedoch kaum Hardware zur Verfügung. Zum Einsatz kamen Ton- und Filmbänder, Folien und Diapositive, hauptsächlich jedoch Lehr- und Übungsbücher. In der Verwendung nicht-technischer Vorrichtungen lag kein Widerspruch zum kybernetischen Ansatz, auch wenn man beständig an der Herstellung von *Lehrgeräten* arbeitete. Denn unter *teaching machines* verstand man von Anfang an nicht nur Geräte mit unterschiedlicher Steuerung (manuell, elektrisch oder elektronisch), sondern auch Arbeitsmappen und eben Bücher. Trotzdem hoffte man auf Neuentwicklungen; vor allem der Computer – besser gesagt, der „elektronische Universalrechenautomat" – wurde von seiner Kapazität her als der ideale *Lehrautomat* angesehen.

Neben den üblichen Vorteilen des lehrmaschinengestützten Lernens – Wissenschaftlichkeit, Selbstbestimmung des Lernweges und sofortiges Feedback – sah man seine Stärken in der schnellen Reaktion auf Lernereingaben, der Fehlerlokalisierung, in der Adaptivität, also der Anpassungsfähigkeit an unterschiedliche Lernabläufe und damit in der weitgehenden Individualisierung des Lernens bis hin zum selbst lernfähigen Automaten, der sein Programm abhängig von den Lernerreaktionen verändert:

> Die neueren Elektronenrechner sind sehr zuverlässig geworden. Sie machen wesentlich weniger Fehler als der Mensch und werden vor allem nicht müde. Nur ein Nachteil bleibt zu erwähnen: Sie sind sehr teuer. *(Frank 1963, S. 31 f.)*

Die damaligen *Großrechenanlagen* waren aber nicht nur aus Kostengründen kaum zugänglich und wurden ausschließlich für experimentelle Lernversuche eingesetzt. Die Ein- und Ausgabegeräte waren, gemessen an heutigen Maßstäben, primitiv und umständlich zu bedienen. Fragen der kooperativen oder parallelen Nutzung von Rechnern, die zu einer tragbaren Kosten-Nutzen-Relation hätte führen können, wurden erst innerhalb der Grundlagenforschung zur Architektur lokaler Anwendernetze diskutiert. Außerdem bewegte sich die Programmierung noch auf einem sehr maschinennahen Niveau, das hoch spezialisierte Experten und einen enormen Arbeitsaufwand zur Erstellung einfacher Programmabläufe erforderte. Schulen in absehbarer Zeit Zugang zu Rechnern zu verschaffen, lag unter diesen Umständen außerhalb der realisierbaren Möglichkeiten.

Ein anderer Entwicklungsimpuls kam von den so genannten *Skinnerschen Lehrmaschinen*, die analog zum Reiz-Reaktions-Schema auf einfachen Kombinationen von Textanzeige und Antworteingabe basierten. Sie erfuhren sehr bald Erweiterungen in Bezug auf Ton- und Bildwiedergabe und eine mehr oder weniger verzweigte Präsentation. Dazu kamen die neuen technischen Möglichkeiten der Ton- und Bildspeicherung, -reproduktion und -übertragung durch Tonbänder und Fernsehen, die den simultanen Einsatz von geschriebenen und gehörten Texten mit stehenden oder bewegten Bildern, kombiniert mit der Eingabe von Schrift und Sprache, in den Bereich des Machbaren rückten. *Lehrmaschinen* mit diesen oder anderen Fähigkeiten wurden jedoch kaum in nennenswerten Stückzahlen gefertigt.

Die Lehrgeräte konnten sich nicht durchsetzen, weder die einfachen noch die aufwändigen. Im Prinzip war es die Zeit, die diesen Maschinen weglief. Als die ersten funktionsfähigen Typen auf den Markt kamen, wurde der Behaviorismus als grundlegende Lerntheorie gerade abgelöst von Lernmodellen, wie sie Bruner (1966), Ausubel (1968) oder Bandura (1971) vertraten, die differenzierte Lernformen verlangten, angepasst an die veränderbaren Bedingungen konkreter Lernsituation und -aufgaben. Potenziell waren dazu die „volladaptiven Rechenautomaten", also die Computer, in der Lage, nicht dagegen die im Vergleich dazu unflexiblen, auf ein einziges Lehr-Lern-Verfahren hin ausgelegten Lehrgeräte.

Anfang der 70er Jahre war die erste große Welle des *Programmierten Unterrichts* bereits wieder verebbt. Lediglich die Lernprogramme in Buchform wurden noch einige Zeit weitergeführt. Einen stärkeren Nachhall fand das Konzept im Bereich des computerunterstützten Lernens durch die Überein-stimmung zwischen dem Aufbau eines Lehralgorithmus und den Anforderun-gen der Computerprogrammierung. Die kybernetische Pädagogik selbst ver-schwand in der Folgezeit zwar nicht vollständig aus der Didaktik, setzte sich allerdings mit immer geringer werdender Beachtung in fachlichen Randgebie-ten fest.

Kennzeichen dieser ersten Epoche der versuchten Technologisierung des Lernens ist die Anwendung naturwissenschaftlicher Methoden, die jedoch an der unzulänglichen Zähl- und Messbarkeit der Faktoren scheiterte, die bei den Vorgängen des Lehrens und Lernens mitwirken. Auffallend ist, dass die Programmierung des Lernens angegangen wurde, bevor programmierbare Lernmaschinen in praxistauglicher Ausführung überhaupt verfügbar waren. Als besonders negativ wirkte sich für die damalige und die Entwicklung der folgenden Jahrzehnte aus, dass die Befürworter des technologiegestützten Lernens mit dem Behaviorismus und der Kybernetik einseitig auf For-schungslinien in der Lernpsychologie bzw. der Pädagogik setzten, die selbst innerhalb der jeweiligen Fachwissenschaft nicht unumstritten waren und die bald wieder an Bedeutung verloren. Dadurch wurden alle didaktischen Maß-nahmen, die auf diese Größen gebaut hatten, in Mitleidenschaft gezogen.

3. Computerunterstütztes Lernen – eine Technik sucht ihre Anwendung

Sieht man von den Bemühungen der Kybernetiker ab, dann sind bei den Ver-suchen, das Lernen mit dem technischen Gerät *Computer* zusammenzubrin-gen, bislang *drei Phasen* auszumachen, geprägt jeweils von der verfügbaren Hardwarebasis.

Die ersten konkreten Ergebnisse wurden auf der Basis so genannter *Main-frames* erzielt, jene Rechner, die entweder als die Computer schlechthin in der Reihung mit den Mini- und den Mikrocomputern stehen oder als Super-computer bezeichnet werden, wenn die Mikrocomputer als die prototypi-schen Geräte gesetzt sind. Bezeichnendes Merkmal der Mainframes ist neben ihrer Leistungsfähigkeit der Anschluss vieler, gegebenenfalls lokal verteilter Nutzerterminals an eine zentrale Recheneinheit.

Die zweite Phase begann mit dem Auftauchen der *Mikrocomputer*. Die Ausmaße und vor allem die Kosten für die Geräte ließen Rechnerbauweisen zu, die nun dementsprechend als Tisch- oder Personalcomputer bezeichnet wurden. Obwohl sie unter Leistungsgesichtspunkten keine ernst zu nehmen-de Konkurrenz für die Mainframes abgaben, brachte ihnen ihre Verfügbarkeit die entscheidenden Pluspunkte ein. Kennzeichnend für diese Phase ist das unvernetzte Arbeiten am eigenen Rechner.

Die dritte Phase hat erst vor kurzem begonnen. Zum einen wird sie dadurch bestimmt, dass die Grenzen zwischen Mainframe und Mikrocomputer wieder verschwinden. Der Anschluss der Einzelrechner an das *Internet* und die kombinierte Nutzung von Rechnerkapazitäten on- und offline lassen das gesamte System wie eine Zentralrechenanlage mit Nutzerterminals wirken, wobei die Terminals nicht mehr nur mit einer, sondern mit vielen Zentralen verbunden sind. Zum anderen gestatten die Leistungsmerkmale der Einzelrechner eine Mensch-Maschine-Kommunikation, bei der die technischen Aspekte weitgehend auch von der Technik erledigt werden, während sich der Mensch in vergleichsweise gewohnter Weise mit den eigentlichen Zwecken und Zielen seines Tuns auseinandersetzt. Äußere Zeichen dieser Entwicklung sind die grafischen Benutzeroberflächen, die Multimediatauglichkeit sowie die drastisch gestiegenen Datenmengen, die von Arbeitsspeicherchips, Festplatten der Computer oder den transportablen Datenspeichern wie CD-ROM oder DVD bewältigt werden.

4. Experimente mit Großrechenanlagen

Die Erforschung des *Lernpotenzials der Großrechenanlagen* fand hauptsächlich in den USA statt. Dort wurden mit großem Aufwand und massiver staatlicher Unterstützung mehrere Projekte durchgeführt, zum Beispiel PLATO *(Programmed Logic for Automated Teaching Operations)* oder TICCIT *(Time-shared Interactive Computer Controlled Information Television)* (vgl. Mitschian 1999).

Lerntheoretisch basierten die Projekte auf zwei Voraussetzungen:

1. Nahezu zum Axiom erhoben wurde die *Forderung nach individuellem Lernen*. Als den wesentlichen Nachteil des Unterrichts in Gruppen sah man die geringe Differenzierung entsprechend dem Leistungsvermögen der Lernenden an: schnelle werden von den langsameren gebremst, wobei letztere trotzdem nicht ausreichend Zeit und Übungsmöglichkeiten erhalten, da sich der Unterricht an einem erfahrungsbedingten Mittelwert ausrichtet. Als Hauptaufgabe des computergestützten Lernens galt deshalb die Unterstützung bei der Übungstätigkeit, die nach der Einführung in ein Lernproblem auf individuell unterschiedliche Weise erfolgen sollte.

2. Gesucht wurden zum anderen nachweislich *effiziente Lernmodelle*. Die Orientierung am Behaviorismus eröffnete vermeintlich einen Weg weg von Lehrkonzepten, die lediglich anhand praktischer Überlegungen und pädagogischer Intuition entstehen, hin zu wissenschaftlich fundierten Konzepten aufgrund „harter" Daten über Lernvorgänge und Lernverhalten.

Begünstigend kam hinzu, dass das vom Behaviorismus geforderte klein-schrittige Vorgehen mit anschließender Erfolgskontrolle und Verlaufsverzwei-gung exakt mit den Grundlagen der linearen Computerprogrammierung über-einstimmte, weshalb behavioristische Lernverläufe einfach zu programmieren waren. Dem Leistungsumfang der verfügbaren Programmiersprachen entspra-chen die Typen der Lernprogramme, die damit geschrieben wurden: Drill- und Übungssysteme, tutorielle Lernprogramme und Dialogprogramme. Analyse-programme zur Bewertung der Lernerleistungen waren in die meisten Lern-programme integriert.

Die reinen *Übungsprogramme* zielten auf die Individualisierung des Ler-nens ab und waren als Ergänzungen des herkömmlichen Unterrichts gedacht. Die Computer boten den Lernenden regelmäßige Wiederholungen und Übun-gen zum durchgenommenen Lernstoff an. Die Datenanalyse steuerte dabei den Schwierigkeitsgrad der Übungen abhängig von den vorherigen Übungs-ergebnissen, was zur freien Gestaltung von Lernzeit und -tempo einen weite-ren Aspekt der Individualisierung hinzufügte.

Die *tutoriellen Systeme* enthielten alle Elemente der reinen Übungs-programme, ergänzt um die Funktion der Einführung in den Lerngegenstand. Ihre Entwicklung ging stärker in Richtung Lehrerersatz, indem sie eine als ideal eingeschätzte Situation zu simulieren versuchten: die Interaktion eines uneingeschränkt geduldigen Lehrers mit einem einzelnen Schüler. Die *Dia-logsysteme* sollten eine noch bessere Art der Computer-Lerner-Interaktion er-schließen, konnten aber mit Hilfe der damaligen Hard- und Softwaretechnik nicht so realisiert werden, wie es für funktionierende Lernvorgänge notwen-dig gewesen wäre. Auch die Prognosen zum Einsatz aller Übungstypen soll-ten sich als zu optimistisch herausstellen (Suppes 1969, S. 44[1]):

> Ich möchte vorhersagen, dass innerhalb des nächsten Jahrzehnts viele Kinder in den Grundschulen individualisierte Übungsprogramme benutzen; und wenn sie die weiterführende Schule erreichen, werden für viele Bereiche tutorielle Systeme zur Verfügung stehen. Ihre Kinder könnten während der gesamten Schulzeit mit Dia-logsystemen arbeiten.

---

1 „I would predict that within the next decade many children will use individualized drill-and-prac-tice systems in elementary school; and by the time they reach high school, tutorials will be avail-able on a broad basis. Their children may use dialogues systems throughout their school experi-ence."

Mitverantwortlich dafür, dass viele der Hoffnungen enttäuscht wurden, waren Probleme mit der Hardware. Interessanterweise gingen fast alle Lernmodelle von multimediatauglichen Computerausstattungen aus. Das 1967 in Stanford installierte System von IBM zum Beispiel bestand aus einem Bildschirm zur Darstellung von Text und einfachen Grafikelementen, einer Einheit zur Bildprojektion, einem Zeigegerät (Lichtstift), einer Tastatur und einer Hörsprecheinheit, die an ein Tonband mit Direktzugriff angeschlossen war. Gesteuert wurden die Terminalkomponenten von einem Rechner. Je nach Programmanlage und Lernerreaktion zeigte das System Erläuterung oder Übungstexte auf dem Bildschirm an, präsentierte ein passendes Bild auf der Projektionseinheit und spielte die entsprechende Tonbandstelle ab. In der Praxis arbeitete dieser Geräteverbund jedoch selten fehlerfrei und nur unter erheblichen Einschränkungen.

5. Mikrocomputer als Lehrmittel

Das Differenzierungsmerkmal der beiden ersten Phasen computerunterstützten Lernens schlechthin ist die Trennung nach *Zentral- und Einzelplatzrechner*. Während sich die frühen Konzepte durch die verfügbare Technik wie selbstverständlich an einer zentralisierten Art der Lernorganisation ausrichteten, standen auf Basis der Mikrocomputer auch andere Konstellationen zur Verfügung.

Das Interessante an diesem Wechsel ist, dass der entscheidende Anstoß nicht von der technischen Qualität der Geräte ausging, sondern im beginnenden Übergang der neuen Technologie von einer elitären zu einer Massenanwendung lag. Denn obschon die Mainframes unter allen technischen Aspekten weitaus überlegen waren, wurden sie auf dem Lernsektor binnen kürzester Zeit von den Mikrocomputern aus dem Rennen geworfen. Dabei wurde das generelle Manko der Mainframes, die durch die hohen Anschaffungs- und Betriebskosten eingeschränkte Zugänglichkeit, durch die Tischrechner nur abgeschwächt und keineswegs beseitigt.

Die Computer wurden einem breiteren Personenkreis zugänglich, blieben aber noch weit von einer allgemeinen Verfügbarkeit entfernt: in Lehrinstitutionen hielten die Personalcomputer bestenfalls Einzug in die Büros, nicht jedoch in die Unterrichtsräume. Aus Sicht engagierter Didaktiker lag der wesentliche Qualitätsgewinn darin, dass die Mikrocomputer ohne die Mithilfe von technischem Personal zu programmieren waren.

Ein wesentlicher Beitrag der zweiten Phase zur Entwicklung des Lernens mit Computern liegt in der *Ausdifferenzierung von Lernsoftwaretypen*. Das Schwergewicht bildete nach wie vor die *Übungssoftware*, wobei zwischen reinen Übungsprogrammen, Lernspielen und tutoriellen Übungen unterschieden wurde. Daneben beschäftigte man sich mit *Simulationen*, die im Kern auf den gleichen Ablaufmustern wie die Übungen basierten, die jedoch eine breite Palette an akzeptierten Eingaben und möglichen Handlungsverläufen voraussetzten. Davon abgesehen war „Simulation" Mitte der 80er Jahre ein Modebegriff, mit dem alle irgendwie verbundenen Übungssammlungen bezeichnet wurden.

Neben die von Programmierern erstellte Lernsoftware traten in der Phase der Mikrocomputer die von interessierten Laien, in erster Linie von Lehrenden hergestellten Produkte. Um diesem Personenkreis den kreativen Umgang mit der Software zu erleichtern, setzte man vereinfachte Versionen von Programmiersprachen ein, die *Autorenprogramme*. Ihre Handhabung war leichter zu erlernen, dafür boten sie nur einen vergleichsweise geringen Funktionsumfang. Die Nachfrage nach Autorenprogrammen blieb jedoch die gesamte Phase über sehr gering. Ausschlaggebend dafür dürfte die geringe Anzahl derjenigen Lehrer gewesen sein, die sich überhaupt mit dem computerunterstützten Lernen beschäftigten, von denen dann nur wiederum ein Bruchteil keine Programmiersprache erlernte, und die sich statt dessen mit der von der Autorensoftware festgelegten Auswahl begnügten.

Ebenfalls nur eine marginale Rolle spielte diejenige Lernsoftware, die mit dem Prädikat „intelligent" versehen wurde. Im Kern lassen sich zwei Merkmale bestimmen, auf die sich diese Zuschreibung bezieht. Zum einen werden damit Programme bezeichnet, die komplexe Ablaufstrukturen enthalten, um möglichst differenziert auf Benutzereingaben zu reagieren. Zum anderen fallen so genannte „Expertensysteme" darunter, die versuchen, das Modell einer flexiblen Lerner-Lehrer-Interaktion zu imitieren.

Der Unterschied der beiden Programmtypen liegt in der Art der Antizipation von Lernereingaben. Während bei der ersten Gruppe versucht wird, einen möglichst vollständigen Bestand denkbarer Eingaben vorherzusehen und in die Software zu integrieren, enthalten Programme der zweiten Gruppe Module, die, aufbauend auf einer Datensammlung, selbsttätig Bewertungen generieren, mithin also auch auf unerwartete Eingaben angemessen reagieren sollten. Doch mit keiner der beiden Strategien waren zufriedenstellende Ergebnisse zu erreichen. Die Organisation eines maschinenlesbaren Expertensystems, das den Wissensbestand und die vielfältige Wissensvernetzung nachbildet, wie sie vermutlich bei einem Menschen mit dem entsprechenden fachlichen Wissen vorliegt, erwies sich letztendlich als eine unüberwindbare Hürde.

Wenig Beachtung fanden damals die digitalen Lernwerkzeuge. Textverarbeitungssoftware, Datenbanken oder Tabellenkalkulationen wurden zwar öfter als Lernhelfer benannt, selten jedoch in der Praxis als solche genutzt. Vermutlich reichte der Grad der allgemeinen Computerisierung während der gesamten Phase nicht aus, um einen in die Breite gehenden Einsatz zu erlauben.

Zieht man Bilanz, dann beeindruckt zwar die Kreativität der mit dem Lernen mit Computern befassten Personen, die Auswirkungen ihrer Tätigkeit auf die Lernpraxis müssen jedoch als sehr gering eingestuft werden. Rückblickend stellt sich sogar die Frage, ob es überhaupt sinnvoll war zu versuchen, aus einem gelegentlich piepsenden, ansonsten jedoch stummen Rechner mit meist monochromer Bild- und Textausgabe auf einem flimmernden Bildschirm oder einem langsamen Drucker mittlerer Auflösung ein Lernwerkzeug machen zu wollen. In diesen Aspekten muss im Vergleich zu den Möglichkeiten der Mainframes sogar von einem Rückschritt gesprochen werden.

6. Lernen mit multimedialen Netzwerken

Etwa ab Mitte der 90er Jahre hatten sich die jüngsten Kapazitäts- und Funktionserweiterungen der Computertechnologie so weit verbreitet, dass sie fortan als Mittel des Lehrens und Lernens verfügbar sind. Die Meilensteine lauten: grafische Benutzungsoberfläche, objektorientierte Programmierung, Multimediatauglichkeit der Einzelrechner und ihre globale Vernetzung.

Gleichzeitig wuchsen bei der Erstellung von Lernsoftware die Einflüsse der inhaltlich Verantwortlichen gegenüber den für die softwaretechnische Gestaltung Zuständigen. Es kann offen bleiben, ob es eine Folge davon oder die Ursache dafür war, dass die technischen Aspekte des Lernens mit Computerhilfe zusehends in den Hintergrund gerieten und sich die Fachdiskussion verstärkt auf lernspezifische Fragen konzentrierte. Anstatt auf intelligente Maschinen zu hoffen, setzte man wieder mehr auf menschliche Intelligenz, die auf ein technologisches Potenzial gestützt zu Fortschritten des Lehrens und Lernens führen sollte.

Diese Neuorientierung spiegelt die Abkehr vom Computer als Lehrerersatz hin zum *Medienlieferanten* sowie *Lern- und Kommunikationswerkzeug* wider. Trotz einer anhaltenden Präferenz als Mittel des Selbstlernens erweitert sich damit das Spektrum der Einsatzmöglichkeiten für den Computer grundlegend und macht ihn zu einem Lehr- und Lernhelfer, der in der gesamten Breite didaktischen Handelns mitwirken kann.

7. Fazit

Eine zeitgemäße technische Ausstattung vorausgesetzt, stehen heute alle Medienarten und viele digitale Werkzeuge zur Verfügung, die mit Hilfe von *didaktischem Sachverstand* zu Lernmedien und Lernwerkzeugen gemacht werden können. Damit wurde eine Lehre aus den Erfahrungen der Vergangenheit gezogen, dass nämlich nicht die technischen Aspekte im Mittelpunkt stehen, sondern die *Erfordernisse des Lehrens und Lernens* den Einsatz der Computer bestimmen sollten. Die Anfälligkeit gegenüber anderen Modernisierungen scheint dagegen noch nicht vollständig überwunden zu sein. So trägt die gegenwärtig zu beobachtende Hinwendung zu konstruktivistischen Lernkonzepten die Gefahr in sich, ähnlich wie die frühere Orientierung am Behaviorismus zum Opfer einer nachfolgenden Trendwende zu werden.

Des Weiteren kann die Lücke, die sich zwangsläufig zwischen den hoffnungsvollen Versprechungen der Hard- und Softwareproduzenten und den daraus abgeleiteten überzogenen Erwartungen einerseits und den dann ernüchternden, in mühsamer Kleinarbeit erzielten Ergebnissen der Anwendung dieser Neuentwicklungen in der Lernpraxis andererseits auftut, zu Enttäuschungen führen, die sich wieder als Barriere zwischen die Technik und ihre Anwender schieben.

Außerdem zeigen die bisherigen Erfahrungen, dass eine einfache und eindeutige Mehrwertzuschreibung an neue Lehr- und Lernverfahren eine unerfüllbare Hoffnung bleibt.

Wilfried Hendricks / Renate Schulz-Zander

Informations- und Kommunikations-technologien in der allgemeinbildenden Schule – eine Analyse von Modellversuchen[1]

1. Einleitung

Die bildungspolitische und pädagogische Diskussion zur Bedeutung von Multimedia und Telekommunikation für das Bildungssystem Schule, auch unter dem Begriff der Medienkompetenz geführt, knüpft oftmals nicht an die bereits in den 80er Jahren geführten Auseinandersetzungen zur Bedeutung der Informations- und Kommunikationstechnologien (IuK) im Bildungsbereich an. Damit gehen wichtige Entwicklungen und Erfahrungen und damit auch eine Basis verloren, um Perspektiven – pädagogische, bildungspolitische wie auch technologische – besser einschätzen zu können. Aus diesem Grunde weisen wir mit unserem Beitrag auf vielfältige Erfahrungen aus den Modellversuchen der Bund-Länder-Kommission zum Bereich „Informations- und Kommunikationstechniken im Bildungswesen" hin.

Nach einer breiten öffentlichen Diskussion wird Anfang der 80er Jahre ein bildungspolitischer Konsens darüber herbeigeführt, dass die Schulen der wachsenden Bedeutung der Informations- und Kommunikationstechnologien in nahezu allen gesellschaftlichen Bereichen Rechnung tragen sollten. Entsprechend verabschiedet die Bund-Länder-Kommission für Bildungsplanung und Forschungsförderung (BLK) 1984 eine erste Rahmenempfehlung für die Bundesländer, wonach nicht ein neues Fach eingerichtet werden, sondern die Integration einer noch erst zu entwickelnden „informationstechnischen Bildung" im bestehenden Fächerkanon erfolgen soll. In diesem Kontext werden Schwerpunktmodellversuche zur Ausdifferenzierung und Einführung der informationstechnischen Bildung in Schulen in Bayern, Hessen, Niedersachsen, Nordrhein-Westfalen, Rheinland-Pfalz und im Saarland durchgeführt mit unterschiedlichen Lösungen bezüglich der Curricula und bei der Qualifizierung von Lehrerinnen und Lehrern.

---

1 Dieser Artikel basiert auf einem Gutachten für die BLK (Hendricks, Schulz-Zander 1998).

Im Jahre 1987 veröffentlicht die Bund-Länder-Kommission das *„Gesamtkonzept für die informationstechnische Bildung"*. Dieses hat drei Schwerpunkte:

● eine verpflichtende Grundbildung für alle Schülerinnen und Schüler
● eine vertiefende informationstechnische Bildung (Informatikunterricht)
● eine berufsbezogene informationstechnische Bildung.

Medienerziehung soll Bestandteil des Unterrichts in vielen Fächern sein. Wir konzentrieren uns in unserem Beitrag auf den obligatorischen Querschnittsbereich der Grundbildung.

2. Didaktische Ansätze

Die Modellversuche zur inhaltlichen und instrumentellen Integration von IuK im Bildungsbereich geben grundlegende und nachhaltige *Impulse für Innovationen* im Schulbereich. Sie tragen maßgeblich bei zur curricularen Verankerung der informationstechnischen Bildung und einer entsprechenden Qualifizierung der Lehrerschaft mittels Fortbildungsmaßnahmen. Besonders hervorzuheben sind die in mehreren Ländern umfangreich entwickelten und erprobten Materialienbände, die Hilfen für die Unterrichtspraxis zur Unterrichtsvorbereitung bieten und gleichzeitig das jeweils zugrunde liegende didaktische Konzept vermitteln. Länder, die den fächerverbindenden, projektorientierten Ansatz verfolgen, haben damit sicherlich eine generelle didaktische Kompetenzerweiterung in der Lehrerschaft bewirkt.

Auf der Grundlage der Empfehlungen der Bund-Länder-Kommission werden in den Bundesländern jeweils *unterschiedliche didaktische Ansätze* entwickelt und erprobt.

● Das *fächerverbindende, projektorientierte Konzept* in Hessen, Nordrhein-Westfalen und – mit letzterem weitgehend identisch – Brandenburg empfiehlt nur übergeordnete Themen, für deren Bearbeitung verschiedene Fächer herangezogen werden müssen.
● Das *integrative, fachbezogene Konzept* in Niedersachsen leistet einen grundlegenden Beitrag zu einer umfassenden informations- und kommunikationstechnologischen Bildung, indem aus der jeweiligen Perspektive eines jeden Schulfaches die Bedeutung der IuK, und zwar als Lern-Gegenstand, -Werkzeug und -Medium, dargestellt wird.
● Das *Leitfächerkonzept* in Bayern, Bremen, Mecklenburg-Vorpommern, Rheinland-Pfalz, Saarland und Schleswig-Holstein konzentriert sich auf wenige (Leit-)Fächer. Diese Ansätze basieren zumeist auf informatisch geprägten Überlegungen.

Den didaktischen Ansätzen entsprechen unterschiedliche Formen der *Modellversuchsorganisation:* In Hessen und Nordrhein-Westfalen beispielsweise entwerfen kleine Lehrer-Teams aus unterschiedlichen Fächern die Unterrichtseinheiten. In Niedersachsen hingegen erarbeiten fachbezogene Kommissionen zunächst die Unterrichtseinheiten für die schulische Auseinandersetzung mit IuK in der jeweiligen Fachperspektive und danach die fächerübergreifenden thematischen Zusammenhänge für das curriculare Rahmenkonzept. In Rheinland-Pfalz sind anfangs in stärkerem Maße die für den Informatikunterricht qualifizierten Lehrpersonen beteiligt.

Die Modellversuchsergebnisse dokumentieren, dass insbesondere mit dem fächerverbindenden, projektorientierten und mit dem integrativen, fachbezogenen Ansatz letztlich Schulreformkonzepte verbunden waren. Alle Konzepte zeigen allerdings auch, dass bei der Entwicklung der Konzeptionen und bei deren Erprobung in der Unterrichtspraxis teilweise erhebliche Schwierigkeiten auftreten.

2.1 Der fächerverbindende, projektorientierte Ansatz

Dieser Ansatz geht von der Zielsetzung aus, den Schülerinnen und Schülern die *gesellschaftliche* Bedeutung der IuK zu vermitteln und gleichzeitig eine Schülerorientierung über die Alltagsbedeutung technologischer Anwendungen herzustellen. Die Ausdifferenzierung des Konzepts der informationstechnischen Grundbildung erfolgt in der Festlegung von Themenfeldern, die in fächerübergreifenden Zusammenhängen projektorientiert zu unterrichten sind. In den hessischen und nordrhein-westfälischen Modellversuchen zeigt dieser Ansatz die Problematik, dass sowohl auf der Ebene der didaktischen Materialien als auch auf der Ebene der Lehrerqualifizierung erhöhte Anforderungen an das Lehrpersonal zu stellen sind.

Die Materialien erfordern die *Beteiligung verschiedener Fächer,* wobei die Inhalte in ihren komplexen Zusammenhängen fächerübergreifend aufzubereiten sind. Dabei werden jeweils spezifische fachdidaktische Ansätze und Sichtweisen reflektiert und integriert. Es besteht die Gefahr einer inhaltlichen Überfrachtung, wenn die zu beteiligenden Fächer etwa gleichmäßig einbezogen werden sollen. Für die Unterrichtspraxis setzt dies voraus, dass Lehrerinnen und Lehrer dahingehend zu qualifizieren sind, fächerübergreifend Wissen zu vermitteln, offen zu sein für andere fachdidaktische Konzepte und mit Kolleginnen und Kollegen anderer Fächer zu kooperieren. Zur Bewältigung dieser Probleme wird ein reduzierter fächerübergreifender Ansatz empfohlen, bei dem jeweils Schwerpunkte in einzelnen Fächern gesetzt und weitere Fächer in unterschiedlichem Umfang bei den jeweiligen Unterrichtseinheiten beteiligt sind. Dies läuft darauf hinaus, dass eine gemeinsame Basis mit vertiefenden Inhalten im Fachunterricht vereinbart wird. Es zeigt sich im Verlaufe der Modellversuche, dass die praktische Verwirklichung fächerübergreifender Ansätze wegen struktureller Bedingungen von Schule, aber auch aufgrund des traditionellen Fachverständnisses der beteiligten Lehrpersonen, insbesondere aus dem mathematisch-naturwissenschaftlichen Bereich, durchaus an ihre Grenzen stößt.

2.2 Integratives, fachbezogenes Konzept

Der integrative, fachbezogene Ansatz in Niedersachsen beruht auf *bildungstheoretisch geprägten Erwägungen*, wonach die IuK ihrer gesellschaftlichen *Querschnittswirkungen* wegen in allen Fächern und Schulformen als Lerngegenstand betrachtet und als Werkzeug sowie Medium genutzt werden sollen. Dies lässt sich in den Schulen bei gegebenen curricularen und organisatorischen Rahmenbedingungen sowie der vorhandenen Qualifikationsstruktur von Lehrerinnen und Lehrern in den einzelnen Fächern bewerkstelligen. Demzufolge werden in den entsprechenden Modellversuchen, bezogen auf jedes Unterrichtsfach für alle Schulformen, die jeweilige Bedeutung von IuK analysiert und Materialienbände für den Unterricht erarbeitet. Der Begriff „Informationstechnische Grundbildung" der Bund-Länder-Kommission findet konsequenterweise keine Verwendung. Die Terminologie *„Informations- und kommunikationstechnologische Bildung"* verpflichtet Niedersachsen, die Einzelbeiträge der Fächer in ein didaktisches Gesamtkonzept zu integrieren. Infolge der Erarbeitung des integrativen, fachbezogenen Ansatzes in Fach-Kommissionen werden fächerverbindende Komponenten bei der Entwicklung der Materialien zunächst nicht systematisch berücksichtigt.

In einem zweiten Schritt wird eine didaktisch begründete und curricular verankerte Abstimmung der von den Fächern zu leistenden Beiträge zur informations- und kommunikationstechnologischen Bildung in einem *„curricularen Rahmenkonzept"* strukturiert. Dieses wird schließlich als überfachliches Konzept mit fachbezogenen Begründungen und Hinweisen auf andere Fächer realisiert. Maßgebliches Strukturmerkmal sind die Themenbereiche, die an den wesentlichen Anwendungen der IuK orientiert sind und für die didaktische Auswahl der Unterrichtsthemen als richtungweisend gelten.

2.3 Leitfächer-Ansatz

Rheinland-Pfalz versucht am konsequentesten, die Idee einer eher *informatischen Grundbildung* mit dem Fokus auf algorithmischen Problemlösungen sowie Grundkenntnissen in technischen Systemen umzusetzen. Je nach Schulform wird die ITG[2] in der Arbeitslehre (Hauptschule) bzw. im mathematisch-naturwissenschaftlichen Bereich (Realschule, Gymnasium) angesiedelt.

Bei der Erprobung des Ansatzes stellen sich die einseitige zeitliche Belastung vornehmlich des Mathematikunterrichts (sowie das Fehlen von Fachlehrern und -lehrerinnen im gymnasialen Bereich) aber auch eine mögliche Überforderung von Schülerinnen und Schülern bei algorithmischen Problemlösungen als besonders verbesserungswürdig heraus. Darüber hinaus zeigen die *Modellversuchsergebnisse*, dass gesellschaftliche Auswirkungen kaum im Unterricht behandelt werden. Dies ist vermutlich darin begründet, dass im Kern eine informatische Grundbildung vermittelt werden soll; hinzu kommt, dass – aufgrund des traditionellen Fachverständnisses von Mathematik- und Physiklehrern – gesellschaftliche Aspekte nicht Teil eines mathematisch-naturwissenschaftlichen Unterrichts sind.

Zur informatischen Grundorientierung der ITG erfährt der frühe rheinland-pfälzische Ansatz eine späte Variante in Mecklenburg-Vorpommern. Hierzu erlauben wir uns eine kritische Bemerkung, die sich allerdings nicht inhaltlich gegen den Modellversuch an sich wendet, sondern eher prinzipieller Art ist: Die BLK spricht in ihrem Gesamtkonzept nicht grundlos von „informationstechnischer Bildung"; hierbei bezieht sie sich auf die Bedeutsamkeit der neuen Technologien in dieser Gesellschaft und ihren diversen Lebensfeldern. Wer indessen – wie im Falle des mecklenburg-vorpommerschen Modellversuchs – von *„informatischer Bildung"* spricht, bezieht sich explizit auf die Wissenschaft Informatik. Die aber steht bewusst nicht im Fokus der Absichten der BLK; vielmehr ist die Informatik als Unterrichtsfach Teil des Gesamtkonzepts „informationstechnische Bildung". Auch wenn es den Ansichten mancher Informatiker bzw. Informatikfachvertreter – nicht nur in Mecklenburg-Vorpommern – eher nicht entsprechen mag: Die Entscheidung ist in allen Bundesländern nach intensiver Diskussion eben nicht dahin gegangen, das Fach Informatik allein mit der Verantwortlichkeit für die informationstechnische Bildung zu betrauen; insofern wird man auch die Gesamtaufgabe nicht an der Informatik festmachen können.

---

2 ITG: Kürzel für: „Informationstechnische Grundbildung", „Informationstechnischer Grundlehrgang" oder „Informationstechnischer Grundkurs" „Informatische Grundbildung". Mit den Begriffen sind, nach Ländern verschieden, jeweils unterschiedliche curriculare Lösungen verbunden.

2.4 Telekommunikation

Hier machen nur die Bundesländer Niedersachsen und Schleswig-Holstein stellvertretend für die anderen Länder Modellversuchserfahrungen bei der schulischen Nutzung von Telekommunikation. Die technologische Entwicklung der Vernetzung ist in ihrer Bedeutung bereits Mitte der 80er Jahre absehbar; deshalb ersetzt Niedersachsen als erstes Bundesland konsequent die BLK-Formulierung „informationstechnische Grundbildung" durch *informations- und kommunikationstechnologische Bildung*" und verweist damit auf den Tatbestand, dass Telekommunikation schon immer konstitutiver Bestandteil seines komplexen Konzeptes ist. In mehreren Ländern ist zwar Vernetzung eines der wichtigen Themen, so beispielsweise im hessischen Vorhaben HEKTOR. Insbesondere der niedersächsische Modellversuch macht deutlich, wie dringlich „Informationstechnologie" um „Kommunikationstechnologie" bei der Entwicklung der neuen didaktischen Konzepte zu ergänzen ist. Eines seiner zentralen Ergebnisse ist die Feststellung, dass die Nutzung der Telekommunikation im Unterricht die pädagogische Bedeutung der Kooperation von Schülern und – auch fächerübergreifender – Kooperation von Lehrern, auch über den eigenen Schulstandort hinausreichend, sehr stark unterstreicht.

Der Modellversuch findet bundesweit lang anhaltende Beachtung und gibt der Diskussion um die Einbeziehung der Telekommunikation in das schulische (und außerschulische!) Lernen entscheidende Impulse. Insbesondere für den Fremdsprachenunterricht wird eine neue Qualität des Lernens erschlossen: Internationale Partnerschaften mit der Nutzung von E-Mail schaffen authentische Kommunikationsanlässe, die für den Fremdsprachenerwerb neue Impulse liefern und darüber hinaus interkulturelles Lernen in multinationalen Projekten fördern.

Der niedersächsische Modellversuch liefert für deutsche Verhältnisse zu einem sehr frühen Zeitpunkt – trotz der im Vergleich zu heute beschränkten technischen Möglichkeiten – wichtige didaktische Ansätze und Unterrichtserfahrungen, auf die nachfolgende Unterrichtsprojekte, u. a. in der 1995 gestarteten Bildungsinitiative „Schulen ans Netz", aufbauen können.

2.5 Konvergenz der Ansätze

Bemerkenswert ist die Entwicklung, dass sich die zunächst sehr unterschiedlichen Ansätze in Niedersachsen sowie in Hessen und Nordrhein-Westfalen im Zuge der Erprobungen in der Praxis und der bundesweiten Diskussionen zwischen den Mitgliedern der Projektgruppen in den Ländern stärker angeglichen haben.

In Hessen und Nordrhein-Westfalen wird das Fächer integrierende Konzept in der Weise modifiziert, dass jeweils Schwerpunkte in einzelnen Fächern gelegt und vertiefende Aspekte in anderen Fächern thematisiert werden. In Niedersachsen wird die fachbezogene Konzeption entsprechend der mehrstufig angelegten Modellversuchsstrategie mit dem Nachweis von fächerübergreifenden Themenbereichen und Hinweisen zur Beteiligung mehrerer Fächer in einem curricularen Rahmenkonzept abgerundet. In Rheinland-Pfalz wird die Verankerung der informationstechnischen Grundbildung im Realschulbereich in einem fächerunabhängigen Kernkurs, z. B. im Wahlpflichtbereich, und im Gymnasium als eigenständiges Fach empfohlen. Man hält am mathematisch-naturwissenschaftlichen Kernbereich fest, andererseits wird zum Ende des Modellversuchs eingeräumt, dass grundsätzlich alle Fächer einen Beitrag zur informationstechnischen Grundbildung leisten können. Im Saarland hingegen schränkt man den ursprünglich weiten Ansatz auf wenige Fächer als Träger der ITG ein.

In schulorganisatorischer Hinsicht decken sich die Erfahrungen in den Modellversuchs-Ländern: Der Einsatz des Computers im Unterricht erfordert *kleinere* Lerngruppengrößen, sofern eine angemessene Betreuung der Schülerinnen und Schüler gewährleistet werden soll. In den Modellversuchen (z. B. Brandenburg, Hessen, Nordrhein-Westfalen, Rheinland-Pfalz) wird dementsprechend oft eine Teilung der Klassen vorgenommen, mit der Konsequenz, dass zwei Lehrer in einer Klasse unterrichten. Dies löst insbesondere bei fächerübergreifenden bzw. fächerverbindenden Ansätzen gleichzeitig Kompetenzprobleme, wenn die Lehrerinnen und Lehrer unterschiedliche Fächer vertreten und eine Person über die erforderliche technische Kompetenz verfügt.

3. Computereinsatz im Fachunterricht

Die Einrichtung dieser Modellversuche ist im wesentlichen in der Annahme begründet, dass Lernprozesse durch eine stärkere Individualisierung, durch Veranschaulichung und Unterstützung der Eigenaktivität maßgeblich mit dem *Einsatz interaktiver Medien* zu verbessern sind.

Mit computerunterstütztem Unterricht soll individuell auf Lernmöglichkeiten und -schwierigkeiten eingegangen werden, etwa auf Wissenslücken, Fehlervermeidung und das jeweilige Arbeitstempo. Die Lernenden sollen größere Aktivität entfalten und durch unmittelbare Rückmeldungen Informationen über ihren Lernfortschritt erhalten können. Ein weiterer wichtiger Aspekt interaktiver Medien im Unterricht ist die Unterstützung der Verstehensprozesse durch Visualisierung etwa von Theorien, Modellen und Prozessen. Durch Simulationen physikalischer oder chemischer Phänomene oder Prozesse wird der Aufbau mentaler Modelle durch geeignete Veranschaulichung in einer Weise unterstützt, die im konventionellen Unterricht sonst nicht gegeben wäre.

Mit den Modellversuchen werden beide Aspekte intendiert: Zum einen wird die didaktische Funktion des neuen, interaktiven Mediums untersucht und dementsprechend Software entwickelt oder vorhandene eingesetzt. Zum anderen sollen Lernrückstände durch Softwareeinsatz ausgeglichen werden.

Über die *Effektivität computerunterstützten Lernens* liegen seit den 80er Jahren zahlreiche Untersuchungen vor, insbesondere im angloamerikanischen Raum. Ein begrenzter Erfolg ist belegt. Ein kurzzeitiger Effekt kann vor allem bei sozial schwächer gestellten, leistungsschwächeren oder lernbehinderten Schülerinnen und Schülern erzielt werden. Als lernwirksamer haben sich Simulationsprogramme erwiesen (vgl. Lehmann, Lauterbach 1985; Frey 1989). Eine grundlegende Aussage darüber, inwieweit generell interaktive Medien Lehr- und Lernprozesse wirksam unterstützen können, ist mit dem Forschungsdesign in den BLK-Modellversuchen – auch wenn dies erklärte Ziele sind – nicht zu erwarten. Bei der Anlage der Modellversuche sind jeweils nur Aussagen über die Wirksamkeit einzelner Programme möglich, und selbst hierbei ist Vorsicht geboten. In der Prüfung der Lernwirksamkeit im rheinland-pfälzischen Modellversuch CLIP, in dem das Mathematik-Übungsprogramm Felix für den Grundschulunterricht entwickelt und untersucht wird, kommt die *wissenschaftliche Begleitforschung* zwar zu differenzierten Einzelergebnissen. Jedoch erhält man keine generellen Antworten bezüglich der Wirksamkeit computerunterstützten Lernens im Unterricht. Das Problemlöseverhalten einzelner Schüler und Schülerinnen wird außerhalb des Unterrichts in Einzelsitzungen aufgezeichnet; die Lehrperson mit ihrem didaktischen Vorgehen im Unterricht und jeglicher unterrichtlicher Kontext werden nicht erfasst. Die Ergebnisse der wissenschaftlichen Begleituntersuchung verweisen auf die Komplexität der Situationen und darauf, dass die Randbedingungen eine Rolle spielen, wie etwa die häuslichen Voraussetzungen und die organisatorischen Bedingungen des Computereinsatzes im Unterricht, und dass gleiche Wirkungen für alle Schülerinnen und Schüler nicht zu erwarten sind.

Der Einsatz des Computers im *Grundschulunterricht* zur Unterstützung des Lernens wird von Pädagogen grundsätzlich unterschiedlich bewertet. Dies hat vorrangig etwas zu tun mit der Bewertung eigener und vermittelter Erfahrungen in dieser Altersstufe. Darüber wird bei Lern- und Übungsprogrammen kritisch nach dem zugrunde gelegten lerntheoretischen Paradigma gefragt. Diese Kontroversen zeigen sich auch bei dem bereits erwähnten Mathematik-Übungsprogramm Felix. Lernen wird hier als ein Prozess aufgefasst, in dem (komplexe) Verhaltensweisen durch eine schrittweise Annäherung des Verhaltens an das gewünschte Endverhalten erworben werden, wobei das gewünschte Verhalten durch jeweils unmittelbare Rückmeldung bzw. Belohnung verstärkt wird. Die *Kritik an der behavioristischen Lerntheorie* richtet sich gegen die Sichtweise des Lernens nach dem Reiz-Reaktions-Verstärkungs-Schema, nach dem Lernwege kleinschrittig vorgezeichnet und eintrainiert werden.

Mit dem lerntheoretischen *Paradigmenwechsel zum Konstruktivismus* werden lineare oder auch verzweigte Wissenspräsentationen, abgesehen von eng begrenzten Teilbereichen, nicht mehr für zweckmäßig erachtet.[3] Wenn Lernen als ein aktiver Prozess verstanden wird, bei dem die Lernenden ihr Wissen, anknüpfend an frühere Erfahrungen und ihre bisherigen Kenntnisse, individuell konstruieren, dann müssten Lerninhalte und Lernwege an ebendiese Lernbiographie anschließbar sein, um die Potenziale der Lernenden optimal weiterzuentwickeln. Es entsteht jeweils eine eigene Wissensorganisation.

Der Einsatz interaktiver Medien, denen eine Hypertextstruktur zugrunde liegt, kann im Unterricht einen konstruierenden, eigenaktiven, sich selbst organisierenden Prozess unterstützen, in dem Wissensnetze neu aufgebaut, umgeordnet oder erweitert werden. Dieser lerntheoretische Ansatz ist Grundlage in den nordrhein-westfälischen Modellversuchen COMPIG und OPTIS. Computer werden durch die Multimedialität mit Zugriff auf *Präsentation und Verarbeitung vernetzter Wissenssysteme* für Lehr-/Lernprozesse in der Weise geeigneter, als Lernende freien Zugang zu Informationen erhalten. Mit integrierten Werkzeugen für Textverarbeitung, Kalkulation und Grafik können sie gewonnene Informationen weiterbearbeiten. Es gibt viele Hinweise auf die erhöhte Eigenständigkeit von Schülerinnen und Schülern, wenn bestimmte unterrichtsorganisatorische Bedingungen und ein geeignetes Lernklima bereits vorher durch die Lehrer geschaffen worden sind, z. B. durch den Einbezug von Freiarbeitsphasen oder Wochenplänen. Im Unterricht wird bei den Schülerinnen und Schülern zum Teil ein Aushandeln von Lösungswegen mit den Nachbarn und eher ein Nachfragen bei Nachbarn als bei dem Lehrer oder bei der Lehrerin beobachtet. Untersuchungen in kanadischen Grundschulen und eine Studie in einigen nordrhein-westfälischen Grundschulen, die mit dem „Grünen Klassenzimmer" im Unterricht gearbeitet haben, weisen darauf hin, dass das beobachtete selbstständige, eigenverantwortliche Arbeiten durchaus auf ein bereits vor dem Software-Einsatz in der Klasse bestehendes Lernklima und didaktische Ansätze der Lehrpersonen zurückgeführt werden kann und nicht dem Einsatz des Lernprogramms zuzuschreiben ist (vgl. Miller, Olson 1995; Müller, Schulz-Zander 1998).

---

3 Vgl. den Beitrag von Schaumburg/Issing in diesem Band, S. 104–120.

4. Lehrerqualifizierung

Es kann nicht verwundern, dass Schulreformprojekte mit solch tiefgreifenden Innovationen, wie sie mit den Modellversuchen im Bereich der informations- und kommunikationstechnologischen Bildung intendiert sind, die *qualifikatorischen Defizite der Lehrerschaft* offenlegen. Dieses Problem den Lehrerinnen und Lehrern allein anzulasten wäre ungerechtfertigt. Hier stellen sich zwar auch Fragen an die Qualität der Ausbildung in der ersten und zweiten Phase, aber primär an die Verantwortlichen in der Bildungspolitik und -administration, die weder rechtzeitig noch kontinuierlich für die erforderlichen Maßnahmen zur Personalplanung und -entwicklung und zur Qualifikationsentwicklung und -sicherung Sorge tragen, ohne die eine grundständige Reformbereitschaft bei den Lehrerinnen und Lehrern schließlich nicht denkbar ist.

Die Konkretisierung der Konzepte zur informationstechnischen Bildung in Schulen hängt entscheidend von der Lehrerqualifizierung ab. Selbst wenn umfangreiche Unterrichtsmaterialien zur Verfügung stehen, ist dennoch eine Beratung und Schulung der Lehrerschaft für die Durchführung der Unterrichtseinheiten unerlässlich. Voraussetzung für eine erfolgreiche Unterrichtspraxis ist sowohl eine *didaktische Fachkompetenz* als auch eine *technische Handlungskompetenz* bei Lehrerinnen und Lehrern.

In der Lehrerfortbildung nehmen die in den Modellversuchen entwickelten *Materialienbände* oftmals eine zentrale Rolle ein; ohne diese hätte sich Fortbildung nach den Erfahrungen in allen Modellversuchen oftmals auf den Umgang mit Hard- und Software beschränkt. Die Unterrichtseinheiten werden von den teilnehmenden Lehrerinnen und Lehrern im Unterricht erprobt, die Rückmeldungen sind Grundlage für Revisionen der Handreichungen.

Es lassen sich – im Vergleich der Modellversuche – gemeinsame Strukturen im Fortbildungsprogramm herauslesen. Eine Qualifizierung erfolgt in drei Stufen:

- In *zentralen Fortbildungsmaßnahmen* werden besonders qualifizierte Lehrer und Lehrerinnen fortgebildet: als Moderatoren (Rheinland-Pfalz), als Multiplikatoren (Niedersachsen) oder als Teamer (Hessen).
- Sie nehmen in *regionalen Kursen* die Rollen von Fortbildnern wahr. Mit den regionalen Fortbildungsveranstaltungen ist in Flächenstaaten eine Qualifizierung zumindest einiger weniger Lehrerinnen und Lehrer in jeder Schule beabsichtigt.
- Für eine wirksame Umsetzung von Neuerungen in Schulen wird die *schulinterne Fortbildung* als dritte Stufe als ein besonders geeignetes Instrument beurteilt. In Niedersachsen erfolgte schulintern z. B. die Ver-

mittlung von Fertigkeiten und Kenntnissen im Umgang mit dem Computer und den Programmen, während der regionalen Fortbildung die Vermittlung (fach-)didaktischer Kompetenzen vorbehalten blieb. Für die schulinterne Fortbildung spricht:

- eine größere Anzahl der Lehrerinnen und Lehrer einer Schule kann fortgebildet werden, und zwar an den vorhandenen Rechnersystemen
- eine schulartspezifische Vertiefung von Themen und didaktisch-methodischen Fragestellungen sowie die Berücksichtigung der jeweiligen Schulsituation ist möglich
- eine Zusammenarbeit zwischen den beteiligten Lehrpersonen eines Kollegiums wird unterstützt
- ein persönliches Verhältnis zu den Referenten ist eher gegeben.

Als eine erfolgreiche Fortbildungsform hat sich der Zusammenschluss benachbarter Schulen herausgestellt, auch um voneinander zu lernen und eine Kooperation über die Fortbildung hinaus aufzubauen.

Der Umfang der Fortbildungsprogramme ist von Land zu Land quantitativ und qualitativ unterschiedlich. An den zentralen Fortbildungsveranstaltungen sind häufig Experten aus Hochschule und Wirtschaft als Referenten beteiligt.

Es mag auf den ersten Blick verwundern, dass nicht parallel zu der Qualifizierung der Lehrerschaft über Fortbildungsmaßnahmen die Ausbildung der Studierenden an den Universitäten forciert worden ist. Dies hat aus unserer Sicht verschiedene Gründe:

Bis weit in die 90er Jahre gehen die innovativen Entwicklungen in den Schulen weitgehend spurlos an der Lehrerausbildung vorüber, sowohl in den grundwissenschaftlichen (Allgemeine Erziehungswissenschaften und Didaktik, Psychologie) als auch in den fachdidaktischen Bereichen. Die Ursachen für diese Sachlage an den Universitäten sind dieselben wie in der Schule: Qualifikationsdefizite bei den Lehrenden, fehlende Verankerung von relevanten Themen in den Hochschulcurricula, nicht vorhandene Ausstattung mit Hard- und Software. Hinzu kommt eine gewisse traditionelle Attitüde in der Hochschullehrerschaft, sich gegenüber Innovationen im Schulbereich reserviert zu verhalten, jedenfalls solange sie nicht persönlich an diesen Entwicklungen teilhaben können.

Es bestehen insbesondere in den alten Bundesländern auf Seiten der Schuladministration große Vorbehalte gegenüber der Einbeziehung von Vertretern der Lehrerausbildung in schulische Reformmaßnahmen. Dies zeigt sich seit Mitte der 70er Jahre in der Lehrplanentwicklung und setzt sich mit gewisser Konsequenz auch in den Entwicklungen im Kontext „IuK im Bildungswesen" fort. Dass in nur wenigen Bundesländern Erziehungswissenschaftler sowohl an der konzeptionellen Entwicklung als auch an der didaktischen und curricularen Detailarbeit in den Modellversuchen aktiv mitwirken, ist schon fast eine Ausnahme von der Regel und liegt nur an der pragmatischen Weitsicht einiger Abteilungs- und Referatsleiter in der Bildungsadministration. Auch wenn in den neuen Bundesländern die Verhältnisse auf Grund einer Tradition der engen Zusammenarbeit von Lehrer ausbildenden Institutionen und Bildungsministerium anders sein mögen, führt dies aber auch nicht dazu, dass die Studierenden auf die neuen Erfordernisse rechtzeitig und zielgerichtet vorbereitet werden.

5. Ausstattungsfragen

5.1 Hardware

In den Modellversuchen stellen die unterschiedlichen technischen Systeme, die landesweit in den Schulen verfügbar sind, ein großes Problem dar. Es werden erhebliche Anstrengungen unternommen, um die beteiligten Schulen auf eine relativ einheitliche technische Basis zu stellen. Damit soll die Grundlage dafür geschaffen werden, dass die in den jeweiligen Modellversuchen entwickelten Unterrichtseinheiten mit den vorgesehenen Softwareprodukten, Interfaces und Funktionsmodellen überhaupt zum Einsatz gelangen können. Hierzu werden *Ausstattungsempfehlungen* für Neuanschaffungen und Ergänzungen gegeben. Angestrebt wird durchweg eine Orientierung am Entwicklungsstand der Hardware.

Mit Ausnahme von Bremen, das sich für Apple-Macintosh mit entsprechenden Software-Konsequenzen entscheidet, legen sich alle anderen Länder auf den so genannten *IBM-kompatiblen PC* fest. Dadurch sind sie zwar in der Beschaffung von Hardware nicht von einem einzigen Fabrikanten abhängig; mit dieser Entscheidung aber wird letztlich auf der Ebene des Software-Betriebssystems Microsoft als quasi Alleinanbieter begünstigt.

Auch die mitunter versuchte Festschreibung eines Hardware-Standards für Schul-PCs wurde stets unter Fachleuten – nicht nur außerhalb des Bildungssektors – als wenig zukunftsträchtig abgelehnt. Selbst wenn man einer konsequenten Orientierung an den rasanten Marktentwicklungen reserviert gegenüberstehen mag, so wird man dennoch nicht bei schulischen Beschaffungsmaßnahmen einem Abkoppeln vom technischen Fortschritt das Wort reden wollen. Allerdings muss man kritisch darauf hinweisen, dass dieser Abkoppelungsprozess *de facto* längst stattgefunden hat, wenn man die langen Standzeiten der einmal beschafften Hard- und Software-Systeme in den bundesdeutschen Schulen berücksichtigt.

Nachdem verschiedene Hardwarehersteller im Zusammenhang mit Modellversuchen immer wieder – jeder für sich – versucht hatten, auch mit sehr günstigen Sonderkonditionen die Schulen, Schulträger und die Bildungsadministration zu landesweiten Anschaffungen zu bewegen, aber auf Grund finanzieller Engpässe im Schulbereich nicht die erhofften Ausstattungen realisieren konnten, verändert sich Mitte der 90er Jahre die Situation grundlegend. Unter anderem angestoßen durch das Berliner Memorandum „Aktiver lernen mit Multimedia" (1994) und durch die Machbarkeitsstudie „Schulen an das Netz – Bildungsinitiative Informatik und Telekommunikation" (GI 1995), die von der Deutschen Telekom AG finanziert wurde, beschließen das Bundesbildungsministerium und die Deutsche Telekom die *bundesweite Initiative* „Schule ans Netz" zu gründen. Dieser treten viele Hard- und Softwareunternehmen bei. Ziel ist es, Finanzmittel bereitzustellen, damit bundesweit alle Schulen apparativ so ausgestattet werden, dass ein Einstieg in das Lernen mit Multimedia und Telematik möglich wird. Dieser Bundesinitiative folgen mehrere *Landesinitiativen*. Nordrhein-Westfalen beispielsweise kann auf der Basis einer gründlichen inhaltlichen Vorbereitung und einer intakten Beratungsinfrastruktur nach einer Serie von BLK-Modellversuchen die durch die Inititative aufgebrachten Mittel erfolgreich einsetzen. In Berlin wird „CidS! – Computer in die Schule!" mit Lotto-Mitteln und durch Förderung seitens der Berliner Wirtschaft und großer Telekommunikationsunternehmen gestartet.

5.2 Software

Die *Förderung der Softwareentwicklung* im Rahmen von BLK-Modellversuchen wird Mitte der 80er Jahre wegen der defizitären Angebotslage am deutschen Markt insbesondere von Pädagogen für notwendig erachtet. Demgegenüber gibt es von Seiten der Programmhersteller kritische Stimmen, die sich um die nicht gesicherte Nachhaltigkeit der Entwicklungen sorgen und zumindest für eine intensive Kooperation zwischen staatlichen und privatwirtschaftlichen Softwareentwicklern plädieren.

Die schnelle technologische Weiterentwicklung der am Markt befindlichen Standardsoftware-Systeme stellt sich bald als gravierendes Problem heraus. Zum einen wird die Weiterqualifizierung des Modellversuchspersonals notwendig. Zum anderen ergeben sich bei eigenen Softwareentwicklungen manchmal erhebliche Probleme bei der Anpassung an die in den jeweiligen Bundesländern vorhandene Hardwaresituation. Teilweise ist bereits im laufenden Projekt absehbar, dass Eigenentwicklungen zum Ende des Modellversuchs durch den hard- und softwaretechnischen Fortschritt überholt sein werden.

In den Modellversuchen wird die auf dem Markt befindliche Standard-Software für unterrichtliche Anwendungen oftmals für zu komplex gehalten; es besteht die Befürchtung, dass sie im Unterricht nur mit verhältnismäßig großem (Anlern-)Aufwand genutzt werden könnte. Deshalb wird häufig *spezifisch angepasste Software* eigens für einen Modellversuch entwickelt, um komplexe Anwendungen der Informations- und Kommunikationstechnologien beispielhaft darzustellen und einen handlungsorientierten Zugang für Schülerinnen und Schüler zu erschließen. Beispiele sind Modellbildungswerkzeuge, Software zur statistischen Auswertung von Befragungen, Software für Prozesssteuerung.

In vielen Modellversuchen sind Informatik- und andere Fachlehrerinnen und -lehrer aus unterschiedlichsten Gründen bestrebt, Programme zu modifizieren oder gar selbst neue zu entwickeln, möglichst auf einen gegebenen curricularen Kontext in ihrem Projektumfeld hin orientiert. Ihnen kommt anfangs zugute, dass kommerzielle Programme wegen des – tatsächlich oder vermeintlich – fehlenden Unterrichtsbezuges von den Modellversuchslehrerinnen und -lehrern nicht eingesetzt werden. Bei diesen setzt aber mit wachsender fachdidaktischer Handlungskompetenz, mit softwaretechnischen Verbesserungen und mit der zunehmenden Zahl an neu entwickelter, kommerzieller Bildungssoftware ein Umdenken ein.

Hier stecken Schulsystem und Softwarehersteller in einem Dilemma: Die Entwicklung derartiger *„Schulsoftware"* ist für Software-Unternehmen vielfach nicht markttrachtig. Andererseits aber ist die modellversuchseigene Entwicklung von Software zeitaufwendig und fehleranfällig, auch angesichts der technologischen Weiterentwicklungen nur in geringem Maße längerfristig planbar.

Der Weg über eine *Modifizierung vorhandener Standardsoftware* für Schülerzwecke ist nicht unproblematisch und von Anfang an unter Fachleuten *umstritten*. Die Didaktifizierung von Standard-Software erfordert erheblichen Aufwand bei zweifelhaftem Ertrag. Die Anwendung von professioneller Software führt, bei entsprechender Schulung, zu größerer Zufriedenheit der Schülerinnen und Schüler, die außerhalb der Schule die Vorteile der professionellen Software schätzen und nicht mit schulspezifischer „Eduware" vorlieb nehmen wollen. Unter Kosten-Nutzen-Gesichtspunkten betrachtet, kann man für die Zukunft nur raten, sich am Markt zu orientieren und nicht auf zeitlich limitierte „Pädagogenlösungen" zu setzen, die bei den rasch fortschreitenden hard- und softwaretechnischen Entwicklungen oftmals schnell überholt sind.

In den Modellversuchszeiträumen kommen immer komplexere und *benutzerfreundlichere Standardprogramme* auf den Markt, so dass für eine Reihe von Problemstellungen keine Eigenentwicklungen notwendig gewesen wären. Diese können als amateurhafte, gegebenenfalls noch semiprofessionelle Lösungen mit professioneller Software in der Regel nicht konkurrieren. In Modellversuchen entwickelte Software ist zwar überwiegend sehr preiswert und für Schulen anschaffbar. Allerdings stellt sich das Problem der Nachhaltigkeit: Pflege und Weiterentwicklung der Software, sobald sie auf neueren Hardware-Systemen nicht mehr lauffähig ist.

6. Unterstützende Maßnahmen: Beratungsstellen

Viele Bundesländer nutzen die BLK-Modellversuche, um bestehende Beratungssysteme auszubauen oder neue einzurichten. Sie sind entweder Teil eines pädagogischen Landesinstituts für Lehrerfortbildung oder direkt einem Ministerium zugeordnet. Sie dienen hauptsächlich

- der *Beratung* von Schulbehörden, Schulen und Schulträgern in Fragen der Ausstattung von Schulen mit Hard- und Software,
- der *Bereitstellung* fachdidaktischer Informationen und Arbeitshilfen für die Kommissionsarbeit und die Lehrerfortbildung sowie
- der *Erprobung* unterrichtsgeeigneter Software.

In Niedersachsen wird ein Computer-Zentrum in Hildesheim eingerichtet, das neben der Beratung in Fragen der Ausstattung mit Hard- und Software für die Bereitstellung fachdidaktischer Informationen und Arbeitshilfen für die Lehrerschaft sowie für die Erprobung unterrichtsgeeigneter Software zuständig ist.

In Nordrhein-Westfalen entsteht beim Landesinstitut für Schule und Weiterbildung (Soest) aus den verschiedenen Modellversuchen heraus ein landesweit operierendes Beratersystem. Über die Landesgrenzen hinaus wirkt das Softwarebewertungs- und Informationssystem SODIS.

In Rheinland-Pfalz richtet das Kultusministerium eine „Informationsstelle Schule und Computer" ein, die in Fragen des ITG-Unterrichts, der Ausstattungen, der Lehrerbildung eng mit Fachleitern, Fachberatern und Multiplikatoren sowie mit Stellen anderer Länder, des Bundes und der Wirtschaft kooperieren soll, um die Erfahrungen den beteiligten Stellen im eigenen Bundesland verfügbar zu machen.

In einigen Bundesländern wird versucht, ein gestuftes Beratungssystem einzuführen, das von der Schule mit eigenen Neue-Technologie-Beratern über regional wirkende Berater bis hin zu zentralen Beratungsstellen reicht. In Anbetracht der Tatsache, dass dieses Beratungssystem relativ kostenintensiv ist, nimmt es nicht wunder, dass sich die differenzierten Konzepte landesweit nicht durchsetzen können.

Man muss auch an dieser Stelle beklagen, dass nicht konsequent versucht wird, die kooperationsfähigen und -willigen Fachleute an lehrerbildenden Einrichtungen der Hochschulen in diesen Serviceprozess mit einzubeziehen.

7. Eine falsche Alternative: Medienerziehung versus informations- und kommunikationstechnologische Bildung

Derzeit wird in einigen Bundesländern ein Konzept integrierter Medienerziehung bzw. Medienbildung für Schulen entwickelt und die informations- und kommunikationstechnologische Bildung unter diesem Dach angesiedelt. Dies ist maßgeblich darauf zurückzuführen, dass die IuK als Querschnittstechnologien für die Gesellschaft primär unter dem Aspekt Universalmedien als für die Schule bedeutsam angesehen werden. Insbesondere durch die rasante Entwicklung des Internets gilt *Medienkompetenz* demnach als eine der zentralen *Schlüsselqualifikationen*. Damit wird allerdings einer der wichtigen Erträge in den in diesem Beitrag analysierten BLK-Modellversuchen nicht mehr berücksichtigt, nämlich dass die IuK sowohl unter Medienaspekten als auch unter Werkzeugaspekten didaktisch erschlossen werden müssen.[4] Bei den führenden Vertretern der großen BLK-Modellversuche besteht ohnehin seit langem Übereinstimmung darin, dass eine *informations- und kommunikationstechnologische Bildung* den Erwerb von *Medienkompetenz* einschließt.

Wesentliche Teilaspekte der informations- und kommunikationstechnologischen Bildung – insbesondere: veränderte (berufliche) Qualifikationsanforderungen, Berücksichtigung des Computers als Werkzeug in ökonomischen, technischen, mathematischen und naturwissenschaftlichen Kontexten (z. B. für CAD, Datenbanken, Expertensysteme, Formalisierung von Rechenprozessen, Prozessdatenverarbeitung) – fehlen in Konzepten der integrierten Medienerziehung bzw. Medienbildung entweder ganz oder sie werden nur unter Mediengesichtspunkten erfasst. Neben diesen didaktischen Problemen sind die curricularen und organisatorischen zu berücksichtigen: Die Schwierigkeiten der fachfremden Verankerung von übergeordneten Themen, wie sie sich bereits in den fächerübergreifend orientierten BLK-Modellversuchen gezeigt hatten, werden auch bei einem neuen Konzept der integrierten Medienerziehung auftreten, da sie in hohem Maße strukturell im Fächersystem der Schule begründet sind. Die Notwendigkeit einer informations- und kommunikationstechnologischen Bildung bleibt erhalten. International erfolgt der in Deutschland derzeit unter dem Begriff neue Medien geführte Diskurs ohnehin unter dem Blickwinkel der Weiterentwicklung von IuK. Das Leben in der Informationsgesellschaft erfordert eine *technologische Kompetenz*, um die IuK auf der instrumentellen und medialen Ebene nutzen zu können – eine Kom-

---

4 Hierzu äußert sich Wagner in diesem Band (S. 66–77) ausführlicher.

petenz also, die die Befähigung zu reflektiertem Urteilen und Handeln im Kontext der Herstellung und des Gebrauchs von IuK – inklusive der elektronischen Medien – einschließt.

Die *Konzeptionen* zur informations- und kommunikationstechnologischen Bildung und zur Medienbildung sollten *bundesweit aufeinander abgestimmt* werden, und zwar in dem Sinne einer über alle Schulstufen und Schulformen hinwegreichenden Ausprägung in allen Fächern. Wir bevorzugen im Übrigen den Begriff *Medienbildung* gegenüber der Medienerziehung, da letzterer den neuen Medien nur sehr eingeschränkt gerecht wird: „Bildung" ist ein individueller Prozess der Wissensaneignung und der Entwicklung von Fähigkeiten und Fertigkeiten sowie des aktiven Handelns – Momente, die in „Erziehung" nicht dominieren.

8. Fazit und Ausblick

Wer mehr als anderthalb Jahrzehnte nach Beginn der Serie von *BLK-Modellversuchen* zu IuK im Bildungswesen ein Fazit zu ziehen versucht, ist leicht geneigt, die Ausgangszustände zu vergessen. Es war nicht unbedingt zu erwarten, dass sich die Lehrerschaft so ohne weiteres auf das Abenteuer von Modellversuchen zu einer noch neuen gesellschaftlichen Entwicklung – dazu noch einer ökonomisch und technisch geprägten – einlassen würde. Heute jedoch weiß man, dass vielerorts die von den diversen Projekten ausgehenden Impulse auch als Anstöße zu einer lokal oder sogar regional wirksamen *Schulentwicklung* beigetragen haben.

Leider sind aber auch Chancen vertan worden, da in manchen Ländern die Kultusministerien nach Abschluss der jeweiligen Modellversuche nicht hinreichend Wert auf die Verbreitung der mit viel Geld und noch mehr unentgeltlichem Engagement der Lehrerschaft erarbeiteten Grundlagen gelegt haben. Bei dem gesellschaftlichen Wandel hin zur Informationsgesellschaft, der insbesondere von der jungen Generation als Aufbruch wahrgenommen wird, müssen die Bürgerinnen und Bürger von einem dauerhaften *Interesse der für Bildungspolitik Verantwortlichen* ausgehen dürfen.

Viel hängt vom *innovativen Umfeld* innerhalb und außerhalb einer Administration ab, das gegen Ende eines Modellversuchs – zumeist aus politischen Gründen – anders sein kann als zu Beginn. Ein fließender Übergang aus einem Modellversuch in die einzelnen Etappen der Realisierung wird auf breiter Front nur dann erfolgreich sein, wenn die Implementation und die Dissemination der Ergebnisse und Erkenntnisse in konsequentes und aufeinander abgestimmtes Handeln sowohl der politisch Verantwortlichen (von der bildungspolitischen Spitze der Kultusministerien bis zu den kommunalen Schulträgern) als auch der pädagogischen Akteure (von der Schulaufsicht über die Lehrerbildung bis in die Schulen) einmündet.

Heute werden *Forderungen seitens der Wirtschaft* zum Aufbruch des Bildungswesens in die Informationsgesellschaft vertreten, deren substanzieller Gehalt schon vor anderthalb Jahrzehnten von engagierten Pädagogen und Bildungspolitikern als Innovation formuliert und die auch in der Praxis schon erprobt wurden. Was allerdings fehlt – und da bestehen die Forderungen aus der Wirtschaft zurecht – ist die flächendeckende Weiterführung der didaktischen Planungen und der in der Praxis gewonnenen Erkenntnisse.

Erfahrungsgemäß benötigt die *Umsetzung umfassender innovativer Maßnahmen,* wie sie auch die Einführung der IuK in die Schulen darstellt, einen Zeitraum von bis zu 10 Jahren, um wirksam zu werden. Mit den Modellversuchen sind in einem sehr umfangreichen Ausmaße Anstrengungen unternommen und Ressourcen aufgewendet worden, um eine sinnvolle Veränderung der Curricula und der Qualifizierung der Lehrkräfte anzustoßen. Inwieweit die in den Modellversuchen gewählten Modelle auch über den Versuchszeitraum hinaus praktiziert werden konnten, welche Veränderungen sich in der Schul- und Lernkultur erhalten haben und welche Schwierigkeiten sich nachhaltig herausgestellt haben, ist nicht untersucht worden, sieht man von einigen wenigen, punktuellen Länderbefragungen ab.

Mit den Modellversuchen sind in einem sehr umfangreichen Ausmaße Anstrengungen unternommen und Ressourcen aufgewendet worden, um eine Veränderung der Curricula, eine Qualifizierung der Lehrerinnen und Lehrer und eine Verbesserung im Bereich der Information und Dokumentation zu bewirken. Inwieweit die in den Modellversuchen gewählten Modelle auch über den Versuchszeitraum hinaus praktiziert werden konnten, welche Veränderungen sich in der Schul- und Lernkultur erhalten und welche Schwierigkeiten sich als nachhaltig herausgestellt haben, ist nicht untersucht worden, sieht man von einigen wenigen punktuellen Länderbefragungen ab.

In neueren Überlegungen wird als maßgeblicher Hemmfaktor der Verankerung informations- und kommunikationstechnischer Innovationen in Schulen die fehlende Verbindung mit *Schulentwicklung* verantwortlich gemacht. Erst seit wenigen Jahren ist die Notwendigkeit der Verbindung von Technologie- mit Schulentwicklungskonzepten ins Bewusstsein gedrungen, um eine qualitativ hochwertige, effektive Nutzung der neuen Medien in Schule und Unterricht zu erzielen. Hierzu zählen Fragen der Unterrichtsentwicklung, der Personalentwicklung und der Organisationsentwicklung. Erst in diesem Zusammenspiel können innovative Maßnahmen wirksam greifen – auch im Kontext der Informations- und Kommunikationstechniken im Bildungswesen (vgl. Fullan 1996, Lindau-Bank, Magenheim 1998; Schnoor 1998; Kubicek 1998; Schulz-Zander 1999 a).

Probleme, die sich bei der Einführung von Informationstechnologien in Schulen zeigen, sind zu einem großen Teil auch *Ressourcenprobleme* auf sächlicher und personeller Ebene, wie Ergebnisse der Evaluation der bundesweiten Initiative „Schulen ans Netz" nachweisen (Weinreich, Schulz-Zander: http://checkup.san-ev.de/stat/ergeb.htm). Schulleitungen und Schulträgern ist oft nicht klar, dass eine umfassende Implementation auf breiter Front und unter angemessenem finanziellem und organisatorischem Einsatz sowie unter Einsatz der entsprechenden personellen Ressourcen erfolgen muss. Der Einstieg erfolgt oftmals mit geringen Mitteln und erfordert in der Folge ständige Nachbesserungen. Berechnungen über die Kosten einer flächendeckenden Versorgung der Schulen mit Informations- und Kommunikationstechnik liegen für verschiedenste Ausstattungsstufen vor (Kubicek 1998). Sie sind inhaltlich und methodisch jedoch durchaus umstritten.

Die gegenwärtige Entwicklung der *Vernetzung von Schulen* macht die weitere Konzipierung von didaktischen Modellen erforderlich, die die Chancen und Grenzen, Voraussetzungen und Konsequenzen – auch unter den Gesichtspunkten sozialer Differenz – eines Lernens mit Unterstützung durch Multimedia und Telekommunikation berücksichtigen. Hierbei sind neuere Erkenntnisse sowohl der Lehr- und Lernforschung als auch der (fach- und medien-)didaktischen Forschung ebenso einzubeziehen wie die vielen guten Erfahrungen aus der Schulpraxis. Auch müssen neue Organisationsformen von Lernen und Lehren entwickelt werden. Denn die Nutzung der IuK eröffnet erstmals in der Schulgeschichte umfassende Möglichkeiten zum ubiquitären – jederzeit und überall – Lernen.

Es mangelt nach wie vor noch in den Bundesländern an einer konsequent flächendeckenden *Lehreraus- und -fortbildung* für die besonderen Erfordernisse, die durch die IuK entstehen. Die Gründe hierfür sind unterschiedlich, der Effekt ist überall derselbe: Es bleibt den Lehrerinnen und Lehrern selbst überlassen, ob und was sie aus den bundesweit zugänglichen Modellprojekten für sich selbst und ihre schulische Situation adaptieren (wenn sie diese überhaupt zur Kenntnis nehmen). Die Zeit drängt, die Lehrerschaft in vollem Umfang auf die sich abzeichnenden neuen Erfordernisse vorzubereiten, denn die Ausstattung der privaten Haushalte mit multimedia- und telekommunikationsfähigen Geräten wird sich dramatisch (für das Bildungswesen!) schnell entwickeln. Mit dem Vordringen von Notebooks in den privaten Markt, die in kürzester Zeit auch den Kindern und Jugendlichen zur Verfügung stehen werden, entsteht eine für die Lehrerschaft ernste Situation, auf die sie vorbereitet sein muss.

Die Ausbildung der Lehrerinnen und Lehrer in der ersten Phase ist unter dem Aspekt der Förderung einer technologischen Kompetenz und einer Medienkompetenz vordringlich zu regeln. Die Hochschulen sind in diesem Punkt aus sich heraus wenig innovationsbereit. Die hier aufscheinenden *Qualifikationsprobleme auf Seiten der Hochschullehrerschaft* bedürfen ebenso einer dringenden Klärung wie die Entwicklung und Verankerung von curricularen Modulen in den Studien- und Prüfungsordnungen, ohne die sich in den Hochschulen letztlich nichts bewegen wird.

Erst 1996 wird ein nordrhein-westfälischer BLK-Modellversuch „Informations- und Kommunikationstechnologien in der universitären Lehrerausbildung für die Sekundarstufe I" mit dem Auftrag, ein Modell zur Integration der IuK in die Lehrerausbildung und eine Multimedia-Lernumgebung zur Unterstützung der Lehre zu entwickeln, eingerichtet (Schulz-Zander 1999). Daraus hervorgegangen ist in Kooperation mit den Hochschulen Bielefeld und Paderborn die Konzeption eines Zusatzstudiums „Medien und Informationstechnologien in Erziehung, Unterricht und Bildung", für das inzwischen ein Erlass des Wissenschaftsministeriums vorliegt. Die im Modellversuch entwickelte internetbasierte Multimedia-Lernumgebung IKARUS wird inzwischen im Netzwerk „Lehrerausbildung und Neue Medien" der Bertelsmann Stiftung an sieben Hochschulen erprobt (http://www.ikarus.uni-dortmund. de).

Die *Ausstattung der Schulen* mit Hard- und Software ist noch immer ein ungelöstes Problem. Dies bleibt es auch so lange, wie die Erwartung gilt, der Staat solle allein für die Ausstattung der Schulen – sprich: der Lernenden und Lehrenden – aufkommen. Die probaten Ausstattungs- und Finanzierungskonzepte haben sich bisher noch nicht herauskristallisiert. Es zeichnet sich ab, dass die Finanzierung der Ausstattung in Form von öffentlich-privater Partnerschaft erfolgen kann. Zu klären ist aber dringlich, welcher Art die Ausstattung sein sollte; die im Rahmen der Modellversuche etablierten Computerräume und -ecken können allein schon aus schulorganisatorischen Gründe auf Dauer keine Lösung sein. Wenn alle Schüler mit Computern arbeiten sollen, um Multimedia und Telematik für ihr Lernen zu nutzen, bleibt nur ein Weg, nämlich die Kinder und Jugendlichen mit *Notebooks* auszustatten.

Bildungspolitisch wird inzwischen mit der Bereitstellung erheblicher Ressourcen auf die globale Entwicklung reagiert. Das Bundesbildungsministerium hat ein Förderprogramm „Neue Medien in der Bildung" aufgelegt mit einem Etat von ca. 400 Mio. DM in den Haushaltsjahren 2000–2004. Ziel der Förderung ist „eine dauerhafte und breite Integration der Neuen Medien als Lehr-, Lern-, Arbeits- und Kommunikationsmittel in Aus- und Weiterbildung sowie die qualitative Verbesserung der Bildungsangebote durch Medienunterstützung" (http://www.bmbf.de).

Übersicht über die in diesem Beitrag berücksichtigten Modellversuche für die allgemeinbildende Schule im Bereich der obligatorischen Grundbildung im Förderschwerpunkt „Informations- und Kommunikationstechniken im Bildungswesen" der BLK im Zeitraum 1984–1995

- Erprobung der Konzeption und eines mehrstufigen Multiplikatorenmodells zur Einführung der informationstechnischen Grundbildung im gegliederten Schulwesen (A 6233, Laufzeit: 1986–1990, Bayern).
- Schulsoftware-Produktion in Kooperation von Lehrern, Fachdidaktikern und Software-Ingenieuren (MOVENS) (FKZ: A 6332, 01.01.1991 – 31.03.1994, Berlin).
- Einführung in die Rechnertechnologie und deren Anwendungsbereiche in der Sekundarstufe I: Informationstechnische Grundbildung in der Sekundarstufe I (FKZ: A 6176.00, 1.7.1984 – 30.6.1987, Bremen).
- Computereinsatz im Physikunterricht der gymnasialen Oberstufe (FKZ A 6267, Bremen Juli 1988 – Juni 1991).
  - Texterstellung und -gestaltung mit dem Computer. Desktop Publishing im Bereich kultureller Bildung (Altes Gymnasium, Kleine Helle). (FKZ: A 6339, Bremen 01.10.1989 – 31.03.1992).
  - Fachübergreifender Einsatz gestaltbarer Software-Tools (FEST) (FKZ: A 6410, Freie Hansestadt Bremen, Mecklenburg-Vorpommern, 1.1.1992 – 31.12.1994).
  - Audiovisuelle Medien zur Behandlung des Computers im Unterricht (FKZ: A 6187, 1985–1988, Hessen).
  - Entwicklung von fächerverbindenden Unterrichtseinheiten für eine informations- und kommunikationstechnische Grundbildung (HEKTOR) (FKZ: A 6234, B 6283, 1987–1990, Hessen).
  - McFun, Mobile Computer im Fachunterricht (FKZ A 6476, Januar 1993 bis Dezember 1995, Mecklenburg-Vorpommern).
  - Entwicklung und Erprobung von Materialien und Handreichungen für Lehrer zur thematischen Behandlung von Neuen Technologien und ihrer Anwendung im Unterricht der allgemeinbildenden Schulen (FKZ: 6178, lfd. Nr. 32, 1984–1990, Niedersachsen).
  - Rahmenkonzept zur Behandlung der Neuen Technologien im Unterricht der allgemeinbildenden Schulen (FKZ: A 6225, 1986–1990, Niedersachsen).
  - Erprobung und Revision des Rahmenkonzepts zur Behandlung der Neuen Technologien im Unterricht der allgemeinbildenden Schulen (FKZ: 6315, 1989–1993, Niedersachsen).
  - Beitrag der Grundschule zu einer informations- und kommunikationstechnologischen Bildung (FKZ: A 6255, 1990–1992, Niedersachsen).

- Behandlung der Telekommunikation im Rahmen der informations- und kommunikationstechnologischen Bildung (FKZ: A 6341, 01.01.1990 – 31.12.1993, Niedersachsen).
- Grundbildung Informatik (IuK) im Pflichtbereich und darauf aufbauend im Wahlpflichtbereich der Sekundarstufe I der allgemeinbildenden Schulen (GRIN) (FKZ: A 6188.00/A 6188.00 I, 01.01.1985 – 31.07.1989, Nordrhein-Westfalen). Wissenschaftliche Begleitung (FKZ 6214.00 B, 1.9.1986 – 6/1990).
- Transfer nordrhein-westfälischer Modellversuchsergebnisse aus dem Bereich der Informations- und Kommunikationstechnologischen Bildung zur Adaption in Schulen des Landes Brandenburg (Abkürzung IKB-Transfer bzw. IKBT) (in NW Abkürzung: IKG-Transfer) (FKZ: A 6413.00, 01.10.1991 – 30.09.1994, Brandenburg und Nordrhein-Westfalen).
- Hilfen zum Ausgleich von Lernrückständen durch Computer in der Grundschule (einschl. wiss. Begleitung) (COMPIG) (FKZ: A 6363; B 6364, 10/1990 – 7/1993, Nordrhein-Westfalen).
- Optische Speicher in Unterrichtsvorbereitung und Unterricht (OPTIS), (FKZ A 6362, Nordrhein-Westfalen). Erprobung des Konzepts Informationstechnische Grundbildung in Hauptschule, Realschule und Mittelstufe des Gymnasiums (ITG-Erprobung) (FKZ: 6216, 1986–1988, Rheinland-Pfalz).
- Computer als Unterrichtsmedium (CUM) (FKZ: A 6226, 1986–1990, Rheinland-Pfalz).
- Information, Beratung und Dokumentation zum Einsatz von Medien, Computersoft- und -hardware in der informationstechnischen Bildung sowie Produktion und Distribution von Computersoftware für Bildungseinrichtungen (FWU) (FKZ: A 6215, 1.8.1988 – 31.12. 1991, Rheinland-Pfalz).
- Computerunterstütztes Lernen an allgemeinbildenden Schulen (Schulen verschiedener Schularten und Regionen) (FKZ: A 6282, 1989–1992, Rheinland-Pfalz).
- Computerunterstütztes Lernen im Primarbereich (CLiP) (FKZ: A 6365, 1990–1993, Rheinland-Pfalz).
    - Neue Kommunikations- und Informationstechniken als vollintegrierte Hilfsmittel im Bildungswesen (N.I.T.- Projekt) (FKZ: A 6190.00, 01.01.85 – 31.12.87, Saarland).
    - Informationstechnische Bildung und Datenfernübertragung (FKZ: A 4290, 01.04.1988 – 31.03.1991, Schleswig-Holstein).
    - Kommunikation und Information im Datenfernübertragungsnetz für Schulen (KIDS) (FKZ: A 6426, 01.01.1993 – 31.12.1995, Schleswig-Holstein).

Detlev Schnoor

Neue Medien und die Innovationsfähigkeit von Schulen

Einleitung

Besonders in Zeiten der Einführung neuer Medien wird eins deutlich: Medien sind nie neutral. Medien können Organisationsformen grundlegend ändern. Ebenso sind auch Organisationen gegenüber den Medien nie neutral. Organisationsformen üben einen erheblichen Einfluss darauf aus, ob und wie Medien in Kommunikations- und Informationsabläufe eingebunden werden. Bei den derzeitigen Initiativen zur Computerausstattung und Vernetzung von Schulen tritt dieses Wechselverhältnis deutlich zu Tage.

Schulen sind Organisationen mit besonderen Merkmalen, durch die sich die Medienintegration in Teilen als sehr problematisch gestaltet. Im Folgenden werden einige zentrale Problemfelder genannt und Möglichkeiten aufgezeigt, wie Neue Medien zum Anlass für *Schulentwicklungsprozesse* werden können.

1. Stand der Medienintegration in Schulen im internationalen Vergleich

Bei der Ausstattung der bundesdeutschen Schulen mit Computern zeigt sich im internationalen Vergleich großer *Nachholbedarf*.

Im Februar 1996 rief Präsident Clinton die nationale Initiative *„Technology Literacy Challenge"* aus (www.whitehouse.gov/WH/New/edtech/Ocont. html). Alle amerikanischen Schulen sollen bis zum Jahr 2000 an die Datenautobahn angeschlossen werden. Die Aussichten sind gut, das Ziel zu erreichen. Die Schulen in den *USA* starteten vor Beginn der Initiative auf hohem Niveau. 1995 hatten bereits 50 % der Schulen und 8 % der Klassenräume einen Internetzugang. Innerhalb von nur zwei Jahren konnte die Anschlussrate nochmals deutlich erhöht werden. 1997 waren 85 % der 83 854 Schulen vernetzt. Sogar 44 % der Klassenräume hatten zu diesem Zeitpunkt Internetanschlüsse. Im gleichen Zeitraum verbesserte sich die Ausstattung mit neuen Multimedia-PCs. Während sich 1995 35 Schüler einen Multimediarechner teilen mussten, waren es 1997 nur noch 13 Schüler. Insgesamt wurde in den USA eine Relation von 7 Schüler pro Computer erreicht. Der nationalen Initiative stehen in den Jahren 1996 bis 2000 insgesamt 2 Mrd. US-Dollar zur Verfügung. Zur Förderung der Medienintegration werden zudem spezielle Telekommunikationstarife für Bildungsinstitutionen angeboten.

In *Großbritannien* ist ein ähnlich rasantes Wachstum der Internetanschlüsse in Schulen zu verzeichnen. 1995 verfügten gerade 25 % der Sekundarschulen über einen Netzzugang. Zwei Jahre später waren bereits 83 % der Sekundarschulen und 17 % der Grundschulen vernetzt. Da ein Großteil älterer Rechner ausgetauscht werden musste, ist die Zahl der Computer in Schulen nur leicht angestiegen und lag 1997 bei 9 Schülern pro Computer. Besonders der Anstieg der Internetanschlüsse verdeutlicht den Erfolg der Regierungspläne Großbritanniens. Sie sehen vor, bis zum Jahr 2002 alle Schulen, Universitäten und Bibliotheken zu vernetzen. Für diese Vorhaben wurden insgesamt 2 Mrd. DM bereitgestellt, gestützt durch ein finanzstarkes Lehrerfortbildungsprogramm von ca. 700 Mio. DM.

In *Schweden* konnten sich 1997 über 90 % der Sekundarschulen und über 50 % der Primarschulen ins Internet einwählen. Vor dem Start des schwedischen Regierungsprogramms im Jahr 1994 waren 68 % der Sekundarschulen und 17 % der Primarschulen vernetzt. Auch die Computerausstattung hat sich auf hohem Niveau leicht verbessert. Mussten sich 1995 8 Schüler einen Computer teilen, waren es 1997 nur noch 6 Schüler. Der Aufbau des nationalen Bildungsnetzwerkes wird durch die schwedische Regierung mit ca. 1,6 Mio. DM und durch eine neu gegründete Stiftung mit einem Gründungskapital von ca. 30 Mio. DM finanziert.

Die Zahlen aus den USA, Großbritannien und Schweden belegen den Erfolg nationaler Bildungsprogramme zur Vernetzung und Computerausstattung von Schulen. Auch in *Deutschland* wächst die Zahl der Internetanschlüsse von Schulen, jedoch auf niedrigem Niveau. 1995 verfügten weniger als 1 % der Deutschen Schulen über eine Netzanbindung. Durch die *Bundesinitiative „Schulen ans Netz"* hat sich der Anteil der Schulen mit Internetzugang im Jahr 1997 auf 20 % erhöht. Verlässliche Daten zur Computerausstattung gibt es nur aus dem Jahr 1995. In den alten Bundesländern mussten sich 63 Schüler einen Computer teilen. Die Zahlen belegen: Deutschland hat einen Stand der Medienintegration erreicht, den die Länder USA, Großbritannien und Schweden vor 4 Jahren bereits weit überschritten hatten.

Das Defizit an Makrodaten macht es schwierig, Entwicklungen nachzuzeichnen, Problemstellungen zu identifizieren und zu analysieren. Ähnlich wie in den USA praktiziert und von der EU-Kommission empfohlen, ist das begleitende *Monitoring der Medienintegration* ein wesentlicher Bestandteil für den Erfolg von Medieninitiativen. Erfolge und Erfolgsfaktoren müssen transparent und übertragbar gemacht oder Gründe für Misserfolge analysiert werden.

Der unterschiedliche Stand der Medienintegration ist nicht nur abhängig von der technischen Ausstattung. Er wird nachvollziehbar, wenn man ihn in Beziehung setzt zu der Innovationsfähigkeit von Schulen.

2. Was Schulen bei der Medienintegration lernen können: Sechs Thesen

Einzelne Schulen unterscheiden sich in ihrer Qualität, in ihrer Schul- und Lernkultur, in den übergeordneten pädagogischen Zielen, in ihren Normen und Werten, in ihrem Klima, ihren Kooperations-, Kommunikations- und Beziehungsmustern und im Management stärker als Schulformen oder Schulsysteme. Internationale Vergleiche zur Schulqualität haben dieses zentrale Ergebnis hervorgebracht. Der Fokus der *Schulentwicklung* richtete sich damit mehr und mehr auf die Entwicklung von *Einzelschulen*. In den Blick kommen damit die Prozesse und die Gestaltbarkeit des inneren Wandels von Schulen.

Zentral ist dabei die Annahme, dass Schulen sich zu *„lernenden Organisationen"* entwickeln können, die kontinuierlich ihre Fähigkeiten ausweiten und ihre eigene Zukunft schöpferisch gestalten. Dahinter steckt ein Lernbegriff, der sich sowohl auf die Personen in Organisationen als auch auf die Organisation selbst bezieht. Das Verhältnis des Lernens von Personen oder Gruppen zu der Entwicklungsdynamik von Organisationen ist ein Schlüsselthema der lernenden Organisation.

Zu diesen Ebenen kommt, wenn man die Organisation Schule betrachtet, der eigentliche Kernbereich hinzu: der Unterricht. *Unterrichtsentwicklung, Organisationsentwicklung und Personalentwicklung* sind die wesentlichen Dimensionen der Entwicklung von Einzelschulen. Erst wenn man die Integration neuer Medien in dem Spannungsfeld dieser drei Dimensionen betrachtet, werden Hemmnisse, aber auch Möglichkeiten der Schulentwicklung durch neue Medien deutlicher sichtbar. Die folgenden sechs Thesen sollen helfen, dieses Spannungsverhältnis zu beschreiben und zu analysieren.

Erste These: Lehrerfortbildung ist eine unverzichtbare, aber keine hinreichende Bedingung für die gelungene Medienintegration in Schulen.

Die *Bertelsmann Stiftung* hat 1997 in Kooperation mit dem Land Nordrhein-Westfalen eine flächendeckende Fortbildungsinitiative *„NRW Schulen ans Netz – Verständigung weltweit"* gestartet. Das Konzept sah drei Angebotssäulen vor. Schulexterne Fortbildungen für IT-erfahrene Projektkoordinatoren wurden ergänzt durch schulinterne Veranstaltungen und durch Online-Informationen über den Landes-Bildungsserver. Durch ein *Moderatorensys-*

tem von 170 Fortbildnern wurden in der ersten Stufe 1 700 Schulen und in der zweiten Stufe weitere 400 Schulen einbezogen. Innerhalb von zwei Jahren wurden mehr als 40 000 Lehrer und Lehrerinnen erreicht, wobei nach anfänglicher Zurückhaltung vor allem die Anfragen nach schulinternen Fortbildungen stark anstiegen.

Die begleitende Evaluation zeigt einen deutlichen Zuwachs an Internetgrundkenntnissen. Nach Einschätzung der Projektkoordinatoren liegt der Anteil der Lehrer, die über grundlegende Internetanwendungskenntnisse verfügen, mittlerweile bei knapp 20 %, wobei anwendungskompetente Lehrer am häufigsten in Berufskollegs und Gymnasien und am wenigsten in Hauptschulen zu finden sind. Die Einschätzung darüber, wie viele Lehrer das Internet regelmäßig im Fachunterricht einsetzen, fällt mit 7 % deutlich niedriger aus. Dieses Ergebnis gilt übrigens für alle Schulformen.

Als besonders effektiv erwiesen sich schulinterne Veranstaltungen. Je höher deren Zahl, umso höher der Prozentsatz der kompetenten und IT-anwendenden Lehrer. Schulinterne Fortbildungen werden etwa nur von einem Drittel der Schulen abgefragt.

Die Ergebnisse lassen zwei *Schlussfolgerungen* zu:

1. Neue Kenntnisse über Informationstechnologien garantieren noch keine Umsetzung dieser Kenntnisse im Unterrichtsalltag.
2. Mit Fortbildung werden eher die Schulen und Lehrer erreicht, die bereits über Vorerfahrungen im Umgang mit neuen Medien verfügen, was auf Online-Informationen in besonderer Weise zutrifft.

In vielen Schulen haben sich bestenfalls kleinere Lehrergruppen gebildet, die sich aktiv um die Integration neuer Medien in den Unterricht kümmern. In diesen Gruppen sind vor allem Lehrer in Informatik, Mathematik und in den Naturwissenschaften vertreten. Vermutlich könnte man die Anzahl der *Fortbildungsveranstaltungen* deutlich erhöhen, ohne an dem Status quo etwas grundlegend zu verändern. Es gibt Schulen, in denen mittlerweile fast das gesamte Kollegium an Fortbildungsveranstaltungen teilgenommen hat ohne erkennbare Wirkungen der Medienintegration auf die Kultur der Schule und des Unterrichts. Fortbildungen können geradezu ein Alibifunktion der Nichtveränderung erfüllen.

In diesem Zusammenhang ist auch die Beobachtung zu sehen, dass *„best practice"-Beispiele* von Medienprojekten einzelner Lehrer innerhalb der Schule kaum ansteckend wirken. Oftmals werden Unterrichtsbeispiele eher von Lehrern anderer Schulen aufgegriffen als von den Kollegen der eigenen Schule. Hier spielt mit Sicherheit auch eine Rolle, dass in nicht wenigen Kollegien ein Gleichheitsmissverständnis vorhanden ist. Es erzeugt ein Klima, in dem hervorgehobene Ideen und Leistungen von Lehrern nicht anerkannt, sondern eher mit einem gewissen Misstrauen begleitet werden.

Neue Einsichten und Kenntnisse von einzelnen Personen verändern noch nicht die Organisation Schule. Fortbildungen werden dann erst wirksam, wenn Lehrer in ihrer Schule Arbeitsformen vorfinden, in denen sie sich und ihre Kompetenzen weiterentwickeln und Gelerntes anwenden können.

Lernen auf Vorrat hat kaum Wirkungen. Das gilt besonders für den Umgang mit Neuen Technologien. *Technische Anwendungskompetenz* kann nur durch eigenes Ausprobieren erworben werden, wie *pädagogisch-didaktische Kompetenzen* nur durch die Unterrichtspraxis mit neuen Medien.

Schulen, die keine festen Formen der Teambesprechungen und der Kooperation etablieren konnten, haben große Schwierigkeiten, die Abstimmungen zu realisieren, die für die Durchführung von Medienprojekten oder für die Entwicklung eines Medienkonzeptes notwendig sind, auch wenn der Großteil des Kollegiums hochgradig daran interessiert ist. Schulen müssen Kommunikations- und Arbeitsformen etablieren, um neu erworbenes Wissen im Kollegium zu kommunizieren oder Fortbildungen nach einem ermittelten Bedarf gezielt auszusuchen.

Wie man die Sammlung von vorbildlichen Medienprojekten und Ideen für das gesamte Kollegium, für Schüler und Eltern fruchtbar machen kann, lässt sich am *Beispiel* eines Gymnasiums zeigen.

> Der Aufbruch zu einem neuen Schritt in das Online-System wurde gestartet mit einem Markt der Möglichkeiten. Schüler, Lehrer und die im Schulgebäude integrierte Volkshochschule stellten Ergebnisse ihrer Internetprojekte oder konzeptionelle Überlegungen zum Intranet den anderen Lehrern, Schülern und Eltern ihrer Schule während dieser eintägigen Veranstaltung im Foyer der Schule vor. Ideen wurden ausgetauscht und es wurden vor allem auch die bis dahin eher zurückhaltenden Lehrer zur Mitarbeit ermuntert. Diese Veranstaltung war eingebunden in ein längerfristiges Schulentwicklungsprojekt, moderiert unter anderem von externen Beratern und geplant und begleitet von einer schulinternen Planungsgruppe. Hervorzuheben ist, dass diese Planungsgruppe von engagierten Lehrern im Auftrag der Schulkonferenz handelte. Die Schulkonferenz hatte sich mit deutlicher Mehrheit für ein Schulentwicklungsprogramm, in dem die neuen Medien eine zentrale Rolle spielen sollten, entschieden.

Die meisten über Jahre gewachsenen *Lehrer-IT-Zirkel* in Schulen haben diese institutionelle Anbindung, z. B. durch den Auftrag der Schulkonferenz, in der Regel nicht. Ihr außerordentliches Engagement, ihr Wissen und ihre Anstöße zu Verbesserungen bleiben deshalb oftmals über Jahre für die gesamte Schule folgenlos. Sie erhalten zum einen für ihre Arbeit nicht die nötige

Rückendeckung durch die Schulleitung oder durch das Kollegium, zum anderen bleibt das, was sie tun, innerhalb der Schule häufig intransparent.

Schlüsselpersonen im Kollegium haben häufig auch den Hang dazu, ihren erworbenen Status und ihre Monopolstellung im Medienbereich auf Kosten besserer kollegiumsinterner Kooperation und Kommunikation abzusichern. Im NRW-Lehrerfortbildungsprojekt wurde beispielsweise deutlich, dass nicht selten gerade die „Schulen ans Netz"-Projektkoordinatoren, deren Rolle es eigentlich sein sollte, schulintern Impulse für die Medienintegration weiterzugeben und Aktivitäten zu koordinieren, nach Meinung von Lehrern Informationen wie z. B. Fortbildungsmaterialien oder begleitende IT-Zeitschriften zurückhielten.

Schulen, die bereits in Jahrgangsteams zusammenarbeiten oder die eine kontinuierliche Koordination der Fachgruppen betreiben, haben hier einen Vorteil. Das Etablieren einer sichtbaren Kooperations- und Kommunikationsstruktur und deren Bestätigung durch die Organisation gibt den Lehrern, auch denjenigen, die sich weniger für die Belange der Schule interessiert haben, wichtige Impulse, in eine gemeinsame Richtung zu arbeiten. Ein sicheres Indiz für *kollegiumsinterne Abstimmungen* ist häufig beispielsweise darin zu sehen, dass in weiterführenden Schulen als erster Einstieg in die Medienbildung informationstechnische Grundlagen, z. B. Textverarbeitung und Verwendung der Betriebssoftware in allen 5. Jahrgangstufen vermittelt werden.

Die Dimensionen Personalentwicklung und Organisationsentwicklung sind für die Medienintegration in Schulen gleichwertige Voraussetzungen, wobei für das Erreichen der nächsten Entwicklungsstufe, der Erarbeitung umfassender Medienkonzepte, ein etwas stärkeres Gewicht bei der Organisationsentwicklung liegen dürfte.

Zweite These: Die Integration neuer IuK ist eine äußerst komplexe Aufgabe. Ihre Bewältigung verlangt eine Ausdifferenzierung der Schulorganisation.

Zur Medienintegration bedarf es der professionellen Planung und Organisation auf verschiedenen Ebenen. Ein *schulisches Medienkonzept* umfasst

- die Entwicklung eines abgestimmten IT-Plans mit den Komponenten, Hardware, Software, Netzwerkverbindungen, Systembetreuung, technische Schulungsmaßnahmen
- ein pädagogisch-didaktisches Konzept, das die Inhalte und Methoden des Lernens mit neuen Medien an den übergeordneten pädagogischen und fachlichen Leitvorstellungen der Schule ausrichtet und dementsprechend die Struktur der Lernumgebungen (*stand-alone*-Lösungen, Netzwerkarbeitsräume oder die Einrichtung von Internetklassenzimmern) festlegt

- ein internes Fortbildungskonzept, das für die notwendige Qualifizierung sorgt
- ein Finanzierungskonzept, mit dem auch neue Wege der Ressourcenbeschaffung – die Stichworte sind hier *Sponsoring* und *Public-Private-Partnership* – erschlossen werden.

Schulen kommen mit einem Minimum an funktionaler Binnendifferenzierung aus. Sie bestehen in der Regel aus dem Schulleiter, dem stellvertretenden Schulleiter, einer Sekretärin, dem Hausmeister und 20 bis 120 einzelnen Lehrern, die notdürftig über Fachgruppen miteinander verknüpft sind. Zwischen der Schulleitung und dem Kollegium gibt es praktisch keine etablierte Zwischenebene ähnlich einer Stabsstelle, die die Leitung der Schule bei Gestaltungsaufgaben unterstützt.

Ein Grund hierfür liegt auch in der *traditionellen Lehrerrolle*. Lehrer sehen sich vor allem als Fachexperten, als Deutschlehrer, als Geographielehrer oder als Informatiklehrer. Sie haben traditionell weniger Interesse daran, die Schule als Gesamtorganisation in den Blick zu nehmen und sich Organisations- oder Planungswissen anzueignen. In Schulen, die erkannt haben, dass die Vermittlung von Medienkompetenz nicht mehr von dem Engagement einzelner Lehrer abhängig sein darf, sondern zur Aufgabe aller Fächer und Jahrgangsstufen werden muss, ist eine Ausdifferenzierung in zwei Richtungen erkennbar. Die Schulleitung wird auf der einen Seite häufig unterstützt durch einen *IT-Planungsstab*. Diesem Planungsstab gehören gewählte Vertreter des Kollegiums sowie Elternvertreter und häufig auch Schülervertreter an. Geleitet wird dieser Planungsstab von einem Koordinator, der verantwortlich ist für die Entwicklung im Medienbereich. Auf der anderen Seite werden Aufgaben und Entscheidungen innerhalb der Schule auf Lehrerteams übertragen. Da die komplexen technischen und pädagogischen Aufgaben nicht mehr von einzelnen Lehrern gelöst werden können, bilden sich gerade im Medienbereich immer häufiger solche Teamstrukturen heraus.

Die *Delegation von Verantwortung* endet in manchen Schulen nicht beim Kollegium, sondern sie wird weiter auch auf die Schüler übertragen. Beispielsweise haben in manchen Schulen Schüler auch außerhalb der Unterrichtszeit freien Internetzugang. Die Betreuung und die Aufsicht wird von älteren Schülern mit besonderen Computerkenntnissen übernommen. Oder die Administration der Computer und deren Vernetzung wird von einem Team aus Lehrern und Schülern organisiert ebenso die digitale Archivierung der Schulbibliothek. In einigen Schulen ist die Redaktion der Schulhomepage ausschließlich Aufgabe von Schülergruppen.

Ohne eine innere *Ausdifferenzierung der Schulorganisation* und *Dezentralisierung von Verantwortlichkeiten* kann eine umfassende Integration neuer Medien als Gesamtprozess nicht gemanagt und umgesetzt werden.

Dritte These: In der Informationsgesellschaft wird für Schulen die Gestaltung der Umweltbeziehungen zu einer zentralen Lerndimension.

Die Selbstständigkeit und die Grenzziehungen von Organisationen zur Aufrechterhaltung der eigenen Identität trifft auf Schulen nur bedingt zu. Die Frage, was eigentlich die Einheit der Veränderung ist, auf die sich Beratung, Fortbildung oder Unterstützung beziehen sollen, ist schwierig und hängt ab von der jeweiligen Perspektive und Aufgabenstellung. Das wird besonders bei der Einführung neuer Medien in Schulen deutlich. Will man Klassenräume vernetzen, ist die Baubehörde zuständig, für die Technikausstattung und die Online-Anbindung ist der Schulträger zuständig, die Verantwortlichkeiten für die Netzadministration liegen irgendwo zwischen der Kommune und dem Land, über Veränderungen von Stundenplänen und Curricula wacht die obere Schulaufsicht. Sie ist auch zuständig für die Genehmigung von Dienstreisen und die Durchführung landesweiter Fortbildungsmaßnahmen, während lokale Fortbildungen von der unteren Schulaufsicht koordiniert werden mit Ausnahme der Medienfortbildungen der Stadt- und Kreisbildstellen, die direkt den Ministerien unterstehen.

Es gibt keine Standardkonzepte der Technikausstattung und Vernetzung von Schulen, wie auch allgemeingültige organisatorische und personelle Rezepte bei der Medienintegration wenig Sinn machen. Schulen selbst können am besten ihr Medienkonzept auf den Bedarf und auf ihre pädagogischen Leitbilder abstimmen. Das heißt aber auch, dass Schulen als organisatorische Einheiten gestärkt werden müssen. Statt der bestehenden Überregulierung, statt unklarer und komplizierter Entscheidungswege muss deshalb den Schulen mehr *Entscheidungsfreiheit* bei der Finanz- und Personalplanung sowie bei der pädagogischen Gestaltung der Lern- und Schulkultur gewährt werden. Die Fragen der Medienintegration sind nicht von den Fragen der *Finanz-, Personal- und Gestaltungsautonomie* zu trennen. Einige Schulen nutzen ihren Handlungsspielraum bereits heute. Es gibt beispielsweise Schulen, die die Stunden für den Fachunterricht geblockt haben, damit Schülergruppen genügend Zeit finden, begleitende Internetrecherchen durchzuführen.

Immer häufiger gehen Schulen strategische Allianzen mit anderen öffentlichen Institutionen oder Unternehmen ein. Dort wo Schulen über eine gute und durchdachte technische Ausstattung verfügen, ist es häufig gelungen, Eltern, ehemalige Schüler, Unternehmen, lokale Kultur- und Bildungseinrichtungen in die Entwicklungsarbeit einzubeziehen. Elternvertreter helfen bei der Planung und Realisierung der Schulvernetzung, ehemalige Schüler unterstützen die Intranetlösungen, Schulen und Volkshochschulen nutzen auch aus Kostenersparnis die gleichen Computerräume, Firmen sponsern Computer oder stellen gebrauchte PCs zur Verfügung, die vom Informatikkurs aufgearbeitet werden.

Zu beobachten ist, dass besonders die Schulen, die sich als Medienschulen profiliert haben, diese Außenkontakte systematischer suchen und pflegen und den Bereich der Kooperation mit außerschulischen Partnern in den letzten Jahren besonders gestärkt haben. Die Auseinandersetzung mit dem Schulumfeld, die „*Öffnung von Schule*" ist dabei häufig Resultat einer längeren inneren Entwicklung.

Vierte These: Schulen können sich zu Medienschulen nur dann entwickeln, wenn sie sich selbst beobachten und ihre Arbeit auswerten.

Organisationen brauchen ein Rückkopplungssystem, um sich selbst zu überprüfen und ihre Leistungsfähigkeit besser bemessen zu können. Beim Umgang mit neuen Medien stellt sich die Frage nach der Qualitätsbewertung und Sicherung auf der Unterrichtsebene und auf der Schulebene. Die Qualität der neuen IuK zeichnet sich durch Interaktivität, Multimedialität und Vernetzung aus. Eingebunden in einen Unterricht, der mehr Eigenaktivität von Schülern erlaubt, haben neue Medien das Potenzial, neben der Aneignung von Fachwissen auch den Erwerb von *Schlüsselqualifikationen*, wie Selbst-, Methoden- und Sozialkompetenz, zu fördern. Um diese neuen Kompetenzen zu bewerten und damit im Vergleich zum Fach- und Faktenwissen aufzuwerten, reichen die vorhandenen Bewertungsmaßstäbe und Verfahren von Schülerleistungen z. B. durch Klassenarbeiten nicht mehr aus. Wir benötigen neue Bewertungskriterien und Methoden, die nicht nur Lernergebnisse, sondern auch Lernprozesse und das Lernverhalten mit in den Blick nehmen. Ähnlich verhält es sich mit der für die Informationsgesellschaft zentralen Forderung nach Medienkompetenz oder Medienbildung. Auch hier gibt es bisher kaum geeignete Verfahren, um die Fähigkeiten von Schülern im Umgang mit neuen Medien zu bewerten und gesondert auszuweisen. Einen ersten Versuch hierzu hat die Bertelsmann Stiftung gemeinsam mit dem Landesinstitut für Schule und Weiterbildung in Soest unternommen. Derzeit wird ein Portfolio „*Medienkompetenz*" in einigen Pilotversuchen in Schulen getestet.

Schulen haben bei der *Qualitätssicherung* eine besondere Problematik zu bewältigen. Es ist ja nicht so, als würden Schulen ihre Leistungen und Erfolge nicht auswerten. Schließlich werden hunderte von Klassenarbeiten geschrieben. Das Interesse besteht jedoch fast ausschließlich auf der fachlichen Ebene. Die Leistungen der Schule als Gesamtorganisation kommen dabei nicht in den Blick. Qualitätsentwicklung kann jedoch nur betrieben werden, wenn letztendlich auch die *Außensicht* mit einbezogen wird.

Die Entwicklung von Instrumenten zur systematischen Beobachtung der Außenbeziehung ist gerade für den Medienbereich wichtig. Wir haben gemeinsam mit einigen Schulen Befragungen ihrer Lehrer, Schüler und Eltern zu ihren Erwartungen, Einstellungen gegenüber Medien und ihrer Mediennutzung durchgeführt. Über 90 % der Eltern wünschten sich, dass in der Schule insbesondere der Umgang mit den neuen IuK vermittelt wird. Es wurde auch deutlich, dass Eltern nur wenig über die Technik und Verwendungsmöglichkeiten des Internets informiert sind. Als Folge wurden von einer Elterngruppe gemeinsam mit der VHS Fortbildungsveranstaltungen für Eltern organisiert. Die kollegiumsinternen Befragungen zeigten, dass sich 88 % der Lehrer, aber auch 78 % der Eltern den Kindern und Jugendlichen bei der Mediennutzung unterlegen fühlen. 40 % der Lehrer waren nach eigenen Angaben nicht über die Mediengewohnheiten ihrer Schüler informiert. Nur 3 % der Lehrer gaben an, Computer in der Schule jederzeit nutzen zu können. Für 68 % der Lehrer ist die Nutzung der neuen Technologien mit großem Aufwand verbunden.

Bestandsaufnahmen der technischen Ausstattung, der pädagogischen und didaktischen Leitideen, der Kooperations- und Interaktionsmuster im Kollegium, des Fortbildungsstandes und der bestehenden Außenkontakte liefern die Grundlagen und Impulse zur Diagnose der Gesamtorganisation. Daten helfen bei der Planung und Umsetzung eines Medienkonzepts, weil Defizite, aber auch Stärken einer Schule genauer erkannt werden können.

Fünfte These: Die Integration neuer Medien braucht ein angemessenes Gleichgewicht von Bewahren und Verändern.

Wenn die Qualität neuer Medien zu mehr eigenständigem, projektorientiertem Lernen, zur Kommunikation und Kooperation entfaltet werden soll, bedeutet das für Lehrer eine *radikale Veränderung* gewohnter Unterrichtsstile und ihrer Lehrerrolle. Eine zeitgleiche Umstellung des Unterrichts aller Lehrer einer Schule würde das System nicht verkraften und die Leistung der Schule würde rapide sinken. Veränderungen können nur in kleinen Schritten und zunächst in überschaubaren explorativen Feldern geschehen. Auch hierzu ein Beispiel.

> Einige Schulen, die bereits alle Klassenräume vernetzt haben, erproben das Konzept der Computerecken zunächst nur in einer Jahrgangstufe, um didaktische und methodische Erfahrungen zu sammeln. Diese Erfahrungen werden evaluiert, ausgewertet und mit anderen Lehrern diskutiert. Die systematische *Peer*-Evaluation schafft Sicherheit, Unterstützung und Feedback beim Verlassen von Routinen und vergrößert das Know-how der Schule im Umgang mit Neuerungen.

Individuen und Organisationen können nur durch Unterschiede lernen. In vielen Schulen existieren diese Unterschiede, sie werden jedoch kaum als Lernanlass wahrgenommen und kommuniziert. Es kommt deshalb nicht selten zu starren Polarisierungen oder Rollenzuschreibungen zwischen den Medienaktivisten und den Medienskeptikern.

Auch das Aufrechterhalten eines Status quo muss als eine Leistung der Organisation betrachtet werden. Schulen sehen sich tagtäglich einer Vielzahl widersprüchlicher Anforderungen gegenübergestellt, die einen Großteil ihrer Energien einfordern. Wenn es nicht gelingt, auch das Bewährte, die Routinen, das, was bei der Arbeit der Schule oder der Arbeit einzelner Lehrergruppen gut läuft, zu identifizieren und positiv zu bewerten, wird es schwer sein, gerade die Medienskeptiker für Neuerungen zu gewinnen.

Sechste These: Die Integration Neuer Medien verändert die Schule als Ganzes und nicht nur Teilbereiche.

Die Vision, die Vermittlung von Medienkompetenz und den integrierten Technikeinsatz in allen Fächern und Jahrgangsstufen zu verwirklichen, lässt sich nur über einen längeren Zeitraum und in mehreren Stufen verwirklichen. Zur Planung von schulischen Medienkonzepten erweisen sich die *Phasen der Organisationsentwicklung* von Schulen als hilfreich:

- In der *Initiierungsphase* geht es um die Einrichtung eines kompetenten Planungsteams.
- In der *Diagnosephase* geht es um die Bestandsaufnahme des pädagogischen, organisatorischen, personellen und technischen Entwicklungsstandes.
- In der sich anschließenden *Zielklärungsphase* werden die medienpädagogischen, mediendidaktischen und medientechnischen Konzepte mit den übergreifenden Zielen der Schule (Schulprogramm) und den vorhandenen Ressourcen abgestimmt und in Planungskonzepte überführt.
- In der *Implementierungsphase* geht es um den Aufbau von Teamstrukturen und des Projektmanagements.
- Ziel der darauf folgenden *Institutionalisierungsphase* ist die Verankerung des Medienkonzeptes und der neuen Arbeitsformen in das Schulkonzept.
- Die abschließende *Evaluation* macht die Erfahrungen mit Erneuerungsprozessen auch für künftige Entwicklungsprojekte generalisierbar.

Die Ausgangslage und der Entwicklungsstand der einzelnen Schulen bei der Einführung neuer IuK ist sehr unterschiedlich. Insofern gibt es *kein Patentrezept* dafür, in welchen Bereichen mit dem Entwicklungsprozess der Medienintegration begonnen werden sollte. In Beratungsprojekten mit Schulen konnten wir erfahren, dass die Integration neuer Medien und die Vermittlung von Medienkompetenz zum Anlass genommen wurde, bestehende Fortbildungskonzepte zu überprüfen, zum ersten Mal an der Gestaltung eines Schulprofils zu arbeiten oder das Schulmanagement zu thematisieren. Deutlich wurde auch, dass Veränderungen in Teilbereichen, wie z. B. die Freistellung von Lehrern für Fortbildungen oder die Blockung der Stundentafel für Medienprojekte, immer auch andere Teile der Schulorganisation berühren.

Verändern kann sich ein System nur als Ganzes und nicht in einem Teil und nicht von einem Punkt aus. Das hat auch Konsequenzen für das Projektmanagement. Letztlich heißt das, alle relevanten Kräfte in den Prozess der Schulentwicklung durch neue Medien mit einzubeziehen.

3. Lernen in realen und virtuellen Netzwerken

Lernende Organisationen zeichnen sich durch ihre Fähigkeit aus, systematisch und dauerhaft Organisations- oder Systemwissen zu generieren und zu verteilen, um ihre Überlebens- und Zukunftsfähigkeit in sich verändernden Umwelten zu sichern. Die Lernfähigkeit einer Organisation hängt jedoch auch von den Fähigkeiten ihrer einzelnen Mitglieder ab, von der systematischen und dauerhaften Generierung und Verteilung individueller Wissensressourcen. Während beim *Konzept der lernenden Organisation* eher organisationales Lernen im Vordergrund steht, richtet sich der Blick bei den neueren *Konzepten des Wissensmanagements* auf das individuelle Lernen.

Das Konzept des Wissensmanagements könnte für die Schulentwicklung mit neuen Medien aus einem zentralen Grund interessant werden: Die Organisationsberatung von Einzelschulen ist sehr aufwendig; in Koppelung mit dem Aufbau von medienunterstützten Lern-, Fortbildungs-, und Beratungsnetzwerken könnten mehr Schulen erreicht und deren Selbstaktivität unterstützt werden.

Diese Möglichkeit soll am Beispiel von *Lernnetzwerken* in Schulen und auf der kommunalen Ebene verdeutlicht werden.

> Die Zeit der Homepageerstellung ist in einigen Schulen abgeschlossen. Schulen wenden sich derzeit häufig dem technischen Aufbau eines schuleigenen Intranets zu und der Frage, wie das Intranet pädagogisch-didaktisch im Unterricht genutzt werden soll. Schulen lassen sich dabei von der Idee leiten, mit Hilfe der Medien das Wissen ihrer Schule neu zu organisieren. Mit dem Intranet soll eine schulinterne Informations-, Kommunikations- und Interaktionsplattform geschaffen werden, um Wissen zu generieren, auszutauschen, zu bewerten und anzuwenden. Ein Praxisbeispiel: Die Lehrer und Schüler aus zwei siebten Klassen eines Gymnasiums erproben eine Art von Teamteaching oder -learning per Intranet.

Lehrer und Schüler haben ein gemeinsames Unterrichtsthema abgesprochen, das sie parallel in beiden Klassen erarbeiten wollen. Die Lehrer bereiten die Unterrichtseinheit gemeinsam vor, indem sie auf einem Bereich des Schulservers Materialien, Aufgabenbeschreibungen und Informationen für Schüler ablegen. Die Schüler beider Klassen können auf diese Informationen zurückgreifen. Die Schüler stellen ihre Arbeitsergebnisse, Ideen und Lösungen über das Intranet den anderen Schülern vor und erhalten von ihnen Kommentierungen, Hinweise und Verbesserungsvorschläge. Grundlage des Projektes waren im Übrigen die in der Projektdatenbank abgespeicherten Arbeitsergebnisse der Vorgängerklassen, die die Kinder auch deshalb so gerne nutzten, weil sie die Autoren gut kannten.

Das Generieren und Verteilen von Wissen kann auf der schulübergreifenden Ebene fortgesetzt werden. In zwei Projekten haben wir Serverplattformen aufgebaut, um die lokale Lehrerfortbildung zu unterstützen. Unter Moderation eines Lehrerfortbildners wurden in der Anfangsphase fachspezifische Lehrerarbeitsgruppen aus 10 Schulen gebildet. Diese Gruppen treffen sich seit zwei Jahren regelmäßig, um sich gegenseitig Internetprojekte vorzustellen, Materialien und Ideen auszutauschen und sich bei der Umsetzung von Medienprojekten zu unterstützen. Die Materialien und Projektbeschreibungen wurden auf dem lokalen Server abgelegt und damit allen Schulen zugänglich gemacht. Insgesamt 120 Einzelprojekte wurden mittlerweile auf diesem Wege dokumentiert und über die Datenbank veröffentlicht.

Auch wenn das Projekt noch nicht abgeschlossen ist, lassen sich dennoch einige *Schlussfolgerungen* für den Aufbau lokaler Netze ziehen. Der kommunale Bezug brachte zwei Vorteile.

● Die Netzwerkbeteiligten konnten sich persönlich kennen lernen und sich regelmäßig zu Absprachen persönlich treffen. Dies schaffte das nötige Vertrauen, um eigene Unterrichtsideen und eigenes Wissen an Lehrer anderer Schulen weiterzugeben. Die Informationen auf dem Server konnten in persönlichen Gesprächen vertieft und kommentiert werden. Das digitale Netz wird ergänzt durch ein reales.

- Es ergaben sich für Projektinhalte gemeinsame Themen aus dem kommunalen Umfeld. Vier Schulen haben beispielsweise eine gemeinsame Datenbank eingerichtet, auf der Ergebnisse von Qualitätsprüfungen lokaler Gewässer gesammelt, ausgetauscht und ausgewertet werden. Ferner wurde deutlich, dass der Aufbau eines lokalen Netzwerkes die intensive Betreuung durch einen Moderator erfordert.

Die Entwicklung *netzgestützter Lerngemeinschaften* steht erst am Anfang. Auch hier stößt man ähnlich wie beim Organisationslernen auf Barrieren und Hindernisse. In und besonders zwischen Schulen fehlt die Kultur des Informationsaustausches, die Bereitschaft, eigenes Wissen abzugeben und fremdes Wissen zu nutzen. Häufig fehlt Lehrern auch nur die Zeit oder der Mut, Kenntnisse für andere aufzuzeichnen, auch nicht ganz Perfektes im Internet zu veröffentlichen und damit zur Diskussion zu stellen.

4. Ausblick

Lerngemeinschaften könnten sich in Zukunft gänzlich von der bisherigen Organisationsform Schule lösen. In einer kommunalen Netzwerkorganisation könnten Schülergruppen themenbezogen unterschiedliche Bildungsangebote auswählen und wahrnehmen. Die betreuenden Lehrer würden dabei quasi die Knotenpunkte des Netzes bilden und selbst Teil eines Lehrernetzwerks sein, dessen Knoten ein lokales Bildungszentrum wäre. Die lokalen Bildungszentren wären wieder verknüpft mit anderen Bildungszentren auf nationaler und auch auf internationaler Ebene.

Diese freie Wahl zwischen mediengestützten Bildungsangeboten und Lernnetzwerken hätte Konsequenzen für die Steuerung des Bildungssystems insgesamt. Nach der Inputsteuerung über Ressourcen und Qualifikationen und den derzeitigen Konzepten der Steuerung über Qualität, wäre das eine Steuerung über die freie Wahl der Schüler und ihrer Eltern. Unter welchen Bedingungen dieser Markt auch ein Markt der erweiterten Bildungsmöglichkeiten für alle werden könnte, lässt sich an dieser Stelle noch nicht beantworten. Doch das Medium Internet inspiriert zu solchen Visionen und zu deren Diskussion.

Teil B

Pädagogische und didaktische Innovationen

Wolf-Rüdiger Wagner

Der Computer als Lerngegenstand, Medium und Werkzeug im Unterricht

Ende 1984 verabschiedete die Bund-Länder-Kommission für Bildungsplanung und Forschungsförderung (BLK) ein *Rahmenkonzept zur informationstechnischen Bildung* in Schule und Ausbildung. In allen Bundesländern wurden zur Umsetzung dieses Rahmenkonzepts Modellversuche durchgeführt.

Zu diesem Zeitpunkt wurde in Büchern und Zeitschriften zwar die „dritte industrielle Revolution" beschworen, in den Schulen befürchteten die meisten Lehrerinnen und Lehrer aber eine computertechnische Wiederbelebung des gerade erst zu den pädagogischen Akten gelegten programmierten Unterrichts. *Kritiker* verbanden mit dem Einzug des Computers in die Schule einen „Prozess der Vereinsamung", sprachen von der „Amputierung kritischer Vernunft" und sahen „die Schule als potenziellen Computer-Markt" den wirtschaftlichen Interessen ausgeliefert. (Bönsch 1984, S.18)

Zwar hat sich inzwischen mit der rasanten technologischen Durchdringung aller Lebensbereiche das Meinungsklima verändert. Dennoch ist es symptomatisch, dass die amerikanischen Computerkritiker von Joseph Weizenbaum bis Clifford Stoll gerade in Deutschland auf große Resonanz stoßen. Noch immer bestehen im so genannten Bildungsbürgertum die alten Vorbehalte, bei denen Bildung gegen Technik ausgespielt wird. So wendet sich eine Redakteurin der Wochenzeitung DIE ZEIT gegen die bundesweit anlaufenden Multimedia-Initiativen mit dem Vorwurf, das Internet mit seinen „Heilsversprechen" fülle das ideologische Vakuum aus, dass der Zusammenbruch des Realsozialismus hinterlassen habe. Die Diskussion um das Internet verharre im Affirmativen, verdränge die tatsächlichen Probleme von Schule: „Noch immer sind räumliche Enge und Unterrichtsausfall, der katastrophale Zustand der Schulgebäude und die Lehrbücher aus den achtziger Jahren die zentralen Hardware-Probleme der Schulen." Im Weiteren ist dann vom „Computerunterricht" die Rede, von dem man nicht wisse, ob er alternativ oder additiv zum bisherigen Unterricht stattfinden solle. An diesem Artikel zeigt sich, dass viele der Fragen aus den 80er Jahren immer noch offen sind: „Was genau sollen die Schüler mit dem Computer lernen? Was sollen sie über ihn lernen? Soll Computerunterricht Anwendungstraining sein? Ist er Methodenunterricht, wie die Quelleninterpretation, das Übersetzen oder Bibliografieren den Erfordernissen des jeweiligen Faches unterworfen? Oder ist „Computer" ein Fach aus eigenem Recht, wie „Deutsch"oder „Mathe"? Selbstverständlich fehlt in diesem Artikel nicht der Hinweis, dass man Auto fahren und Handybenutzung auch nicht in der Schule lernen müsse. (Gaschke 2000)

Die Diskussion um die *Bildungsrelevanz* der Beschäftigung mit den Informations- und Kommunikationstechniken bleibt also weiterhin aktuell. Deshalb greifen wir die schon Mitte der 80er Jahre formulierte Programmatik des niedersächsischen Konzepts einer informations- und kommunikationstechnologischen Bildung auf, wenn wir nach dem Stellenwert des Computers im Unterricht fragen, weil dieser Ansatz im Kern bildungstheoretisch orientiert ist.

1. Neue Technologien und Allgemeinbildung

Grundlegend für das niedersächsische Vorhaben „Neue Technologien und Schule" mit seinen verschiedenen Modellversuchen ist die dreifache Betrachtung des Computers als *„Gegenstand, Werkzeug und Medium"*. Genau genommen war dabei nicht vom Computer, sondern von den „Neuen Technologien" die Rede, eine begriffliche Unterscheidung, die eine wichtige Rolle bei der Erarbeitung des Konzepts einer *informations- und kommunikationstechnologischen Bildung* spielte. (Auch in diesem Beitrag werden die Begriffe IuK, Neue Technologien, Computer synonym verwandt.)

Der Bezug auf die *Trias* von *Gegenstand, Medium und Werkzeug* war immer verbunden mit der Festlegung, dass es im Kern um die Neuen Technologien als Lerngegenstand gehen sollte. So trug der Hauptmodellversuch den sperrigen Titel „Entwicklung und Erprobung von Materialien und Handreichungen für Lehrer zur thematischen Behandlung von Neuen Technologien und ihren Anwendungen im Unterricht der allgemeinbildenden Schulen". Aus der Beschreibung und Gewichtung dieser drei Aspekte leitete sich die didaktische Position des niedersächsischen Vorhabens ab.

Zum einen wendet sie sich gegen die Verkürzung der informationstechnischen Bildung auf den so genannten Computerschein. In den damals vertretenen „Führerschein-Konzepten" ging es ausschließlich um den Umgang mit Computer und Standardsoftware. Zum anderen sollte durch die Hervorhebung der „thematischen Behandlung" deutlich gemacht werden, dass es nicht vorrangig um Fragen der Effektivierung und Optimierung von Lernprozessen durch den Einsatz des Computers ging, etwa als eine Neuauflage des programmierten Unterrichts (vgl. S. 18), die von niemandem ernsthaft angestrebt wurde. Die Abgrenzung von solchen Bestrebungen war jedoch nötig, da der Vorwurf eines Rückfalls auf didaktisch überholte Positionen von Kritikern immer wieder erhoben wurde.

Das niedersächsische Konzept trat an mit dem didaktischen Anspruch auf Erfahrungs- und Handlungsorientierung und unterschied sich einerseits somit „vom bloßen Reden" über die Chancen und Risiken der technologischen Entwicklung und versuchte andererseits der gängigen Arbeitsteilung zwischen den Unterrichtsfächern, in denen Technik zur Anwendung kommt, und den Fächern, in denen über Technik räsoniert wird, entgegenzuwirken. Das Konzept wurde folgendermaßen erklärt:

> Es ist sinnvoll, zwischen Einsatz des Computers als Medium und Werkzeug sowie der thematischen Behandlung zu unterscheiden. Der Einsatz des Computers mit der entsprechenden Peripherie als Medium und Werkzeug wird in einigen Fächern bald eine Selbstverständlichkeit sein. Dies zumal auch deshalb, weil sich durch den Computer faszinierende Möglichkeiten eröffnen, Prinzipien des entdeckenden und handelnden Lernens auf Themen zu übertragen, in denen dies bisher noch nicht möglich war. Man denke nur an das „Erkunden" von dynamischen Systemen über Computersimulation. Der Einsatz des Computers als Medium und Werkzeug schließt jedoch nicht notwendigerweise die thematische Auseinandersetzung mit den Informations- und Kommunikationstechniken und ihren Auswirkungen ein. Die alte Forderung der Medienpädagogik, dass Medien in der Schule dort zum Thema werden müssen, wo mit ihnen und durch sie gelernt wird, bedarf auch auf diesem neuen Gebiet besonderer didaktischer und methodischer Anstrengungen. Die pädagogisch und didaktisch sinnvolle Thematisierung der Informations- und Kommunikationstechniken ist aber ohne den Einsatz und die Arbeit am Computer nicht möglich. *(Wagner 1992, S.158)*

Letztlich ging es darum, die informations- und kommunikationstechnologische Bildung als verbindlichen Teil der *Allgemeinbildung* zu etablieren:

> Diese Erweiterung der Allgemeinbildung ist notwendig, um die jungen Menschen durch Unterricht und Erziehung in die Lage zu versetzen, in einer durch Technologien geprägten Lebenswelt bestehen zu können und an der verantwortungsbewussten Gestaltung unserer „technologischen Gesellschaft" mitzuwirken. Die Schule kann dieser Aufgabe nur gerecht werden, wenn alle Unterrichtsfächer ihren fachspezifischen Beitrag dazu leisten. Aus der Summe dieser Beiträge muss als Ganzes die informations- und kommunikationstechnologische Bildung entstehen. *(Neue Technologien und Allgemeinbildung – Bd. 4 Chemie, 1989, S. V)*

Zentral für das Konzept der informations- und kommunikationstechnologischen Bildung ist das *Verständnis von Technik und Technologie*. Der zugrunde gelegte Technikbegriff bezieht sich „auf Handeln des Menschen, das mit der Herstellung und Verwendung künstlich gemachter Gegenstände zu tun hat. Dabei wird technisches Handeln als soziotechnisches Handeln verstanden, weil sich Technik und Gesellschaft nicht als zwei getrennte Bereiche gegenüberstehen. Der hierbei verwendete Technologiebegriff ist nicht auf Verfahrenstechnik eingeschränkt, sondern meint im Sinne des griechischen Wortursprungs das Verständnis und Wissen von Technik." (Neue Technologien und Allgemeinbildung – Bd. 1 Grundlagen und Bildungskonzept, S. 9 f.)

2. Allgemeine Ziele der informations- und kommunikationstechnologischen Bildung

Erst aus dem Verständnis von *Technik als Soziotechnik* ergibt sich der Anspruch, dass die „thematische Behandlung von Neuen Technologien und ihren Anwendungen" integraler Bestandteil von Allgemeinbildung zu sein hat. Im Einzelnen wurden in dieser Perspektive folgende Ziele für den schulischen Bildungsauftrag formuliert:

Anwendungsfelder und Umgang
- Gesellschaftlich bedeutsame Anwendungsfelder der Informations- und Kommunikationstechniken kennen lernen.
- Einfache Aufgaben und Probleme aus dem Erfahrungsbereich der Schülerinnen und Schüler mit Hilfe geeigneter Programme bearbeiten. Algorithmische Verfahren zur Lösung einfacher Probleme anwenden.
- Möglichkeiten der Informationsbeschaffung über Kommunikationsnetze und Datenbanken kennen und nutzen.
- Mit den Informations- und Kommunikationsmöglichkeiten, die über die Neuen Technologien für den Einzelnen eröffnet werden, kritisch und konstruktiv umgehen.

Grundlagen und Grundstrukturen
- Die Grundbegriffe „Information" und „Kommunikation" in ihrer Bedeutungsvielfalt kennen.
- Merkmale der Informationsverarbeitung in technischen, biologischen und sozialen Systemen kennen und vergleichen.
- Mathematische, naturwissenschaftliche und technische Grundlagen der Informations- und Kommunikationstechniken kennen.

- Aufbau und Funktionsweise informationsverarbeitender Systeme und die Prinzipien der analogen und digitalen Erzeugung, Darstellung und Verarbeitung von Informationen kennen.
- Möglichkeiten und Grenzen formaler, insbesondere algorithmischer Methoden kennen und reflektieren.

Entwicklung und Auswirkungen

- Die geschichtliche Entwicklung der Informations- und Kommunikationstechniken mit ihren gesellschaftlichen Rahmenbedingungen kennen und reflektieren.
- Die Auswirkungen der Informations- und Kommunikationstechniken auf Individuum und Gesellschaft in ihren technischen, ökonomischen, politischen und kulturellen Zusammenhängen kennen und bewerten.
- Einflüsse der Informations- und Kommunikationstechniken auf die Wahrnehmung von Wirklichkeit sowie auf Denken, Fühlen und Handeln kennen und bewerten.
- Verantwortungsbewusstsein für den Einsatz der Informations- und Kommunikationstechniken im Hinblick auf die Sicherung der Grundrechte und Lebensbedingungen gegenwärtiger und künftiger Generationen entwickeln.

(Neue Technologien und Allgemeinbildung, Bd. 1: Grundlagen und Bildungskonzept 1989, S. 15)

Ein derartiger Zielkatalog kann nur durch das Zusammenwirken aller Fächer verwirklicht werden und erfordert *fächerübergreifende Strukturierungen*. Ganz im Sinne des oben angesprochenen soziotechnischen Ansatzes wurde das komplexe Feld der IuK in didaktisch begründete Themenbereiche inhaltlich gegliedert, die Folgendes ermöglichen sollten:

- die wesentlichen Erscheinungsformen der Neuen Technologien in ihren sozialen Handlungszusammenhängen zu erfassen,
- den Beitrag der einzelnen Unterrichtsfächer sowie die jeweils erforderliche Kooperation zu bestimmen,
- eine Auswahl geeigneter Unterrichtsthemen und -inhalte vorzunehmen und gegebenenfalls neu zu entwickeln,
- Anknüpfungspunkte an traditionelle Unterrichtsthemen aufzuzeigen
- und entsprechende schulinterne Verteilungspläne zu erstellen.

(Neue Technologien und Allgemeinbildung, Bd. 30: Informations- und Kommunikationstechnologische Bildung 1994, S. 4)

Das Themenfeld „neue IuK" wurde in acht Themenbereiche gegliedert:

1. Veränderung von Schreibprozessen und Textproduktion – Textverarbeitung
2. Veränderung der Beschaffung und Verarbeitung von Informationen – Datenbanken und Expertensysteme
3. Modellhafte Abbildung von Wirklichkeit und Produktion künstlicher Welten – Rechnergestützte Simulation
4. Neue Formen der Automatisierung und Rationalisierung – Prozessdatenverarbeitung
5. Formalisierung und Automatisierung von Rechenprozessen – Rechnen und Kalkulieren
6. Veränderung der Wahrnehmung durch neue Bildwelten – Digitale Bildbearbeitung
7. Synthetische Tonwelten und Veränderung von Musik – Elektronische Klangerzeugung und -bearbeitung
8. Vernetzte Systeme verändern die Kommunikation und die Informationsbeschaffung – Telekommunikation

(Vgl. Neue Technologien und Allgemeinbildung, Bd. 30: Informations- und kommunikationstechnologische Bildung 1994, S. 6.)

Für jeden Themenbereich wurden Themen und Inhalte sowie Unterrichtsbeispiele ausgewiesen. Exemplarisch wird dies im Folgenden gezeigt. In allen Konzepten der einzelnen Bundesländer zur Informationstechnischen Gundbildung spielte die Einführung in die Nutzung der Textverarbeitung, oftmals an ein Projekt wie „Erstellung einer Schülerzeitung" gebunden, eine Rolle. Der darüber hinausgehende Anspruch des niedersächsischen Konzepts wird nicht nur in der Bezeichnung des Themenfelds „Veränderung von Schreibprozessen und Textproduktion – Textverarbeitung" und durch die umfassende inhaltliche Konkretisierung des Themenbereichs, sondern auch durch die Einbindung einer Vielzahl von Unterrichtsfächern deutlich. In diesem Kontext kommt die *Trias – Lerngegenstand, Medium, Werkzeug* – zum Tragen:

Der Computer als Schreibwerkzeug

- Einblicke in die Geschichte der Schreibprozesse und Textproduktion: Entwicklung von Schrift, Buchdruck, Zeitung, Schreibmaschine
- Umgang mit einem Textverarbeitungsprogramm bei produktiver Textarbeit: Themen-Texthefte, Klassenzeitung, Lebenslauf und Bewerbungsschreiben
- Schriftgestaltung und Layout: Wirkung von Textgestaltung bei Werbung, konkreter Poesie usw.; der Trend zur Visualisierung

Auswirkungen auf die Printmedien

- Veränderungen der journalistischen Arbeit durch Textverarbeitung, Datenbank und Telekommunikation
- Tageszeitung in Konkurrenz zu elektronischen Medien: das Aktualitätsproblem
- Rationalisierungsmaßnahmen im Druckgewerbe durch Einführung elektronischer Redaktionssysteme

Textverarbeitung im Büro

- Textverarbeitung und Bürokommunikation verändern die Mittel und die Organisation der Büroarbeit
- Berufliche Qualifikationen und Berufsbilder im Wandel

Computer und Textverständnis

- Vergleich von „Textverarbeitung" und „Textverstehen": Grenzen des automatischen Textverständnisses und der maschinellen Übersetzung

Gut strukturierte Unterrichtsbeispiele finden sich in den Materialienbänden für die Fächer Arbeit/Wirtschaft, Deutsch, Englisch, Geschichte, Kunst sowie für die Jahrgänge 5 und 6 und für das Themenfeld Telekommunikation.

Dieser Ansatz, die thematische Behandlung der Neuen Technologien und ihrer Anwendungen in den Unterricht der allgemeinbildenden Schulen zu integrieren, wird durch die technologische Entwicklung und den gesellschaftlichen Wandel der letzten Jahre bestätigt. Damals wurde nicht nur der Auftrag an die einzelnen Fächer formuliert, ihren Beitrag zu einer informations- und kommunikationstechnologischen Bildung fachdidaktisch zu begründen und durch Unterrichtsbeispiele zu konkretisieren, sondern auch zu überprüfen, inwieweit sich das Selbstverständnis, der Gegenstandsbereich und die Methodik des Faches durch die Neuen Technologien verändert hat.

3. Von der informationstechnischen Grundbildung zur Medienkompetenz

Im Zuge der rasanten Verbreitung von Multimedia und Internet kommt es Mitte der 90er Jahre zu einer *neuen Phase in der Diskussion* um Schule und Neue Technologien. Vor dem Hintergrund dieser Entwicklung wurde die Diskussion um Schule und Multimedia sehr schnell auch unter dem Stichwort *„Vermittlung von Medienkompetenz"* geführt. Man muss allerdings feststellen, dass der Begriff „Medienkompetenz" an sich nicht neu ist. Mit dem Kompetenzbegriff, in den 70er Jahren in die medienpädagogische Diskussion eingeführt, ist die Annahme verbunden, dass der Mensch von Natur aus fähig sei, sich sprachlich und mit Hilfe anderer Symbolsysteme auszudrücken. (Vgl. Baacke 1973)

Medienkompetenz wird in der gegenwärtigen Diskussion vielfach auf die Bedienungskompetenz reduziert. Die Forderung nach einem Computerführerschein taucht in aktualisierter Form als Forderung nach dem *Internet-Führerschein* wieder auf. Im Sinne der Trias „Gegenstand, Medium, Werkzeug" steht damit der Computer als Werkzeug im Mittelpunkt der Aufmerksamkeit. Die Forderung nach einem „Internet-Führerschein" trägt aber den tiefgreifenden strukturellen Veränderungen keine Rechnung. Als Antwort auf die sich verändernden Qualifikationsanforderungen wird daher die „systematische Einbeziehung von Medien, IuK in Lehr- und Lernprozesse" zur Forderung erhoben, so auch der Titel eines 1998 gestarteten BLK-Rahmenprogramms.

Den Hintergrund für das mediendidaktische Interesse am Computer bilden bildungstheoretische Annahmen über die neuen Anforderungen, die die *Wissensgesellschaft* an ihre Mitglieder stellt. In Bezug auf den zukünftigen Umgang mit Informationen sind dies vor allem die Fähigkeit zu gezielter Informationsbeschaffung, -selektion und -erarbeitung sowie zur verantwortungsbewussten Wissensnutzung. Nur über Lernarrangements, in denen die Instruktion gegenüber problemorientierten bzw. konstruktivistischen Lernformen zurücktritt, können diese Qualifikationen, die Voraussetzung für die aktive Teilhabe an der Informationsgesellschaft sind, erworben werden.

Wenn heute die Forderung nach einer „systematischen Einbeziehung von Medien, IuK in Lehr- und Lernprozesse" erhoben wird, geht es damit nicht nur um den Computer als Medium, sondern gleichzeitig um den Computer als Werkzeug. Pädagogische Hoffnungen verbinden sich insbesondere mit dem Begriff der „Interaktion", wobei der Begriff Interaktion sich beziehen kann auf

- die Bedienung des Programms,
- die Auswahlmöglichkeit innerhalb eines Programms sowie
- den Einsatz der Verarbeitungsroutinen.

Ohne diese Formen der *Interaktivität* wäre ein selbstbestimmtes, eigenaktives Lernen nicht zu realisieren. Eine zentrale Rolle spielt die „Interaktivität" im Sinne der Verarbeitungsroutinen, durch die man Informationen auswählen, bearbeiten, an andere weiterleiten bzw. präsentieren kann. Im Zusammenhang mit dem Paradigmenwechsel von der Instruktion zu problemorientierten bzw. konstruktivistischen Lernformen interessiert weniger der Einsatz didaktischer Software als die Arbeit mit multimedialen Lernumgebungen.

Damit richtet sich die Aufmerksamkeit fast ausschließlich auf den Computer als Werkzeug und Medium, die Bedeutung des Computers als Lerngegenstand tritt dagegen scheinbar in den Hintergrund. Eher beiläufig wird darauf hingewiesen, dass es auch um die Auswahl und kritische Bewertung von Informationen geht. Handelt es sich dabei nicht nur um ein pflichtgemäßes, pädagogisch korrektes Bekenntnis zu Reflexion und Kritik, lässt sich diese Forderung jedoch nur einlösen, wenn man das *Medium zum Lerngegenstand* macht – und dies sogar in einer radikaleren, umfassenderen Art und Weise, als es in den traditionellen Programmen der Medienpädagogik der Fall war.

Beim *Arbeiten in multimedialen Lernumgebungen* mit Zugängen ins Internet stellt sich die Frage der Glaubwürdigkeit von Informationen in ganz anderer Form als in einem Unterricht, der auf Schulbüchern basiert. Die multimedialen Textsorten, mit denen gearbeitet wird, über die man sich informiert, die man zitiert, zusammenfasst und weiterverarbeitet, erfordern Kenntnisse und Einsichten in die spezifische Leistungsfähigkeit von Medien und Textsorten, erfordern die Reflexion über Kommunikationssituation und Adressaten. Gerade unter der Zielperspektive einer *neuen Lernkultur*, in der multimediale Lernumgebungen selbstständiges, eigenaktives Lernen befördern sollen, lässt sich Medienkompetenz also nicht auf Bedienungskompetenz reduzieren. Mit der zentralen Bedeutung multimedialer Lernumgebungen für eine neue Lernkultur, erhält der erfahrungs- und handlungsorientierte Ansatz der informations- und kommunikationstechnologischen Bildung eine breitere Basis. Gleichzeitig besteht aber die Gefahr einer mediendidaktischen Verengung und Ausblendung gesellschaftlicher Zusammenhänge, wenn man nicht die medienpädagogischen Fragestellungen, die sich aus dem Begriff der Medienkompetenz ergeben, ernsthaft verfolgt.

4. Medienkompetenz als neue Kulturtechnik?

1995 legt die Bund-Länder-Kommission für Bildungsplanung und Forschungsförderung einen *Orientierungsrahmen „Medienerziehung in der Schule"* vor. In der Vorbemerkung heißt es, dass sich in dem 1987 verabschiedeten „Gesamtkonzept für die informationstechnische Bildung „nur erste, noch zurückhaltende Aussagen zur Medienerziehung" finden. Als längerfristige Aufgabe wird die Erarbeitung eines „integrativen Konzepts" gesehen, in denen die bisherigen Ansätze zur „Leseerziehung, Fernseherziehung und informationstechnischen Grundbildung zusammengeführt werden". (BLK 1995)

Zunehmend trifft man in öffentlichen Erklärungen auf Formulierungen, in denen *Medienkompetenz als neue Kulturtechnik* bezeichnet wird. Die Beliebtheit des Begriffs mag mit darauf zurückzuführen zu sein, dass die Forderung nach der Vermittlung einer neuen Kulturtechnik bedeutungsvoller klingt als die Forderung nach der Einführung eines *Internetführerscheins*. Selbst in dem Gutachten zur Vorbereitung des BLK-Programms zur „Systematischen Einbeziehung von Medien, Informations- und Kommunikationstechnologien in Lehr- und Lernprozesse" findet sich ein derartiges instrumentelles Verständnis des Begriffs Kulturtechnik. Es heißt dort: „Neben den traditionellen Kulturtechniken werden Fähigkeiten im praktischen Umgang mit den neuen IuK immer wichtiger und avancieren damit zu einer neuen Kulturtechnik." (Mandl et. al. 1998, S. 8) Lässt man sich auf den Begriff der Kulturtechnik jedoch inhaltlich ein, wird sehr schnell deutlich, dass Medienkompetenz als ein integraler Bestandteil der Allgemeinbildung sich auf die Trias von „Gegenstand, Medium und Werkzeug" beziehen muss.

Im Lexikon findet sich zum Stichwort „Kulturtechnik" die Erklärung, dass es sich dabei im engeren Sinne um eine „Sammelbezeichnung für Lesen, Schreiben und elementares Rechnen" handelt. Im weiteren Sinne zählt man auch andere „elementare Fertigkeiten, z. B. das Landkartenlesen, das Telefonieren sowie die Anwendung von Informationstechniken" dazu. (Brockhaus 1990, S. 591) Auch im Begriff der Kulturtechnik ist Technik zu verstehen im Sinne von „physikalischen Artefakten", von Geräten und technischen Systemen. „Die symbolischen Medien der Kommunikation und der Kognition sind von Anfang an technisierte Medien."(Switalla 1994, S. 53)

Technische Medien, die als „Außenspeicher" für Informationen und kognitive Prozesse dienen, verändern und erweitern die *Möglichkeiten menschlicher Informationsverarbeitung*. Wer nicht seinen kulturkritischen Vorurteilen folgt, muss zur Kenntnis nehmen, dass die Entwicklung der gesellschaftlichen Kommunikationskultur an die Entwicklung von Techniken gekoppelt ist, dass ein enger Zusammenhang zwischen Denken und „Kulturtechniken" besteht: „Kulturtechniken" lassen sich je nach Blickwinkel als „Werkzeug" oder als „Medium" interpretieren. (Vgl. Krämer 1998 a, S. 11)

Medien werden zum *Gegenstand von Allgemeinbildung*, weil sie nicht eben, wie die ursprüngliche Wortbedeutung nahelegt, bloße Mittler sind: „In der Vielfalt medienbezogenen Forschens kristallisiert sich ein gemeinsamer Nenner heraus: Es ist dies die Überzeugung, dass Medien nicht nur der Übermittlung von Botschaften dienen, vielmehr am Gehalt der Botschaften – irgendwie – selbst beteiligt sein müssen. Denn nur soweit Medien überhaupt eine Sinn miterzeugende und nicht bloß eine Sinn transportierende Kraft zugesprochen wird, entpuppen sie sich als interessante Gegenstände geistes- und kulturwissenschaftlicher Arbeit. (Krämer 1998 b, S. 74)

Wenn der Begriff „Kulturtechnik" auf den engen Zusammenhang zwischen der Benutzung von Apparaten und technischen Systemen und der Anwendung von methodischen Verfahrensweisen verweist, bedeutet dies auch, dass

Medienkompetenz sich nicht im praktischen Umgang mit Medien erschöpfen kann. Medienkompetenz zielt auf *Kritik- und Analysefähigkeit* und muss auch die Erweiterung der Ausdrucks- und Erlebnisfähigkeit einschließen. Dies schließt die *technisch-materiellen Aspekte* unserer Mediengesellschaft mit ein. Der Begriff der Kulturtechnik darf weder auf „Kultur" noch auf „Technik" reduziert werden.

Medienkompetenz muss auf der Einsicht aufbauen, dass es sich bei Medien nicht um Geräte und Apparaturen, sondern um *soziotechnische Systeme* handelt. Medien müssen sozusagen zweimal erfunden werden: Nach der Entwicklung der technischen Grundlagen erfolgt im zweiten Schritt die „kulturelle Erfindung":

> Mit der Erfindung eines technischen Apparates hat eine Technik noch nicht den Weg in den alltäglichen Gebrauch gefunden und ist auch noch nicht die weitere Richtung ihrer Entwicklung vorgezeichnet. Unterschiedliche Nutzungsvisionen werden in verschiedenen Milieus der Gesellschaft entworfen und erprobt. Dabei prägen die dahinterstehenden kulturellen Konzepte der Kommunikation den Ausbau des technischen Systems. *(Rammert 1989, S. 94)*

Der Computer wurde, wie der Name noch anzeigt, entwickelt, um den immensen Rechenaufwand in bestimmten Gebieten zu bewältigen. Erst als man die über das Rechnen hinausgehenden Einsatzmöglichkeiten des Computers erkannte, wurde aus dem Kalkulator das „Elektronengehirn", die symbolverarbeitende Universalmaschine. (Heintz 1993, S. 229–233)

Für Alltag und Beruf wurde der Computer vor allem über die Möglichkeiten der Textverarbeitung interessant. An diesem Beispiel lässt sich aufzeigen, dass die Reduzierung von Medienkompetenz auf Bedienungskompetenz zu kurz greift:

> Schreiben ist ein Mittel – ein Werkzeug, das wir für den Austausch mit anderen Menschen verwenden. Computer müssen, wie jedes andere Medium auch, im Kommunikationszusammenhang und eingebunden in ein umfassendes Netzwerk an technischen Ausrüstungsgegenständen und Nutzungsgewohnheiten verstanden werden …Wir können sagen, ein Textverarbeitungssystem muss über die Rolle verstanden werden, die es bei der Kommunikation, der Verteilung von Informationen und der Ansammlung von Wissen spielt.
> *(Winograd, Flores 1989, S. 23 f.)*

Erst wenn die durch Textverarbeitung eröffneten Möglichkeiten als Innovation verstanden werden, „die völlig neue Möglichkeiten für das Netz zwischenmenschlicher Interaktion eröffnen", wird Medienkompetenz zu einer Schlüsselqualifikation und zu einem integralen Bestandteil von Allgemeinbildung.

Von vergleichbaren Überlegungen geht die Empfehlung der Gesellschaft für Informatik zur „Informatischen Bildung und Medienerziehung" aus. Vorgeschlagen wird ein *mehrdimensionaler Medienbegriff*:

> Traditionell werden im Begriff des Mediums unterschiedliche Aspekte und Bezugsebenen angesprochen:
> - der technisch-apparative Aspekt: Geräte bzw. Systeme und Trägermedien wie Kameras, Radioempfänger oder Videorecorder, Bücher, Videokassetten bzw. Schallplatten zur Aufzeichnung, Übertragung, Wiedergabe oder Speicherung von Informationen,
> - der inhaltliche Aspekt: die Kommunikate, d. h. die Aussagen und Botschaften, die wie bei Romanen, Radiosendungen oder Videoclips über die Wechselwirkung zwischen Form und Inhalt produziert werden,
> - die Funktion im kommunikativen und gesellschaftlichen Kontext, z. B. „Massenmedien" als gesellschaftliches Phänomen, oder „Unterrichtsmedien" in pädagogischen Zusammenhängen. *(Gesellschaft für Informatik 1999, S. III)*

Über dieses mehrdimensionale Verständnis des Medienbegriffs zeichnet sich eine Perspektive ab, wie die aufeinander bezogene Behandlung des Computers als „Gegenstand, Medium und Werkzeug" in ein *schulisches Gesamtkonzept zur Vermittlung von Medienkompetenz* integriert werden kann.

Petra Hobrecht, Wolfgang Weber

Rollenveränderung durch den Einsatz neuer Medien im Unterricht?

Im folgenden Gespräch gehen ein Referendar (R.), sein Mentor (M.) und eine Medienberaterin (B.) der Frage auf den Grund, ob durch den Einsatz neuer Medien im Unterricht die Lehrenden von Wissensvermittlern zu Lernberatern werden und was dies im Einzelnen bedeutet.

R.: Schön, dass wir uns heute zusammensetzen können, um über Ihre 10 a zu sprechen. Wie ich Ihnen schon sagte, würde ich demnächst gern in Ihrer Klasse unterrichten und dort ein Internet-Projekt durchführen.

M.: Ihre Idee finde ich prima. So können wir hoffentlich auch gleich die beiden Computer, die neu im Klassenraum stehen, sinnvoll einbeziehen. Ich überlege derzeit, ein Projekt zu machen, in dem Computer und Internet eine Rolle spielen – allerdings im 7. Jahrgang. Das Projekt möchte ich gern mit Frau Schneider durchführen. Sie hat schon eine Menge eigener Erfahrungen mit Computern im Unterricht. Außerdem ist sie mit einem Teil ihrer Stunden als Medienberaterin tätig. Ich hoffe, dass ich bei der Zusammenarbeit von ihren Erfahrungen profitieren kann. Sie kann es übrigens einrichten, zu unserem Gespräch hinzuzukommen.

R.: Welche Erfahrungen haben Sie denn bereits mit Computern im Unterricht gemacht?

M.: Ich habe bisher erst zwei E-Mail-Projekte durchgeführt – in verschiedenen Klassen. Anfang des letzten Schuljahres hatten wir dank „NRW-Schulen ans Netz" zum ersten Mal einen Computer, der ans Internet angeschlossen war. Da habe ich mich von einem Informatikkollegen gleich einweisen lassen, wie das mit E-Mails funktioniert. Frau Schneider half mir dabei, Kontakt zu einer Schule in Amerika zu bekommen. Amerika zieht sich ja im 8. Jahrgang wie ein roter Faden durch unser Englischbuch. Und um junge Leute, um Hobbys und um Freizeit geht es auch. Deshalb dachte ich, das würde sich für ein E-Mail-Projekt geradezu anbieten.

Aber ich kann Ihnen sagen, bei diesem Projekt kam ich ganz schön ins Rotieren. Ich hatte völlig unterschätzt, was alles auf mich zukommt. Zunächst die Vorarbeiten und die Abstimmungen mit dem Kollegen in Amerika. Und dann die ganzen E-Mails! Zunächst ging das ja noch, die ersten Mails schrieben wir als ganze Klasse. Dann bildeten sich kleine Gruppen, die jeweils miteinander korrespondierten. Zum Schluss korrespondierten sogar einzelne Schüler untereinander. Sie können sich vorstellen, wie viele E-Mails da manchmal morgens in der Mailbox lagen. Um Leerlauf bei den Schülern zu vermeiden, habe ich die E-Mails jeweils vor der Stunde abgefragt, ausgedruckt und vor dem Verteilen an die Gruppen sortiert. Das kostete ganz schön Zeit bei mir.

Dann lasen die Schüler ihre Mails und beantworteten sie zunächst auf Papier. Wir hatten die Gruppen so eingeteilt, dass in jedem Team zumindest einer war, der zu Hause Zugriff auf einen Computer hatte, sodass sie die Antworten als Hausaufgabe sauber tippen konnten. Die Texte brachten sie auf Diskette mit und ich habe sie dann der Reihe nach in die E-Mails kopiert und verschickt. Das alleine war schon eine Herausforderung für mich. Ich bin ja kein Computerspezialist.

R.: Das kann ich mir gut vorstellen, wenn man sich selbst gerade erst eingearbeitet hat und dann so ein Projekt in der Schule durchführt. Für meine Generation ist es sicherlich viel leichter. Für mich ist es, ehrlich gesagt, etwas völlig Alltägliches, Freunde in Amerika oder sonst wo per E-Mail anzuschreiben oder Informationen statt in der Uni-Bibliothek zunächst im Internet zu suchen. Immer wird man da zwar auch nicht fündig, aber man entwickelt mit der Zeit immer bessere Suchstrategien. Insofern denke ich, dass es für Lehrerinnen und Lehrer sehr hilfreich sein kann, vor den Schülerinnen und Schülern erst einmal sich selbst „medienkompetent" zu machen. Sei es durch *„trial and error"* oder durch gezielte Fortbildung. Man kann zum Beispiel bei der Unterrichtsvorbereitung viele Techniken einüben.Wie würden Sie denn den Erfolg Ihres Projektes – abgesehen von den technischen Schwierigkeiten – beurteilen?

M.: Die Schülerinnen und Schüler fanden das Projekt natürlich toll. Ich war durchaus beeindruckt zu sehen, wie auch die Stilleren plötzlich auftauten und sich eifrig in ihre jeweiligen Gruppen einbrachten. Aber inhaltlich war ich mit dem Ergebnis nicht so zufrieden. Einige Gruppen brachten schon eine ganze Menge an neuen Informationen zusammen, aber ich erinnere mich auch an ein Jungentrio, das selbst recht unzufrieden mit der Kommunikation war. Die E-Mails, die zwischen ihnen und ihren amerikanischen Partnern hin- und hergingen, waren inhaltlich wirklich recht dürftig. Auf Wunsch der Schülerinnen und Schüler hatte ich ihnen die Wahl des Themas freigestellt. Und diese Gruppe schien in Bezug auf ihre Interessen nicht mit den amerikanischen Partnern zurechtzukommen.

R.: Ähnliches berichtete noch vor kurzem eine Kollegin von mir aus dem Seminar. Ich habe daraufhin ein wenig im Internet gestöbert. Da findet man viele Äußerungen von Kolleginnen und Kollegen, die berichten, dass es besser ist, E-Mail-Projekte thematisch konkreter vorzubereiten, damit die Schüler nicht daran scheitern, dass sie nicht wissen, was sie ihre Partner fragen sollen.

M.: Mir war durch das beschriebene Projekt auch klar geworden, dass die neuen Technologien an sich nicht selig machen. Im zweiten Halbjahr führte ich deshalb mit der Parallelklasse ein E-Mail-Projekt im Englischunterricht durch, in dem ich es besser machen wollte.

Wir besprachen zunächst, welche inhaltlichen Ziele verfolgt werden sollten, und teilten die Gruppen nach unterschiedlichen Themen ein. Ich ließ dann die Gruppen das Englischbuch, bezogen auf das jeweilige Thema, noch einmal durchforsten. Da wir das Projekt nach den Osterferien durchführten, hatten wir bereits die meisten Lektionen im Buch besprochen. Aber in die Tiefe konnten wir bei vielen Themen gar nicht gehen, weil ich gestehen muss, dass ich mich auch nicht so gut in Amerika auskenne. Ich war immer mehr auf Großbritannien und Irland ausgerichtet. Früher habe ich mich immer auf die Informationen im Lehrerhandbuch gestützt, doch die sind heute auch nicht mehr aktuell. Schließlich ist das Buch inzwischen seit acht Jahren auf dem Markt.

R.: Aber gerade deshalb finde ich es ja klasse, dass es das Internet gibt. Da kann man sich in gewisser Weise unabhängig machen vom jeweiligen Lehrbuch. Ich nehme an, dass dieses zweite Projekt für Sie erfolgreicher war.

M.: Ja, inhaltlich durchaus. Es war schon gut, dass die Klasse besser auf die Kommunikation mit den amerikanischen Partnern vorbereitet war. Ich war auch inzwischen erfahrener und wusste viel besser, die Inhalte, das Vorgehen und einen Zeitplan mit der amerikanischen Kollegin abzustimmen. Auch sie hatte bereits ein ähnliches Projekt durchgeführt, sodass wir gegenseitig von unseren Erfahrungen profitieren konnten. Die einzelnen Teams fragten bei diesem Projekt viel konkreter und berichteten im Unterricht, was sie so alles erfahren hatten. Das war interessant – auch für mich. Wir hatten das Thema über die spezifischen Befindlichkeiten der Jugendlichen hinaus ausgeweitet. Es gab neben Freizeitgestaltung und Schulleben Themen wie zum Beispiel *„your town"* oder *„agriculture and industry in your area"*.

R.: Das klingt ja spannend. Und wie lief die Arbeit mit den Computern im Unterricht?

M.: Tja, also, die Informatikkollegen hatten in der Zwischenzeit den Informatikraum so hergerichtet, dass dort alle Computer ans Internet angeschlossen waren. So konnte ich mir den Empfang und Versand der E-Mails sparen, weil die Schülerteams das gleich selbst erledigen konnten. Aber im Nachhinein denke ich, dass dieses Verfahren erhebliche

Nachteile hatte. Erstens zeigte sich, dass die Schülerinnen und Schüler sprachlich viel nachlässiger arbeiteten, jetzt wo sie die E-Mails gleich am Bildschirm beantworteten. Was ich übrigens auch über die Amerikaner sagen muss. Zweitens gelang es mir kaum, einen Überblick über die Kommunikation der einzelnen Gruppen zu bekommen. Ich hätte manchmal zu Hause gerne noch einmal nachgelesen, was die Teams so schrieben und empfingen, aber trotz meiner wiederholten Aufforderung an die Teams erhielt ich nur von einem Teil der E-Mails Ausdrucke. Oft hatten die Schüler schon auf „abschicken" geklickt, bevor sie daran dachten, einen Ausdruck zu machen.

B.: Hallo. Sprechen Sie gerade von Ihren Erfahrungen mit E-Mail-Projekten im Unterricht?

M.: Ich erzähle gerade, welche Erfahrungen ich mit den neuen Technologien gemacht habe.

R.: Ich finde es sehr interessant, von Ihren Unterrichtserfahrungen zu hören und zu profitieren. Ich hatte mir bisher noch gar nicht so viele Gedanken darüber gemacht, in welche Fallen man unter Umständen im Unterricht tappen kann.

B.: Das ist ganz richtig. Es ist schon ein gewaltiger Unterschied, ob man den Computer nur für sich nutzt – z. B. Arbeitsblätter mit dem Computer erstellt, in einer Multimedia-Enzyklopädie stöbert oder als Mathematiklehrer mit einem Funktionenplotter bzw. Computeralgebra-System OHP-Folien erstellt – oder die Schülerinnen und Schüler im Unterricht selbst mit dem Computer arbeiten lässt.
Wenn ich es richtig mitbekommen habe, spracht ihr gerade über eines der Probleme, nämlich wie schwierig es ist, den Überblick über die einzelnen Aktivitäten der Schülerinnen und Schüler zu behalten – gerade beim Austausch von E-Mails.

M.: Richtig.

B.: Ich wollte Ihnen ohnehin schon länger einmal zeigen, was ein schwarzes Brett ist und welche Vorteile es haben kann gegenüber einem reinen E-Mail-Austausch.

R.: Meine Freundin ist an einer Grundschule und berichtete von einem Projekt, bei dem verschiedene Grundschulen mit Hilfe von schwarzen Brettern auf dem NRW-Bildungsserver *learn:line* gemeinsam an Projekten arbeiteten. Sie hat sich auch eine Schrift des Landesinstituts in Soest besorgt, in der dies genauer beschrieben ist: „Lernen mit Neuen Medien 2000 – Primarstufe" – so heißt die.

B.: Mit der Schrift habe ich mich auch gerade auseinander gesetzt. Die Arbeit mit schwarzen Brettern nimmt darin einen zentralen Stellenwert ein. Gehen Sie mal unter http://www.learn-line.nrw.de in die Rubrik „Grundschule" und dort in den Arbeitsbereich „Friedensfähigkeit" – entweder direkt auf das schwarze Brett oder in das Foyer, wo man frühere Diskussionen dokumentiert hat.

M.: Das geht mir jetzt viel zu schnell. Was sind schwarze Bretter und wie verhalten sie sich zu E-Mails?

R.: Ein schwarzes Brett kann man sich zunächst vorstellen wie die Suche/ Biete-Tafel im Eingang eines Supermarkts. Jeder kann einen Zettel anheften und jeder andere, der später vorbeikommt, kann ihn lesen. Und darauf reagieren.

B.: Aber der Vergleich sagt nicht alles! Während man auf einem Aushang im Supermarkt in der Regel eine Telefonnummer findet und dort von zu Hause anruft, reagiert man auf Nachrichten an einem schwarzen Brett im Internet auf ebendiesem schwarzen Brett selbst. Man kann direkt auf einen Beitrag antworten. Dann erscheint der eigene Beitrag direkt unter dem, auf den man sich bezieht. So kann man auch schnell das Beziehungsgefüge der einzelnen Beiträge zueinander erfassen – und natürlich kann man sehr schnell eine neue Frage, einen neuen Gedanken, den Anfang eines neuen Kommunikationsstranges am schwarzen Brett eröffnen. Alle Beiträge bleiben am schwarzen Brett so lange verfügbar, bis jemand aufräumt oder die Beiträge löscht.

M.: Hätte mir ein solches schwarzes Brett bei meinen E-Mail-Projekten helfen können?

B.: Ich denke schon. Sie haben erwähnt, wie viel Arbeit es im ersten Projekt gemacht hat, jeweils die ankommenden E-Mails auszudrucken, zu sichten und zu sortieren. Ein schwarzes Brett wäre da hilfreich gewesen. Alle E-Mails wären auf dem schwarzen Brett sichtbar gewesen – es hätte quasi wie ein strukturiertes Archiv funktioniert. Das Sortieren hätten Sie sich somit sparen können. Bei Ihrem zweiten Projekt hätte ein solches schwarzes Brett noch mehr geholfen. Sie hätten die Kommunikation Ihrer Schülerinnen und Schüler mitverfolgen und auch abends in Ruhe zu Hause lesen können. Sie hätten wahrscheinlich viel besser den Überblick behalten und gezielt dort unterstützen können, wo eine Diskussion ins Stocken gerät etc. Und Sie hätten gleichzeitig die gesamte E-Mail-Kommunikation am Ende dokumentiert gehabt, sodass man sie noch weiter hätte auswerten können, wenn man gewollt hätte.

M.: Das hätte wahrscheinlich auch den beiden Schülern geholfen, die während unseres Projektes krank wurden. Sie hätten sich von daheim beteiligen können. Zumindest wäre ihnen aber der Wiedereinstieg ins Projekt leichter gefallen, wenn sie ein solches schwarzes Brett vorgefunden hätten, statt sich von den Mitschülern die einzelnen Ausdrucke besorgen zu müssen. Und Schüler, die auch an der Diskussion anderer Gruppen interessiert waren, hätten sich so ebenfalls leicht informieren können.

B.: Stimmt. Das alles wäre viel leichter gegangen.

R.: Aus meiner Erfahrung sehe ich allerdings noch zwei Probleme. Man kann doch nicht einfach irgendein schwarzes Brett im Internet benutzen. Wo gibt es denn Bretter, die ich beispielsweise mit einer Klasse hier an der Schule nutzen könnte? Bei den meisten Brettern tummeln sich so viele Leute, dass die Schüler sich vielleicht gar nicht zurechtfinden würden. Und meistens werden die Nachrichten automatisch gelöscht, wenn das Brett zu voll ist, oder ich handele mir Ärger ein, weil die Thematik des Brettes nicht zu meinem Projekt passt. Und das Problem, dass die Schüler unter Umständen sehr flüchtig arbeiten, wenn sie die Nachrichten der Partner lesen und gleich online darauf antworten, sehe ich hier genauso. Außerdem bedeutet ein solches öffentliches schwarzes Brett auch, dass jeder andere mitlesen kann. Jeder kann sich an der Diskussion beteiligen – eben auch andere, die Zugriff auf das schwarze Brett haben – das dürfte auch nicht ganz unproblematisch sein.

B.: Auf dem NRW-Bildungsserver gibt es bereits eine Reihe thematisch orientierter Arbeitsbereiche. Hier finden Sie Anregungen für die Arbeit mit einer Klasse, und es gibt in den meisten Fällen auch schwarze Bretter, die extra dafür geschaffen wurden, dass Lehrerinnen und Lehrer sie im Unterricht nutzen. Ich weiß übrigens aus meiner Tätigkeit als Medienberaterin auch, dass man bei *learn:line* an einem neuen schwarzen Brett arbeitet. Das soll ermöglichen, auf abgeschickte Beiträge – zwecks Korrektur bzw. Ergänzung – nachträglich zugreifen zu können. Diese neuen schwarzen Bretter können so eingestellt werden, dass nur registrierte Benutzer darauf zugreifen können.

Das zweite Problem, das Sie ansprachen, ist ganz anders gelagert: Wir müssen als Lehrer bei den Schülerinnen und Schülern ein Bewusstsein dafür schaffen, dass sie sich an einem schwarzen Brett öffentlich äußern. Das ist ein wesentlicher Aspekt der Medienkompetenz, die durch solche Projekte erworben werden soll. Im Übrigen ist es ja durchaus möglich, die Antworten vorzubereiten und später über die Zwischenablage in das Eingabefenster des schwarzen Bretts zu kopieren. Auch wenn die eigentliche Beantwortung am Bildschirm erfolgt, ist diese Art der Kommunikation dennoch so genannte „asynchrone" Kommunikation. Man muss nicht spontan reagieren wie bei einem Telefongespräch, sondern kann die Antwort genau durchdenken, bevor man sie abschickt.

Medienkompetenz heißt aber auch, dass man sich darüber im Klaren ist, dass man im Internet in der Regel mit Unbekannten kommuniziert. Das bedingt umso mehr, dass man sich genau überlegt, was man sagt und wie man es sagt.

Ich erinnere mich an ein Projekt in Biologie zur Gentechnologie. Die Kollegin, die sich mit ihrer Klasse daran beteiligte, war noch unerfahren im Umgang mit der Technik des Internets, sodass sie darauf mehr Augenmerk richtete als auf den Inhalt dessen, was die Schülerinnen und Schüler am schwarzen Brett veröffentlichten. Eine Schülergruppe reagierte recht flapsig darauf, dass andere Diskussionsteilnehmer vor den Gefahren gentechnisch veränderter Lebensmittel Angst hatten. Sie wollten zwar nicht irgendjemanden verletzen, hatten sich aber auch überhaupt keine Gedanken dazu gemacht, welche Entrüstung ihre lockere Äußerung hervorrufen musste. Diesem Problem kann man durch ein vorbereitendes Gespräch mit den Schülerinnen und Schülern vorbeugen. Es gehört für mich zum Beispiel dazu, wenn man sagt, dass die Rolle des Lehrers bei dieser Art des Unterrichtens eher die eines Lernberaters ist.

Haben Sie schon Vorstellungen entwickelt, wir Ihr Projekt in der 10. Klasse aussehen soll? Sollen dabei E-Mails oder schwarze Bretter eine zentrale Rolle spielen?

R.: Ich weiß es noch nicht genau. In den Richtlinien Englisch geht es doch in der 10 unter anderem um das amerikanische Regierungssystem und Politik. Die Informationen dazu in unserem Buch sind aber nicht sehr umfangreich, sodass die Schülerinnen und Schüler vielleicht unter unterschiedlichen Gesichtspunkten weitere Informationen zusammentragen könnten.

M.: Haben Sie auch schon Ideen, wo die Informationen zu finden sind?

R.: Nun, abgesehen vom Internet, wo ich schon ein paar interessante Seiten aufgespürt habe, könnte man auch die Encarta oder eine andere Enzyklopädie einsetzen. Wissen Sie, wo man dazu mehr Informationen erhalten kann?

B.: Einmal lohnt es sich sicher, die Informationen im Arbeitsbereich „Lernen mit Neuen Medien" auf *learn:line* oder auch auf anderen Bildungsservern nachzusehen. Dort finden Sie zusammengefasst die wichtigsten Informationen über englischsprachige Multimedia-Enzyklopädien. Haben Sie schon einmal darüber nachgedacht, ob man Ihr Projekt fächerübergreifend angehen könnte?

R.: Ja, das ist ein guter Hinweis. Selbst wenn der Politiklehrer nicht mitzieht, könnte ich ihn sicherlich hin und wieder ansprechen, wenn mir Informationen fehlen. Oder die Schülerinnen und Schüler könnten ihn nach der Politikstunde um Rat bitten, wenn wir in Englisch alleine nicht weiterkommen.

M.: Je länger wir über Ihr Projekt sprechen, desto gespannter und interessierter werde ich.

R.: Mir gefällt die Projektidee auch immer besser und ich freue mich darauf, aber irgendwie ist mir meine Rolle als Lehrer noch nicht deutlich. Wie bringe ich mich in den Unterricht ein, wenn die Schülerinnen und Schüler selbstständig in Gruppen arbeiten? Werde ich da vielleicht sogar überflüssig?

B.: Überflüssig werden sie mit Sicherheit nicht. Das ist zwar oft die Befürchtung oder auch die Hoffnung – je nachdem, von welcher Seite man es betrachtet. Sie sollten aber solchen Unkenrufen und Märchen nicht aufsitzen. Um solche Projekte erfolgreich zu fahren, sind eine Reihe von Kompetenzen bei den Unterrichtenden gefragt. Wir werden in dieser Beziehung als Lehrer wohl alle noch erheblich dazulernen müssen.

M.: Wenn man hört, durch neue Medien im Unterricht verändere sich die Rolle des Lehrers vom Wissensvermittler hin zum Moderator, zum Organisator von Lernprozessen oder auch zum Coach der Lerngruppe, klingt das erleichternd. Das war bei mir überhaupt nicht der Fall, im Gegenteil, ich war in der neuen Situation zunächst stark gefordert, wenn nicht sogar überfordert.

B.: Ja, es ist ein Irrglaube zu meinen, das ginge von selbst. Das hängt stark von den Medien ab, die man einsetzt. Noch stärker aber von der Lehrperson, die den Unterricht gestaltet. Für einen Unterricht, wie wir ihn im Kopf haben, sind – wie die Mathematiker immer sagen – die neuen Medien weder eine notwendige noch eine hinreichende Bedingung.

R.: Wie ist denn das gemeint? Machen die neuen Medien doch keinen Sinn?

B.: Doch, aber ich kenne eine Reihe von Kolleginnen und Kollegen, die machen einen tollen Unterricht auch ohne die neuen Medien. Sie bearbeiten zusammen mit ihren Schülerinnen und Schülern einen Problemkreis, mit dem sie sich gemeinsam und intensiv auseinandersetzen. Zunächst entwickeln sie ihre Fragen, bezogen auf das Thema bzw. den Problemkreis. Sie besorgen sich dann Informationen und Materialien, die ihnen helfen können, Antworten auf ihre Fragen zu gewinnen. Im Laufe der Jahre haben diese Kolleginnen und Kollegen eine Fülle an Arbeitsmaterialien zusammengetragen, die dann zumeist in einer Medienecke im Klassenraum oder in einem Bereich der Schülerbibliothek für die Arbeiten der Lernenden zur Verfügung stehen. Schulbücher, Zeitungen, Zeitschriften, Magazine, Arbeitsblätter, Videofilme etc. Mit traditionellen Medien schaffen sie sich das, was wir heute oft als *„rich learning environment"* bezeichnen. Sie helfen den Schülerinnen und Schülern dabei, diese Materialien sinnvoll zu nutzen. Sie leiten an, wie man Wichtiges von Unwichtigem unterscheiden kann, um – bezogen auf die Fragen, die man hat – die „Sache auf den Punkt zu bringen". Ganz bedeutsam scheint hierbei zu sein, dass sich die Schülerinnen und Schüler ganz intensiv mit den Papieren und Unterlagen auseinandersetzen. Erst in dieser intensiven Auseinandersetzung, durch die Diskussionen mit den Mitschülern, durch die Notwendigkeit, sich selbst Sachverhalte immer wieder klarzumachen und sie so aufzubereiten, dass sie anderen vermittelt werden können, entsteht ganz offensichtlich das Wissen in den Köpfen der Lernenden. Ein solcher Unterricht ist daher immer auch produktorientiert. Das zwingt letztlich dazu, das Erworbene zu strukturieren, zu pointieren bzw. zu präzisieren, Zusammenhänge zu erfassen und aufzuzeigen und all dies übersichtlich und nachvollziehbar aufzuschreiben bzw. darzustellen.

R.: Und das alles ohne neue Medien? Wieso praktizieren die Lehrerinnen und Lehrer denn einen solchen Unterricht nicht häufiger? Ich sehe in der Praxis doch viel eher das fragend-entwickelnde Unterrichtsgespräch, Lehrervorträge, eher gleichförmige Übungsphasen.

B.: Ich denke, das ist gar nicht so verwunderlich. Auf einen Lehrervortrag kann man sich gut vorbereiten. Das fragend-entwickelnde Unterrichtsgespräch ist immer dann eine gute Methode, wenn man gemeinsam eine Abfolge von Gedanken durchlaufen und dabei möglichst Irrwege im Gedankengang vermeiden möchte.

R.: Sind diese Methoden zukünftig eher unbedeutend?

B.: Ich denke nicht. Die verschiedenen Methoden werden auch zukünftig nebeneinander existieren. Nichts geht über einen gut vorbereiteten und wohl strukturierten Lehrervortrag, wenn z. B. kompakt Informationen in den Unterricht einzubringen sind. Das gelenkte Unterrichtsgespräch ist ein probates Mittel, die gemeinsamen Überlegungen zeitökonomisch „auf einen Punkt zu bringen". Nein, die oben beschriebenen Unterrichtsmethoden werden andere nicht ersetzen, sie sind eher als Ergänzungen des Repertoires an Methoden anzusehen. Ebenso ist es mit der Rolle der Lehrenden. Die Lehrerinnen und Lehrer werden ihre Rolle nicht in der Weise verändern, dass sie die alte aufgeben und eine neue annehmen. Vielmehr werden sie ihre Rolle in Verbindung mit ihrem Methodenrepertoire erweitern müssen.

R.: Und die neuen Medien?

B.: Die können eine ganz bedeutende Rolle spielen, wenn man die richtigen auswählt bzw. sie richtig einsetzt. Aber man kann die neuen Medien auch so einsetzen, dass alles beim Alten bleibt. Denken Sie mal an die klassischen und einfachen Lern- und Übeprogramme. Wenn sie genau hinsehen, bilden die meisten ganz typischen Unterricht ab, nur dass jetzt nicht der Lehrer die Fragen stellt, die Aufgaben vorgibt, sondern das Programm. Bei Lernprogrammen ist oft das fragend-entwickelnde Unterrichtsgespräch nachgebildet. Man kommt erst weiter, wenn man die richtige Antwort gegeben hat, und wird so Schritt für Schritt zum Ziel geleitet.

M.: Du hältst von diesen Lern- und Übeprogrammen nichts?

B.: Das kann man so pauschal nicht sagen. Es lässt sich nur im Einzelfall entscheiden.

R.: Wir haben uns im Seminar mit motivierenden Übungsformen auseinander gesetzt und ein ganzes Repertoire zusammengetragen. Wenn man solche Übungsformen den typischen Lern- und Übeprogrammen gegenüberstellt, schneiden diese oft schlecht ab. Sie bieten häufig nicht viel mehr als die unmittelbare Rückmeldung auf die Aktionen der Lernenden.

Das kann man bei motivierenden Übungsformen auch anders erreichen. Oft macht es nur Sinn, wenn ein oder höchstens zwei Schüler mit einem solchen Programm arbeiten. Das ist bei der Ausstattung der Schulen aber nur selten gegeben. Vielleicht eignen sich solche Programme eher zum Nacharbeiten und zum Üben zu Hause. In der Schule muss man in jedem Fall auch den zeitlichen, technischen und organisatorischen Mehraufwand sehen, der mit der Nutzung solcher Programme verbunden ist.

B.: Aber wir wollen jetzt nicht alle Lern- und Übeprogramme über einen Kamm scheren. Da gibt es riesige Unterschiede: Manche bieten den Lernenden die Möglichkeit, aus einer großen Fülle an Angeboten individuell auszusuchen. Sie enthalten z. T. gute Hilfesysteme, die man bei Problemen „zu Rate ziehen kann", und tolle Visualisierungen von Sachverhalten und Zusammenhängen, wie man sie mit Tafel und OH-Projektor nur schwer hinbekommt, und vieles andere mehr. Man muss sich aber intensiv damit auseinandersetzen, um die richtigen Medien für den jeweiligen Unterricht zu finden.

R.: Dass die neuen Medien nicht notwendig sind, um einen eher offenen, problemorientierten, auf die Eigenaktivität der Lernenden ausgerichteten Unterricht zu praktizieren, habe ich eingesehen. Viele Lehrerinnen und Lehrer gestalten einen solchen Unterricht bisher schon – offenbar ohne neue Medien einzubeziehen. Und hinreichend sind sie auch nicht, denn der Einsatz neuer Medien im Unterricht bewirkt von sich aus offensichtlich nichts.

Habe ich das richtig verstanden?

B.: Genau das wollte ich zum Ausdruck bringen: Ziele, Unterricht und Medien müssen zueinander passen.

R.: Und wie hängt das nun mit der Lehrerrolle zusammen?

B.: Sie haben die Frage eigentlich schon selbst beantwortet. Die Medien verändern die Rolle des Lehrers eben nicht zwangsläufig. Wenn aber umgekehrt ein Lehrer an einer Rollenänderung interessiert ist, dann können ihm hierbei die neuen Medien helfen. Viele Lehrerinnen und Lehrer möchten ihre Rolle nämlich verändern – raus aus der Rolle des ständigen Informationsgebers, der ständigen Ansprechperson, wenn es um Sachinformationen geht.

Ein Kollege sagte mir einmal, er hätte genug von der „Rolle als wanderndes und ständig ansprechbares Lexikon". Er wünschte sich, mehr Zeit für einzelne Schülerinnen und Schüler zu haben, um den individuellen Lernprozessen mehr Aufmerksamkeit widmen zu können. Das ist gar nicht so einfach, weil es einen erheblichen Aufwand und Zeit kostet, solche *rich learning environments*" zu gestalten und zusammenzutragen. Das macht man keinesfalls nebenbei und in vielen Schulen fehlten bisher auch die Mittel für entsprechend ausgestattete Medienecken.

M.: Ja, ich kann mir vorstellen, dass hier die neuen Medien helfen können. Umfangreiche, aktuelle Enzyklopädien sind wegen der Kosten bisher für Schulen unerschwinglich gewesen. Als CD-ROM sind sie leicht verfügbar geworden, enthalten zusätzlich multimediale Elemente und bieten zudem vielfältigere Möglichkeiten der Recherche und der Übernahme von Informationen. Und dann ist da natürlich das Internet mit seinen Angeboten, auf die sich einfach zugreifen lässt, wenn man denn erst einmal am Netz ist.

B.: Und wenn man das alles im Zusammenhang und Zusammenwirken mit den traditionellen Möglichkeiten von Unterricht sieht: Neue Medien – Computer, CD-ROMs, WWW, E-Mail-Möglichkeiten, schwarze Bretter etc. Die schaffen ganz neue Möglichkeiten, wenn Unterrichtende und Lernende dies denn wirklich wollen. In diesem Sinne können neue Medien die Rollenerweiterung der Lehrerinnen und Lehrer unterstützen, quasi als Katalysatoren.

R.: So herum habe ich die Sache noch nie betrachtet. Lehrer, die ihre Rolle verändern wollen, nein, man muss wirklich sagen, ihr Rollenrepertoire erweitern wollen, denen können neue Medien helfen, sofern eine geeignete Auswahl vorausgesetzt wird. Sie schaffen Möglichkeiten, die vorher nicht vorhanden waren. Sie eröffnen Zugänge zu Informationen, gerade auch aktuellen, die dann nicht mehr vom Lehrer gegeben werden müssen.

B.: Genau. Aber das bedeutet, dass man die Medien, die man einsetzt, sehr genau unter die Lupe nehmen muss. Interessant sind in dieser Hinsicht Informationssammlungen wie Multimedia-Enzyklopädien, aber auch Werkzeuge wie Tabellenkalkulationen, Statistiktools, Computeralgebrasysteme, vielleicht sogar Spiele, die es ermöglichen, sich fragend, forschend, experimentierend und explorierend mit Sachverhalten auseinander zu setzen. Natürlich spielen die neuen Möglichkeiten der Kommunikation und Kooperation, wie sie das Internet heute bieten, ebenso eine zentrale Rolle.

M.: Wenn ich das alles höre, wird mir ganz schwindelig. Das klingt so selbstverständlich, ist es aber – zumindest für mich – heute noch nicht. Was da alles von den Lehrerinnen und Lehrern erwartet wird. Ich versuche nur mal aufzuzählen, was mir dazu in der letzten Gesprächsphase alles eingefallen ist:

Erweiterung der *Medienkompetenz:* Es reicht ganz offensichtlich nicht aus, dass ich meinen Computer bedienen und mit meiner Textverarbeitung umgehen kann. Ich muss zum Beispiel lernen, wie man mit einer Multimedia-Enzyklopädie umgeht, soll den Umgang mit E-Mails beherrschen und mit schwarzen Brettern sachgerecht arbeiten können. Und wahrscheinlich ist das alles nur der Anfang. Viele der Programme und Möglichkeiten, die hier genannt wurden, kenne ich noch gar nicht. Ich sollte sie aber kennen, um die Vor- und Nachteile abschätzen zu können. Hier ist meine *Beurteilungskompetenz* in hohem Maße gefordert.

Erweiterung der *Sozial- und Teamkompetenz:* Fast kein Thema, so scheint mir, lässt sich isoliert betrachten. Geht man also offener an entsprechende Problemstellungen heran, so ist man auf die Zusammenarbeit mit anderen Kolleginnen und Kollegen angewiesen – sei es mit dir hier als Medienberaterin oder mit dem Politikkollegen, den man sinnvollerweise einbezieht.

Problemlösekompetenz bezogen auf die Sache und *Kommunikationskompetenz* bezogen auf die Kolleginnen und Kollegen ist jetzt angesagt. Ich weiß aus eigener Erfahrung, wie schwer es ist, über die Fachgrenzen hinweg mit Kolleginnen und Kollegen Unterrichtsinhalte abzustimmen. Wirkliche Zusammenarbeit im Hinblick auf den Unterricht stellt hier ganz neue Anforderungen an die Lehrerinnen und Lehrer.

Erweiterung der *Sach- und Fachkompetenz* ist das eine, die Erweiterung der *didaktisch-methodischen Kompetenz* das andere: Was eben alles angesprochen wurde, das ist in der Praxis gar nicht so einfach umzusetzen. Erweiterung des Methodenrepertoires ist einfach gesagt. Jeder von uns weiß aber, wie schwer und aufwendig es ist, neue Methoden für sich zu erschließen und dann in den laufenden Unterricht einzubeziehen – wenn es nicht bei einem Mal bleiben soll.

Und schließlich ist da noch die *Prozess- und Beratungskompetenz*, die erheblich zu erweitern ist, will man Schülerinnen und Schülern im Hinblick auf ihren Lernprozess angemessen begegnen. Analyse der Lernwege, Auseinandersetzung mit anderen Möglichkeiten, Aufzeigen von Alternativen, echte Beratung der Schülerinnen und Schüler – ohne Gängelung. Das alles „muss man erst mal draufhaben".

R.: Sie machen mir richtig Angst! Das alles kann ich gar nicht leisten. Mir fehlen viele Voraussetzungen, ich habe nicht einmal die Unterrichtserfahrungen, die Sie haben.

B.: Nun, einerseits hat der Kollege die Komplexität der Situation, wie ich finde, sehr deutlich und zutreffend dargestellt. Andererseits erwartet aber niemand, dass wir Lehrerinnen und Lehrer all diese Kompetenzen mit einem Schlag besitzen. Wir sind jedoch gefordert, sie nach und nach zu erwerben.

Bezogen auf den Unterricht, den wir hier im Kopf haben und gern praktizieren möchten, haben wir noch einen weiten Weg vor uns. Es ist nicht damit getan, die Schulen mit Computern auszustatten und Fortbildungen für einen Computer- und Internet-Führerschein zu ermöglichen. Damit erweitern Lehrerinnen und Lehrer zwar ihre eigene Medienkompetenz, die Umsetzung in den Unterricht ist aber noch lange nicht geschafft.

Dazu brauchen wir geeignete neue Medien, wie wir sie angesprochen haben. Wir brauchen vor allem Unterrichtsideen und -erfahrungen, die man nachmachen bzw. auf die eigene Unterrichtssituation adaptieren kann. Wir brauchen gute Projektideen und Realisierungen, die dem Einzelnen einen Großteil der Vorbereitungsarbeiten abnehmen und an denen man sich mit erträglichem Aufwand beteiligen kann.

M.: Es sind doch im Zuge von „Schulen ans Netz" bereits an mehreren Stellen Datenbanken für solche Projekte angelegt worden – oder?

B.: Es gibt zwar diese Datenbanken und sie enthalten durchaus Projekte, wie wir sie vorhin skizziert haben, aber diese gehen oft in der Menge unter und die Darstellung bietet in vielen Fällen nicht die nötige Klarheit und Breite, um Kolleginnen und Kollegen wirkliche Anleitung und Hilfe zu geben. Hier wäre es dringend nötig, das vorhandene Datenmaterial zu durchforsten und Beispiele von *„good practice"*, wie man heute sagt, aufzuspüren und entsprechend darzustellen.

R.: Ich glaube aber, dass wir neben diesen Hilfen und Anregungen von außen auch eine Veränderung von innen benötigen. Ich meine damit, dass Lehrerinnen und Lehrer sich für den oben skizzierten Unterricht und die Erweiterung ihrer Kompetenzen öffnen müssen. Mir scheint, es gibt viele, denen die Öffnung des Unterrichts Angst macht, weil sie dadurch in Gewässer geraten könnten, in denen sie nicht fest stehen können. Darüber mache ich mir ja auch Gedanken.

B.: Stimmt. Aber das, was im Projektunterricht für Schülerinnen und Schüler gilt, gilt natürlich auch für Lehrerinnen und Lehrer: Um ihr Methodenrepertoire zu erweitern, müssen sie sich aktiv mit den Methoden auseinander setzen, sich darauf einlassen und eigene Erfahrungen sammeln. Sie dürfen nicht darauf warten, dass immer jemand da ist, der ihnen genau zeigt, wie es geht.

M.: Unter Umständen hat man auch Schülerinnen oder Schüler dabei, die die eine oder andere Technik ein bisschen besser beherrschen als man selbst. Warum soll man das nicht ausnutzen?

B.: Sicherlich. Wenn sich die Lehrerrolle verändert, genauer gesagt erweitert, geschieht dies nicht isoliert. Das Verhältnis zwischen Lehrenden und Lernenden verändert sich zwangsläufig mit, eröffnet dadurch aber neue Möglichkeiten und Perspektiven, durch die sich Schülerinnen und Schüler vielleicht leichter motivieren lassen, sodass die Wandlung von Unterricht, wie wir sie in unserem Gespräch von unterschiedlichen Seiten beleuchtet haben, nicht nur höhere Anforderungen an alle Beteiligten stellt, sondern gleichzeitig auch für eine gewisse Entspannung und Entlastung sorgen kann.

R.: Das wäre wirklich wünschenswert. Ich sehe jedenfalls einiges schon sehr viel klarer und dafür möchte ich mich bei Ihnen beiden bedanken. Ich habe sogar die Hoffnung, dass wir gemeinsam eines der von Ihnen geforderten Beispiele von „good practice" auf die Beine stellen können und damit hoffentlich weitere Kolleginnen und Kollegen ins Boot ziehen werden.

M.: Ich freue mich auf unser gemeinsames Projekt.

Manfred König, Rudolf Peschke

Förderung der Kooperation und Kommunikation durch Multimedia

Es mag etwas pathetisch klingen: Der Lehrberuf wird mit und wegen der neuen Medien vielschichtiger, faszinierender, sicher aber nicht leichter werden. Vielleicht fühlen sich zukünftig Personen von diesem Berufsbild eher angesprochen als früher. Schule entwickelt sich immer mehr zu einer Werkstatt des Lernens, gewissermaßen zu einem Labor für neue Lehr- und Lernformen. Denn mit den neuen Medien haben sich Schulen einen äußerst innovativen „Motor" eingehandelt mit der Folge, dass Bildungsprozesse (und auch Bildungsanstalten) der außerordentlich großen Dynamik einer sich sehr schnell verändernden Technologie ausgesetzt sind. Für jene, die den Lehrberuf ergreifen, ist es eine reizvolle Herausforderung, diesen „Motor" für eine zukunftsgerechte Bildung der Kinder und Jugendlichen nutzen zu können.

1. Chancen neuer Medien im Wandel

Zurzeit ist unbestritten, dass die *medienpädagogische Kompetenz* unverzichtbarer Bestandteil des Lehrberufs sein muss, auch wenn sich diese Forderung im Augenblick weder in der pädagogischen Ausbildung noch beim Lehrer im Beruf in der gewünschten Weise widerspiegelt. Die Umsetzung dieser Zielsetzung führt über einen Weg, den alle Beteiligten, Lehrende wie Studierende, mutig und entschlossen beschreiten müssen. Allein die letzten zwanzig Jahre Praxis mit Computern in Schulen verdeutlichen eine permanente Bewegung, die wie eine Antriebsfeder ständig neue pädagogische Einsatzmöglichkeiten hervorgebracht hat.

Neue Techniken bieten neue pädagogische Anwendungsmöglichkeiten, pädagogische Innovationen wiederum wecken Bedürfnisse nach neuen technischen Möglichkeiten. Wie eine Spirale schrauben sich innovative Medienprojekte und neue Perspektiven wechselseitig nach vorne. Dank des Internets sind dies aber nicht mehr isolierte Schulprojekte, von denen niemand außerhalb des Schulgebäudes Notiz nimmt. Schulen kooperieren mit Hilfe des Netzes immer häufiger schulübergreifend oder stellen zumindest ihre Erfahrungen und Ergebnisse multimedial zur Verfügung. Kommunikation und Kooperation mit Hilfe von Multimedia und Internet entwickeln sich so zu tragenden sozialen Prozessen für eine *basisorientierte Schulentwicklung*.

Wenn Computer, Multimedia und Internet als nicht zu trennende Komponenten erscheinen, so ist dies wiederum nur eine Zwischenetappe auf einem Weg, dessen Ziel mit der weiteren *Verschmelzung der Computer, Fernseh- und Kommunikationstechnologien* schon heute sichtbar wird. Dies sind Stationen auf dem Weg:

- Erst Anfang Anfang der 80er Jahre hielt mit den Mikrocomputern eine Technik Einzug in viele Schulen, die dem bis dato schlummernden Lernziel der Informatik – algorithmisches Problemlösen in Kursen mit BASIC, LOGO oder Pascal – zum Durchbruch verhalfen. Das Bedürfnis nach vielfältigen Anwendungen wurde zwar geweckt, konnte aber durch ein Programmiersystem nicht abgedeckt werden.
- Der wachsenden gesellschaftlichen Bedeutung der Computertechnologie sollte die Vermittlung einer informationstechnischen Grundbildung entsprechen, die Ende der 80er Jahre den schulischen Zielsetzungen hinzugefügt worden ist. Medial ermöglicht wurde ein solcher Ansatz durch die Personalcomputer, die in erster Linie mit Standardsoftware für Texte, Tabellen, Datenbank und Grafik gut genutzt werden konnten. Gleichzeitig war aber die Anwendung dieser Software schwerfällig und nicht flexibel genug, um viele Lehrerinnen und Lehrer ohne Spezialkenntnisse für einen Einsatz in ihrem Fachunterricht gewinnen zu können.
- Mit grafikfähigen PCs begann Anfang der 90er Jahre der Siegeszug von Multimedia. Die neuen multimedialen Produkte, die kreativ-ästhetische Ausdrucksformen von Jugendlichen immer stärker beeinflussten, interessierten neue Lehrerinnen und Lehrer. Von den Verlagen wurden motivierende multimediale Gestaltungs- und Ablaufformen für Bildungssoftware entwickelt. Beide Einsatzformen sind interessant im Rahmen einer Medienerziehung, die von der BLK (1995)[1] als schullaufbahnbegleitende Bildungsaufgabe vorgeschlagen worden ist.
- Mit dem Einzug des Internets in Schulen, aber auch mit der E-Mail-Technik rückte erstmals der Aspekt Kommunikation und Kooperation, auch über Klassengrenzen hinaus, in das Blickfeld der pädagogischen Arbeit, blieb aber vorerst auf Modellvorhaben beschränkt. (Peschke 1995)
- Die schon in diesen Etappen entwickelten pädagogischen Vorstellungen für den Einsatz von Multimedia und Vernetzung gewinnen erst heute in der Breite eine konkrete Handlungsperspektive, auf der Basis der besser gewordenen Ausstattung und mit der Internetanbindung aller Schulen. Der Technologie und Ausgestaltung des Internets ist es zu verdanken, dass

---

1 Einer von vier Modellversuchen zur Medienerziehung wurde in Hessen durchgeführt: Modellversuch „Integrative Medienerziehung mit multimedialen, interaktiven Systemen (IMMIS)". Abschlussbericht: HELP. Frankfurt 2000

Schulen den rechnergestützten Zugriff auf Informationen und die Zusammenarbeit bei pädagogischen Aufgaben im Unterricht fest in die alltägliche Unterrichtsarbeit einplanen können.

Mediensozialisation im Lehrberuf

Schon allein dieser Abriss verdeutlicht, dass die Rolle solcher Techniken und technischer Medien für Lehr- und Lernprozesse immer wieder neu bestimmt werden muss. Sie erhalten ihre Funktion in Arbeits- und Handlungszusammenhängen zugewiesen, die von Lehrern gemeinsam mit Schülern vollzogen werden. Um solche Handlungen initiieren und wagen zu können, brauchen die Lehrkräfte *Medienkompetenz zum Lehren* und die Schüler *Medienkompetenz zum Lernen.*

Medienkompetenz ist demnach ein Prozess, der im Zusammenspiel von pädagogischer Zielsetzung, verfügbaren technischen Medien und gewählten Lernarrangements immer wieder neu gestaltet werden muss. Die permanente Weiterentwicklung von Medienkompetenz wird nur als Resultat einer kontinuierlichen *Mediensozialisation*, beginnend in der Ausbildung, zu einer pädagogischen Souveränität im Lehrberuf führen. Diese Mediensozialisation könnte zu einer zentralen Herausforderung lebenslangen Lernens im Lehrberuf werden.

Schule im Netzwerk

Wenn aber der ständige Umgang mit Medien in der „Werkstatt Schule" benötigt wird, dann wird ein erweitertes Spektrum von Arbeits-, Lern- und Kommunikationsformen in Schule, Studienseminar und Hochschule erforderlich. Es muss ein Netz von Kommunikations- und Kooperationsformen für alle Akteure gewoben werden.

Diejenigen, die künftig den Beruf des Lehrers ergreifen, werden in den Schulen eine Vielfalt von Nutzungsmöglichkeiten von Multimedia und Internet vorfinden. Dazu gehört auch ein Lernortkonzept, das den Schülerinnen und Schülern ein Lernen mit mehr Selbstständigkeit, Selbsttätigkeit und Selbstverantwortung ermöglicht. Mittelpunkt eines so zu schaffenden Lernortes kann ein innerschulisches *Selbstlernzentrum* oder auch *Wissenszentrum* sein. (Siehe hierzu: Mandl et. al.1998) Dort können Lehr-Lern-Aktivitäten gebündelt werden. Lehrerinnen und Lehrer machen sich im Wissenszentrum mit den Neuen Medien vertraut, nutzen und erweitern dessen multimediale Informations-, Kommunikations- und Kooperationsangebote (Bibliothek, Mediothek, Modellbildungs- und Simulationsprogramme, themenbezogene Datenbestände auf CD-ROM, Internetanschluss etc.) und bereiten dort Lernszenarien vor.

Schülerinnen und Schüler nutzen solche Multimedia-Plätze für die Durchführung, Dokumentation und Präsentation ihrer Unterrichtsprojekte. Über lokale Netze ist das Wissenszentrum mit weiteren PC-Räumen verbunden, in denen ganze Klassen und Kurse Computer-Arbeitsplätze nutzen können. Zusätzlich stehen einzelne Netzanschlüsse in den Klassenräumen zur Verfügung. Schüler und Lehrer können sich zudem zu Hause in das Wissenszentrum einwählen und so für die Unterrichtsvor- und -nachbereitung bzw. Erledigung von Hausaufgaben einsetzen. Über den Anschluss an das globale Netz kann mit anderen Schulen kommuniziert und kooperiert werden.

Mit Hilfe von Online-Angeboten der Verlage, über Bildungsserver der Länder und über Online-Hilfen von Partnern der Schule wird das Netzwerk komplettiert, in dem Lehrer wie Schüler agieren können.

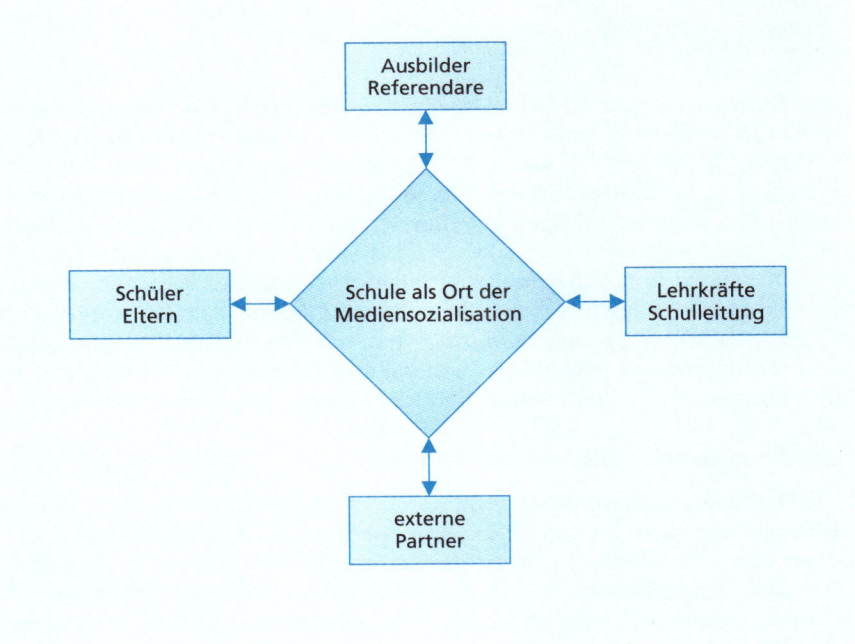

Kommunikation und Kooperation verändert Schule

Zunehmende Kommunikation und Kooperation in Schulen sind Ausdruck wichtiger werdender Arbeitsbeziehungen zwischen Lehrkräften und einer sich verändernden *Schulkultur*. Ganz im Sinne der Denkschrift des Landes Nordrhein-Westfalen von 1995 „Zukunft der Bildung – Schule der Zukunft":

> Vorrangig ist es hierzu erforderlich, die Arbeitsorganisation der Schulen so zu gestalten, dass Lernen voneinander bei der Lösung konkreter Praxisprobleme systematisch gefördert wird. (Bildungskommission 1995) Schule wird dem Berufsanfänger nicht mehr nur als Dienstort individuell agierender Pädagogen erscheinen, sondern als ein Ort, wo selbstständiges und kooperatives Arbeiten in geeigneten – auch computerbasierten – Lernumgebungen, u.U. mit der Bildung zusammenwirkender Lerngemeinschaften … abverlangt wird.
> *(Ministerium für Schule und Weiterbildung … 2000)*

Der Bedarf an Zusammenarbeit wächst, weil Schulen in Selbstorganisation vielfältige und immer mehr neue Aufgaben bewältigen müssen. Bei der Entwicklung des Schulprogramms, bei der Gestaltung eines Profils und des Schullebens, bei fächerübergreifenden Aufgaben, um nur einige zu benennen, unterliegen Schulen heute einem enormen Innovationstempo. Die traditionelle, unverbundene individuelle Arbeitsweise mit einem hohen Grad an Selbstverantwortung Einzelner, aber auch an Isolierung, wird sich in einer solchen Schule nur schwerlich aufrechterhalten lassen. Schulen werden sich verstärkt zu einem Ort der *Teamarbeit* hin entwickeln. Der Berufseinsteiger ist zur Mitgestaltung aufgefordert und hat so die Chance, von vornherein an Informations-, Kommunikations- und Kooperationsprozessen teilzuhaben.

Zusammenarbeit zwischen Lehrkräften

Die Nutzung von Multimedia und Internet im Rahmen einer solchen Lehrerarbeit gelingt leichter, wenn sie die gewohnte persönliche Arbeitsweise unterstützt, sie wird vermieden, wenn sie fremdartig erscheint und nicht geübte Denkprozesse abfordert, was in der Regel beim *Einsatz von Software für Gruppenarbeit* noch der Fall ist. Allen Beteiligten muss deshalb der Einstieg in solche computerunterstützten Arbeitszusammenhänge erleichtert werden.

Voraussetzung für computergestütztes Arbeiten ist eine gemeinsame Aufgabe, die von mehreren Personen zu lösen ist und bei deren Lösung der Einsatz der Medien einen Nutzen verspricht. Zum Beispiel beim Verfassen von gemeinsamen Texten oder bei der Ausarbeitung von Jahrgangsplanungen können Multimedia und netzbasierte Computertechniken vorteilhaft eingesetzt werden. Da Lehrer in der Schule neben ihrer Unterrichtstätigkeit zu wenig gemeinsame Arbeitszeit haben und örtlich weit getrennt sind, werden die Vorteile der Internetanbindung sehr schnell spürbar.

Im Modellversuch „Multimediale Lernwerkstatt als Hilfe zur kooperativen Selbstorganisation von Schulen" (LESE 2000) sind Lehrergruppen an die Nutzung solcher Hilfsmittel systematisch und als Ziel von Schulentwicklung herangeführt worden.

Ein *Beispiel* ist die Entwicklung von Unterrichtsmaterialien für den *Lernbereich Naturwissenschaften* für die Jahrgangsstufen 7 und 8 der Philipp-Reiss-Schule in Friedrichsdorf. (Käberich, Schröder 1999) Für den Wechsel vom Fachunterricht in Physik, Chemie und Biologie zu einem integrierten naturwissenschaftlichen Unterricht fehlten geeignete Unterrichtsmaterialien und Konzepte. Gleichzeitig mussten sich die bisher isoliert arbeitenden Fachlehrer zu einem Team zusammenfinden.

Der Einstieg erfolgte über die Bildung von kleinen Arbeitsgruppen mit genau umschriebenen Aufgaben. Auf den turnusmäßig stattfindenden Gruppensitzungen wurden die von den Kleingruppen erarbeiteten Materialien vorgestellt, diskutiert und nach einer eventuell notwendigen Überarbeitung in den Materialpool einer virtuellen „Lernwerkstatt Naturwissenschaften" übernommen. Nicht nur Vorbereitungen und Arbeitsmaterialien für den Unterricht sondern auch Videofilme mit Bewertungen, Hinweise zu Lernprogrammen, kommentierte Textausschnitte, Folien, Dias, Bücher und andere unterrichtsrelevante Daten wurden in den Datenpool der Lernwerkstatt integriert.

Miteinander im Team zu planen, gemeinsam Materialien zu erstellen, veränderte Unterrichtsformen und Inhalte zu erproben, sich neues Wissen aus einem anderen Fach anzueignen und im Unterricht umzusetzen, erzeugte bei allen Beteiligten eine hohe Motivation. Verstärkt wurde dies noch durch die vorgegebenen technischen Möglichkeiten in der Lernwerkstatt. Der Aufforderungs- und Motivationscharakter der verschiedenen Geräte im Zusammenhang mit der Arbeit im Team und den schulinternen Fortbildungsmaßnahmen ließ auch die zu Beginn der Arbeit technisch weniger versierten Kolleginnen und Kollegen sehr schnell ihre Berührungsängste gegenüber der Arbeit mit diesen Geräten verlieren. Die Qualität der erstellten Materialien zeigte dies in eindrucksvoller Weise.

Kolleginnen oder Kollegen, die früher nur im Team an dem Multimedia-Arbeitsplatz aktiv waren, gehen jetzt auch alleine in die Lernwerkstatt und nutzen in selbstverständlicher Weise alle vorhandenen technischen Geräte. Das Interesse anderer Fachbereiche wurde durch diese Art *„training on the job"* ebenfalls geweckt. Kooperatives Planen und Arbeiten hat inzwischen in dieser Schule einen festen Platz bei der Vorbereitungsarbeit für die einzelnen Unterrichtsphasen.

2. Referendare in der Ausbildung – eine Gratwanderung zwischen Tradition und Veränderung

Die Lehrerausbildung der zweiten Phase ist im Umbruch und räumt der Förderung der Medienkompetenz einen wachsenden Stellenwert ein. Noch steht die Vermittlung von Qualifikationen zur systematischen Einbeziehung neuer Medien in Lehr- und Lernprozesse nur vereinzelt in den Ausbildungsplänen, deren Bedeutung für einen zeitgemäßen Unterricht wird aber von vielen Fachleitern zunehmend erkannt. Die Notwendigkeit einer Grundausbildung zum kompetenten Umgang mit den einzelnen Werkzeugen ist weitgehend unbestritten. Auf der Suche nach geeigneten Unterrichtsmodellen mit neuen Medien in der fachdidaktischen Lehrerausbildung und nach Schwerpunktsetzungen in den verschiedenen Fächern gibt es noch kontroverse Positionen. (Vgl. hierzu: Lenhard, Strauß 2000)

Ein Konzept zur Einbeziehung neuer Medien wird zur Zeit in dem hessischen BLK-Vorhaben „Neue Lernwelten in Schule und zweiter Phase der Lehrerausbildung" entwickelt und erprobt (Siehe König 1999). Die ersten Überlegungen gehen davon aus, dass im Mittelpunkt ein handlungsorientiertes *Basiskonzept Medienkompetenz* stehen wird, in welchem die zukünftigen Lehrerinnen und Lehrer den Umgang mit den verschiedenen medialen Werkzeugen praxisorientiert erlernen. Dieses Basiskonzept wird flankiert von Veranstaltungen einzelner Fächer, in denen die fachspezifischen Fragestellungen bearbeitet werden. Fächerübergreifende didaktische und methodische Elemente, wie z. B. selbstständiges, entdeckendes Lernen mit neuen Medien und die Einbeziehung schulformspezifischer Inhalte und Voraussetzungen vervollständigen die Ausbildung. (Siehe Abbildung Seite 99)

Die Umsetzung eines solchen Konzepts erfordert natürlich in einem hohen Maß die ständige Zusammenarbeit aller Beteiligten. An dieser Stelle können die Medien selbst einen wichtigen Beitrag leisten. Erforderlich ist dafür allerdings die Verfügbarkeit der Technik und die konsequente Nutzung der Möglichkeiten elektronischer Kommunikation. Ein Großteil der Seminare steht dabei sicher noch am Anfang, während andere Seminare z. B. die Einladungen zu Veranstaltungen nur noch per E-Mail versenden oder bereits über virtuelle Ausbildungsveranstaltungen nachdenken, die der Referendar und die Referendarin über den Bildschirm daheim absolviert. Diese Arbeitsweise setzt voraus, dass sowohl Referendare als auch Ausbilder über einen eigenen PC und eine E-Mail Adresse verfügen. Denkbar im Sinne der Kooperation ist auch die gemeinsame Erstellung von digitalen Arbeitsmaterialien durch Ausbilder, vielleicht auch durch Referendare, und deren Austausch im Netz. Eine relativ einfach zu realisierende Form der Zusammenarbeit ist die Versendung

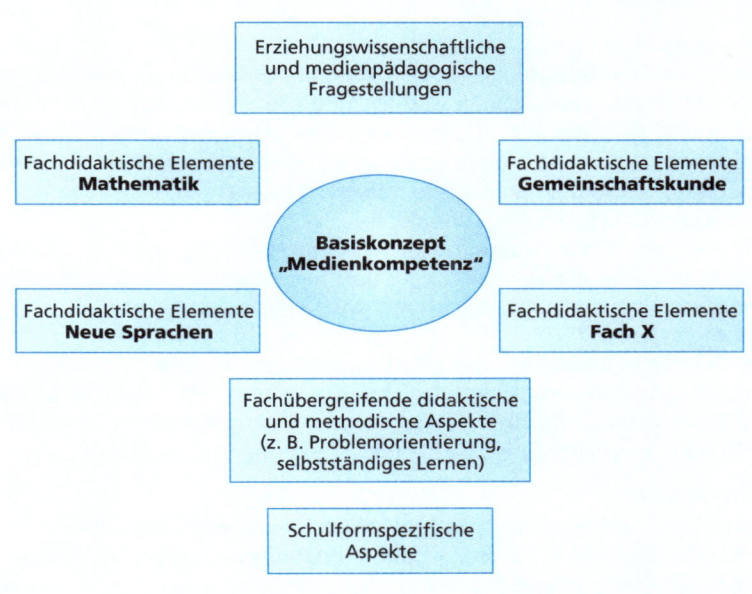

Erziehungswissenschaftliche und medienpädagogische Fragestellungen

Fachdidaktische Elemente **Mathematik**

Fachdidaktische Elemente **Gemeinschaftskunde**

Basiskonzept „Medienkompetenz"

Fachdidaktische Elemente **Neue Sprachen**

Fachdidaktische Elemente **Fach X**

Fachübergreifende didaktische und methodische Aspekte (z. B. Problemorientierung, selbstständiges Lernen)

Schulformspezifische Aspekte

BLK-Modellvorhaben „Neue Lernwelten in Schule und zweiter Phase der Lehrerausbildung": Überlegungen zu einem Gesamtkonzept „Neue Medien in der zweiten Phase der Lehrerausbildung"

der Unterrichtsvorbereitungen per E-Mail. Sie erfordert allerdings entsprechende Absprachen im Vorfeld. Erste Schritte auf einem Weg zu einem virtuellen Seminar als Arbeitsumgebung für Referendare zeichnen sich bereits ab.

Wie muss erfolgreicher Unterricht gestaltet werden?

Allein der Einsatz neuer IuK führt noch nicht zu einem guten Unterricht. Erforderlich ist eine sinnvolle Verbindung mit den jeweiligen Fachinhalten und die didaktische und methodische Reflexion. Erst dann wird Unterricht eine neue Qualität erreichen. Eine besondere Rolle spielt dabei die Kommunikation zwischen Lehrer und Schüler und die Kommunikation der Schüler untereinander sowie die Einbeziehung außerschulischer Partner.

Unterrichtsanleitende Fragestellungen in vier Handlungsfeldern sollen solche Kommunikations- und Kooperationsaufgaben verdeutlichen.

Angebote machen

- Gewährleisten Unterrichtsangebote, dass im Verlauf der Schullaufbahn alle Schülerinnen und Schüler aktiven und kreativen Umgang mit Medien haben und darüber ihre Medienkompetenz erweitern können? Wie können fachbezogene Anknüpfungspunkte, mit schulbezogenen Anlässen in Beziehung gesetzt, so aufeinander abgestimmt werden, dass fehlende Anteile ausgeglichen werden können?
- Mit welchen Medien und mit welchen Fragestellungen kann an die Erfahrungen und Bedürfnisse der Kinder und Jugendlichen angeknüpft werden, wie kann deren schon vorhandene Medienkompetenz produktiv aufgenommen werden?
- Welche Medienangebote und Medienerlebnisse wecken Motivation und Interesse für eine unterrichtliche Thematisierung? Wie lassen sich Inhalte der Medienerziehung so in Arrangements, Kontrapunkte, Inszenierungen einbinden, dass alternative Sicht- und Handlungsweisen entstehen?

Anlässe nutzen

- An welchen Inhalten und methodischen Fragen des Fachunterrichts, bei fächerübergreifenden Bildungs- und Erziehungsaufgaben, anlässlich von Projekten, Projekttagen, im Wahlpflichtunterricht oder in Arbeitsgemeinschaften können Themen entwickelt und aktive Medienarbeit eingebunden werden?
- Welche schulischen Veranstaltungen oder gestalterischen Möglichkeiten, welche Anlässe zum schulischen Umfeld, welche Einbindungen von Partnerschaften und Dienstleistungen oder welche Wettbewerbe können für aktive und kreative Medienarbeit (Schul-CD, Homepage, Video, Radio, Zeitung, Plakat ...) genutzt werden?
- Wie kann die Informations- und Kommunikationskultur in der Schule mit Medien für bessere Information, effektivere Verbreitung, höhere Qualität unterstützt werden – auf Lehrerebene, auf Schülerebene, mit den Eltern, in den Außenbeziehungen der Schule?

Voraussetzungen schaffen

- Welche Unterrichtsformen sind besonders vorteilhaft? In welcher Weise und an welchen Stellen können Medien in Unterrichtsformen wie Klassenunterricht, individuelle Selbstlernphasen, Lernen in Kleingruppen, freie Arbeit, Wochenplan, Demonstration, Übung usw. sinnvoll eingesetzt werden?

- An welchen Stellen in der Schule werden welche Medien benötigt? Welche Medien dienen der Veranschaulichung und Demonstration, mit welchen Medien ist aktive Schülerarbeit vorgesehen? Welche Ausstattung mit Geräten und Programmen ist dafür notwendig? Wie sieht eine Langzeitplanung mit Schwerpunktsetzungen für eine sukzessive Beschaffung von Medien aus?
- Wie kann die Schule die Medien betreuen und ihre Einsatzfähigkeit sicherstellen? Welche Personen sind für Medien verantwortlich, mit welchen außerschulischen Partnern kann zusammengearbeitet werden? Wie kann die innerschulische Fortbildung organisiert werden, wie können Möglichkeiten der Fortbildung im schulischen Umfeld genutzt werden, wie können Erfahrungen anderer Schulen einbezogen werden?

Wege eröffnen – Formen entwickeln

- Wie können Lehrerinnen und Lehrer, aber auch Schülerinnen und Schüler im Unterricht, außerhalb der Unterrichtszeiten, in Zusammenarbeit mit Eltern und Experten, mit Medien experimentieren, Erfahrungen sammeln und in die pädagogische Arbeit der Schule einbinden?
- Wie können schulische und unterrichtliche Aktivitäten mit Medieneinsatz unter dem Gesichtspunkt einer Weiterentwicklung der Informations- und Kommunikationskultur in der Schule langfristig abgestimmt werden? Wie können Informationen innerschulisch und für Eltern verbreitet werden, wie können Schülervertretungen und andere Gremien eine transparentere und aktuelle Informationspolitik für die Schulgemeinde organisieren? Wie kann eine Beteiligung am Schulleben inner- und außerschulisch erleichtert werden?
- Wie können schrittweise vorhandene Kontakte und Arbeitsbeziehungen wie Schüleraustausch, zu Partnerschulen im In- oder Ausland, mit Partnerfirmen für Praktika oder mit Vereinen durch den Einsatz von Medien effektiver und kontinuierlicher gestaltet werden? Wie können Medien dabei helfen, Kooperationsbeziehungen mit anderen Schulen zu suchen, aufzunehmen und dauerhaft auszugestalten?

3. Ausblick

Kommunikation und Kooperation sind mit Hilfe von Multimedia und Internet auf unterschiedlichen Ebenen zu Triebfedern einer Schulentwicklung geworden. Akteure in der Berufsausbildung oder im Beruf können sie zur eigenen Professionalisierung nutzen, da Hochschulen, Seminare und Schulen virtuelle Angebote entwickeln und so ein Netzwerk knüpfen. *Netzwerke* ermöglichen auch Unterrichtsvorhaben, die Schüler gemeinsam bewältigen, für die sie die erforderlichen Absprachen, Arbeitsaufteilungen und das Zusammenfügen der Teilergebnisse organisieren.

Junge Menschen müssen in unserer multikulturellen und global ausgerichteten Gesellschaft lernen, mit anderen Menschen, die sie möglicherweise nicht einmal kennen, zu kommunizieren, Erfahrungen und Ansichten auszutauschen und sogar miteinander Probleme zu bewältigen. Unterricht, der inhaltlich und methodisch solchen globalen Zielsetzungen entsprechen will, muss den Schülerinnen und Schülern Freiheitsgrade zur Ausführung und Einübung dieser Aktivitäten einräumen.

Der Widerstand gegen die mit Multimedia und Internet verbundenen pädagogischen Ambitionen ist zur Zeit schwach vertreten. Von Hentig (1994) gehört zu jenen, die immer wieder zu kritischer Wachsamkeit aufrufen und sich gegen eine falsch gewendete Technologisierung der pädagogischen Anstalt Schule wenden. Mit Clifford Stoll (1999) hat jetzt ein weiterer Mahner das Wort ergriffen: Seine Aussage „Computer gehören nicht ins Klassenzimmer" stützt sich auf die These, ein guter Lehrer könne nie durch einen Computer ersetzt werden und, für beide, für Mensch und Computer werde in den Schulen nicht gleichermaßen Geld zur Verfügung stehen. Diese These zu widerlegen ist eine Aufforderung an die Politik, und vor allem an die Lehrerbildung. Denn gute Lehrer sollen im Interesse der Kinder und Jugendlichen Computer und Internet als Bereicherung ihrer pädagogischen Arbeit einsetzen können. Nur wenn die Lehrer dieses Feld bestellen und einen pädagogischen Ertrag einbringen, dann ist Schule wirklich auf dem richtigen Weg in eine Informations- und Wissensgesellschaft.

Teil C

Veränderungen
in der Schulpraxis

Heike Schaumburg, Ludwig J. Issing

Neues Lernen mit neuen Medien: Gestaltung und Organisation von multimedial gestützten Lehr- und Lernprozessen in der Schule

1. Computer in der Schule

In den vergangenen Jahren ist der Appell an Schulen, sich den neuen Medien zu öffnen, immer nachdrücklicher geworden: Sie seien unabdingbar, um unseren Kindern die erforderlichen Kompetenzen und Qualifikationen zu vermitteln, die sie in einer zunehmend von Computern und Computernetzwerken beherrschten Arbeits- und Freizeitwelt benötigten; sie seien in der Lage, das Lehren und Lernen in der Schule durch ihre vielfältigen Einsatzmöglichkeiten und ihre besonderen Eigenschaften grundlegend zu verändern. So lauten die *pädagogischen Argumente* für den Einsatz neuer Medien im Schulunterricht (Dichanz 1999). Endlich könne durch den Einsatz computerbasierter Lern- und Trainingsprogramme der einzelne Lernende individuell gefördert werden; dank multimedialer Programme könnten abstrakte Sachverhalte anschaulich, interessant und im Anwendungskontext präsentiert werden, Schüler explorierten Lerninhalte aktiv und interaktiv, arbeiteten selbstständig und kontextbezogen, lernten kooperativ und konstruktiv und das alles dank Computern und Internet.

Es wäre allerdings ein Irrtum, anzunehmen, Computer und Internet an sich würden schon ausreichen, um z. B. komplexes Denken, Problemlösen, Kreativität und Kritikfähigkeit zu fördern. Dies belegt z. B. eine Studie von Wenglinski (1998), in der ein Zusammenhang zwischen den Leistungen im Fach Mathematik und der Art des Einsatz von Computern nachgewiesen wurde. Fachliche Leistungen wurden nur dann verbessert, wenn Computer eingesetzt wurden, um Denkstrategien höherer Ordnung zu schulen. Viele Lehrer jedoch nutzten den Computer nur zu einfachen Drillübungen, die kaum zu einer Verbesserung der fachlichen Leistungen führten. Zwar ist die Kausalität des Zusammenhangs in dieser Studie nicht eindeutig feststellbar (so könnten umgekehrt auch höhere fachliche Leistungen der Schüler der Auslöser für einen anspruchsvolleren Einsatz von Computern im Unterricht gewesen sein), jedoch kann das gefundene Ergebnis als ein Hinweis auf die Schlüsselrolle von Lehrerinnen und Lehrern beim effektiven Einsatz neuer Medien im Unterricht gelten.

Auch eine Studie des *Educational Testing Service* (ETS 1999) fand, dass die Unterstützung von Lehrern und Lehrerinnen ein ausschlaggebender Faktor für die erfolgreiche Einbindung des Computers in den Unterricht ist. Dem entgegen steht die Tatsache, dass nur 15 % der in dieser Studie befragten US-amerikanischen Lehrerschaft eine entsprechende Weiterbildung erhalten haben. In Deutschland sieht die Situation ebenfalls nicht viel besser aus: Zwar stehen viele Lehrer und Lehrerinnen der Nutzung neuer Medien im Unterricht durchaus aufgeschlossen gegenüber, doch mangelt es auch hier nach wie vor an der Vermittlung didaktischer Konzepte für den effektiven Einsatz von Computern und Internet im Unterricht und dem Wissen, worauf sich Lehrer mit dem Einsatz von Computern in der Schule überhaupt einlassen (Seidel 1998).

Computer im Fachunterricht

Heute wird vielfach gefordert, den Computer in den Fachunterricht zu integrieren, um dort im Zusammenhang fachlicher Beispiele zeigen zu können, wie und wo Computer eingesetzt werden können. Folgende didaktisch-theoretische Überlegungen können zur Untermauerung dieser Forderung herangezogen werden: In der *Instruktionspsychologie* der vergangenen Dekade ist zunehmend auf die Wichtigkeit des Lernkontextes hingewiesen worden. Unter dem Stichwort *Situiertheit von Lernen und Kognition (situated learning, situated cognition)* sind vor allem im US-amerikanischen Raum verschiedene Theorien und Modelle entwickelt worden, die betonen, dass erworbenes Wissen nur dann handlungsrelevant ist und zur Lösung konkreter Probleme eingesetzt werden kann, wenn es beim Lernen mit dem Kontext seiner Anwendung verknüpft worden ist (vgl. Überblick über die verschiedenen Ansätze des situierten Lernens: Mandl et. al. 1997). Gelingt es dem Lernenden nicht, Gelerntes mit relevanten Anwendungssituationen zu verbinden, bleibt sein Wissen untätig oder träge, es kann nicht in kognitive oder physische Handlungen umgesetzt werden.

Besondere Aufmerksamkeit gilt in Theorien des situierten Lernens dem *Lerntransfer*. Da davon ausgegangen wird, dass Handlungswissen zunächst mit der Anwendungssituation, in der es erworben wurde, verknüpft ist, stellt sich die Frage, wie das Wissen so weit flexibilisiert werden kann, dass es auf eine neue Situation übertragen wird. Die meisten Modelle schlagen hier didaktische Strategien vor, bei denen durch vielfältiges Üben in multiplen Anwendungskontexten der Lerntransfer gefördert wird. Für das Erlernen der kompetenten Nutzung des Computers bedeutet dies, dass es wenig Sinn macht, den Computer-Unterricht aus dem Fachunterricht auszulagern. Nur in der Anwendungssituation der verschiedenen Fachdisziplinen können Schülerinnen und Schüler erkennen, wie sie Computer und Internet zu den unterschiedlichsten Zwecken sinnvoll nutzen können.

Auch das Problem des Lerntransfers wird durch die Integration des Computers in den Fachunterricht gelöst. In den verschiedenen Disziplinen ergeben sich unterschiedliche Nutzungen des Computers. Schüler und Schülerinnen erhalten so die Möglichkeit, Gelerntes wiederholt anzuwenden. Sie werden angeregt, ihr Wissen über die Nutzung von Computern immer wieder zu modifizieren und neuen Kontexten anzupassen. Der Computer sollte deshalb unbedingt in den Unterricht der einzelnen Fächer integriert werden.

2. Inhaltsgebundene Multimediaprogramme oder kontextfreie Anwendungsprogramme?

Bei der Nutzung des Computers im Fachunterricht stellt sich für Lehrerinnen und Lehrer als Nächstes die Frage, ob sie *Multimediasoftware* zu fachlichen Themen und Inhalten oder ob sie *kontextfreie Anwendungsprogramme* (z. B. Datenbanken, Tabellenkalkulation, Textverarbeitung, Grafikprogramme) einsetzen wollen. Multimediasoftware ist speziell auf bestimmte Themenbereiche zugeschnitten, was für den Einsatz im Unterricht Vor- und Nachteile birgt. Ein Vorteil ist sicherlich, dass sie direkt zur Vermittlung bestimmter Inhalte genutzt werden können. Gleichzeitig ist ihr Anwendungsbereich im Vergleich zu inhaltsfreien Programmen relativ begrenzt. Ein praktischer Nachteil von Multimediasoftware ist, dass sie im Vergleich zu Anwendungssoftware häufig relativ teuer ist, vor allem angesichts der Tatsache, dass es für Anwendungssoftware ein breites Angebot von *Freeware* und *Shareware* gibt. Auch ist die Gestaltung der Benutzerschnittstelle von multimedialer Software sehr individuell, d. h., Lehrerinnen und Lehrer sowie Schülerinnen und Schüler müssen sich z. B. für jedes Programm erneut in die Bedienung der Systemfunktionen und der Benutzerführung einarbeiten. Nichtsdestotrotz hat multimediale Lernsoftware inzwischen ihren festen Platz im Unterricht. Nicht jede Software ist jedoch für jeden Zweck gleich gut geeignet.

Multimediasoftware – Computer als neues Medium

Das *Angebot an multimedialer Lernsoftware* ist in den vergangenen Jahren erfreulich gestiegen. Dabei ist die Palette, die für den Einsatz in der Schule zur Auswahl steht, breit gefächert. Sie reicht von simplen Übungsprogrammen, die in ihrer Art den bereits in den 70er Jahren entwickelten *„drill and prac-*

tice"-Programmen ähneln, über komplexere tutorielle Systeme, bei denen ein „intelligenter Tutor" die Lernenden beim Erwerb von Fähigkeiten und Fertigkeiten unterstützt, bis hin zu sehr offenen, lernerkontrollierten Systemen, z. B. hypermedialen Programmen, in denen Lernende selbst gesteuert Informationsräume erschließen und recherchieren, oder zu Simulationen, die es den Lernenden erlauben, die Abhängigkeit verschiedener Systemparameter durch eigenes Experimentieren zu verstehen. Ein weiteres Beispiel einer eher offenen Multimedia-Anwendung sind sogenannte *Microworlds*, bei denen komplexe Problemräume (z. B. im Kontext einer Geschichte oder einer komplexen Simulation) zur Exploration aufgespannt werden. Einen Überblick über die verschiedenen Arten multimedialer Lernsoftware geben Bodendorf (1993) sowie Meister und Sander (1999).

Wann der Einsatz welcher Art von Multimediasoftware im Unterricht sinnvoll ist, hängt von verschiedenen Faktoren ab (vgl. Abb. 1).

Lernpro-gramm-Art	Einsatzzweck	Schülervoraus-setzungen	Design und Verwendung	Beispiele
Computerbasiertes Übungsprogramm	Einüben bereits gelernter Prozeduren, Auswendiglernen	Kenntnis der zu übenden Fertigkeit	Individuelles Lernen	Vokabeltrainer, Mathetrainer
Tutorielle Lernprogramme	Lernen einfacher, klar definierbarer Inhalte und Prozeduren	Kenntnis vorauszusetzender Inhalte und Fertigkeiten	Individuelles Lernen	Successmaker (Mathematik), Die Alpen (fächerübergreifend)
Hypermedia	Recherchieren von Information	Lesefertigkeiten, selbstständiges Lernen, Vorwissen	Individuelles Lernen/ Kollaboratives Lernen	Elektronische Nachschlagewerke (z. B. MS Encarta, Grünes Klassenzimmer)
Simulation	Verstehen von und Experimentieren mit Zusammenhängen	selbstständiges Lernen, Vorwissen	Individuelles Lernen/ Kollaboratives Lernen	SimCity, xyZET (Physik)
Microworld	Lösen komplexer Probleme	selbstständiges Lernen, Vorwissen	Individuelles Lernen/ Kollaboratives Lernen	Interactive Physics, Geometric Supposer, Jeans Fabrik

Abb. 1: Einsatzformen von Multimediasoftware im Unterricht

Zunächst hängt die Entscheidung für die Art der eingesetzten Lernsoftware davon ab, welche Art der Fertigkeiten bei den Schülern gefördert werden sollen. So hat sich gezeigt, dass *Übungsprogramme* und *tutorielle Unterweisungsprogramme,* bei denen die Lernenden durch das Programm relativ stark gestützt eine (in Übungsprogrammen meist lineare) Abfolge von Lernaufgaben durchlaufen, für den Erwerb einfacher und eindeutig definierbarer Fertigkeiten und Fähigkeiten in der Regel erfolgreich sind (Christman et. al. 1997; Kulik, Kulik 1991). Diese Programme unterstützen in erster Linie die Einübung bereits gelernter Fertigkeiten, nicht aber das Erlernen neuer Fertigkeiten. Ihr Einsatz ist deshalb besonders dann sinnvoll, wenn eine Fertigkeit, Strategie oder Prozedur bereits eingeführt worden ist und nun durch wiederholtes Üben gefestigt werden soll.

Für den Erwerb komplexer kognitiver Fertigkeiten (z. B. Problemlösen, kritisches Denken) haben sich Übungsprogramme und intelligente tutorielle Systeme hingegen häufig als weniger geeignet erwiesen. Komplexe Probleme zeichnen sich dadurch aus, dass sie keine eindeutige Lösung haben und verschiedene Strategien zum Ziel führen, auch wenn nicht alle Lösungen gleich gut oder gleich elegant sind. Beim Lösen komplexer Probleme kommt es darauf an, dass die Schüler zunächst lernen, das Problem zu erkennen und zu strukturieren, um dann verschiedene Lösungsalternativen zu generieren und diese gegeneinander abzuwägen. Drillprogramme und intelligente Tutorenprogramme sind zu rigide in ihrer Struktur, als dass sie zur Förderung dieser komplexen kognitiven Prozesse eingesetzt werden könnten.

Ein weitaus größerer Lerneffekt wird sowohl von *hypermedialen Informationsprogrammen* erwartet, in denen die Lernenden selbst gesteuert relevante Information zu einem gegebenen (oder von ihnen selbst generierten) Problem finden und integrieren müssen, als auch von *Simulationen* und *Microworlds*, in denen Lernende durch das Experimentieren mit interagierenden Variablen komplexe Zusammenhänge erkennen (z. B. Spiro, Jehng 1990). Deshalb wird gerade für die Förderung dieser Fertigkeiten der Einsatz von solchen offeneren Programmformen, bei denen die Schüler ein großes Maß an Entscheidungsfreiheit und Lernerkontrolle haben, vorgeschlagen. Leider muss an dieser Stelle jedoch gesagt werden, dass die Forschungslage zum Erlernen komplexer Denkstrategien und -fertigkeiten noch sehr dünn ist und dass die empirischen Ergebnisse, die bereits vorliegen, diese Empfehlung nur teilweise unterstützen. Für hypermediale Lernprogramme zum Beispiel konnte bisher weder ein eindeutiger Lernvorteil beim Erwerb komplexer kognitiver Fertigkeiten noch beim fachlichen Wissenserwerb nachgewiesen werden. Häufig schneiden Lernende beim Lernen mit Hypermedia sogar schlechter ab als beim Lernen mit linearen Programmen. Der Lernerfolg bei der selbst gesteuerten Recherche und der Integration der dargebotenen Information scheint entscheidend von den bereits bestehenden kognitiven Fähigkeiten der Lernenden abzuhängen. Insbesondere schwächere Schüler profitieren vom Einsatz hypermedialer Programme häufig nur wenig. (Für einen Überblick über Forschungsergebnisse zum Lernen mit Hypermedia s. Dillon, Gabbard 1998.)

Unabhängig von der Art des Lernprogramms ist in Forschungsarbeiten ebenfalls immer wieder gefunden worden, dass ein zu großes Maß an *Lernfreiheit* beim selbst gesteuerten Lernen mit dem Computer für viele Schüler ein Problem darstellt (Schaumburg, Issing 2000; Williams 1996). Wichtige Einflussvariablen sind dabei Schülereigenschaften wie Vorwissen und lernstrategisches Wissen, auf die im nächsten Abschnitt näher eingegangen wird.

Was bedeutet dies nun für den Einsatz von Computerprogrammen, die höhere Anforderungen an die Selbstständigkeit und die Lernfertigkeiten von Schülern und Schülerinnen stellen? Grundsätzlich, denken wir, ist der Einsatz dieser Programme zu befürworten, da sie potenziell sehr erfolgversprechend für den Erwerb von *kognitiven Fertigkeiten höherer Ordnung* sind. Als Teil eines handlungsorientierten und projektorientierten Unterrichts lassen sie sich verwenden, um Schülerinnen und Schüler an das eigenverantwortliche, selbst gesteuerte Lernen heranzuführen. Lehrerinnen und Lehrer sollten jedoch das Lernen mit diesen Programmen entsprechend den Fertigkeiten der Schülerinnen und Schüler strukturierend lenken und unterstützen, um den Erwerb von Fachwissen wie auch fachunabhängiger Kompetenzen sicherzustellen.

Schülereigenschaften

Aus der oben dargestellten Forschungslage lässt sich der Schluss ziehen, dass Programme, die ein hohes Ausmaß an Lernerkontrolle verlangen, z. B. hypermediale Lernprogramme, Simulationen und Microworlds, in ihrem Einsatz nicht unproblematisch sind. Wie bereits erwähnt, ziehen Schülerinnen und Schüler vor allem dann einen Nutzen aus diesen Systemen, wenn sie über entsprechendes Vorwissen und lernstrategisches Wissen verfügen. In der Schule wird dies nur selten für alle Lernenden der Fall sein. Infolgedessen ist um so wichtiger, dass Lehrerinnen und Lehrer unterstützend und helfend eingreifen, wenn es Schülern an diesem Wissen mangelt, so dass ein Lernerfolg mit diesen offenen Systemen sichergestellt werden kann. Nur so können hypermediale Lernprogramme, Simulationen und Microworlds zum *Erwerb wichtiger Schlüsselqualifikationen*, wie der Fähigkeit, selbstgesteuert zu lernen oder komplexe Probleme zu lösen, beitragen. Um den Erwerb dieser Qualifikationen zu unterstützen, stehen Lehrerinnen und Lehrern verschiedene *Strategien* zur Verfügung. So kann das Lösen komplexer Probleme modelliert werden, d. h., der Lehrer oder die Lehrerin sollten explizit demonstrieren, wie man sich einem Problem nähert. Ein älteres, aber sehr erfolgreiches Beispiel für diese Lehrmethode im Fach Mathematik stammt von Schoenfeld (1985, zit. nach Jonassen 1996), der Schüler aufforderte, ihm „unlösbare" Aufgaben zu bringen, und dann diese Aufgaben gemeinsam mit den Schülern bearbeitete, indem er Schritt für Schritt artikulierte, wie man das Problem strukturieren und welche Strategien man zur Lösung der Aufgabe anwenden kann.

Generell hat sich die *Artikulation von Wissen und Lösungsstrategien* häufig als erfolgreich erwiesen, um so genanntes „stilles" Wissen (*tacit knowledge*) zu explizieren und damit bewusst und verfügbar zu machen (Collins 1991). Dabei sollten nicht nur die Lehrerin oder der Lehrer ihre Vorgehensweise beim Lösen eines Problems verbal beschreiben, sondern auch und gerade die Schülerinnen und Schüler dazu angehalten werden, zu verbalisieren, wie sie ein Problem lösen wollen oder warum sie sich für eine bestimmte Vorgehensweise entscheiden. Artikulation ist besonders wichtig, um Schülerinnen und Schülern die Möglichkeit zu geben, sich miteinander über verschiedene Lösungsansätze für komplexe Probleme auszutauschen und voneinander zu lernen, wie man ein Problem lösen kann.

Lehrerinnen und Lehrer sollten den *Problemlöseprozess stützen und strukturieren* können. Bei der als *„Scaffolding"* bezeichneten Stützstrategie erhalten die Schülerinnen und Schüler, ihren Bedürfnissen entsprechend, Hilfen bei der Lösung des Problems, um zu verhindern, dass sie frustriert werden und vorschnell aufgeben. Wichtig ist dabei, dass Lehrerinnen und Lehrer darauf achten, den Schülern möglichst viel Freiheit und Eigenverantwortung zuzugestehen, und nur dort, wo die Fertigkeiten noch nicht ausreichen, unterstützend eingreifen. Die Hilfestellung sollte im Idealfall nach und nach reduziert werden, bis die Schüler in der Lage sind, ein Problem allein zu lösen. Schließlich sollte das Lernen mit offenen Lernsystemen begleitet werden von Reflexionsphasen, in denen die Schüler den Lösungsprozess nochmals rekapitulieren und darüber nachdenken, wie sich die gefundenen Strategien auf andere Kontexte anwenden lassen, so dass die gelernten Problemlösefähigkeiten abstrahiert und flexibilisiert werden.

Lernprogrammdesign und Programmnutzung

Verschiedene Programme legen aufgrund ihres Designs unterschiedliche Arten der Nutzung nahe. Übungsprogramme und intelligente tutorielle Systeme sind z. B. meistens für den individuellen Gebrauch bestimmt, d. h., sie sind besonders dann geeignet, wenn Schüler individuell, ihr eigenes Tempo und den Schwierigkeitsgrad der Instruktion bestimmend, mit dem Computer lernen können. Ihr Einsatz ist also besonders in *Phasen des eigenständigen Lernens*, für individuelle Übung zum Beispiel bei der Hausaufgabe und zur Binnendifferenzierung sinnvoll.

Hypermediale Lernprogramme, Simulationen und Microworlds dagegen können sowohl zum individuellen Lernen als auch zum kooperativen Lernen eingesetzt werden. Da die Inhalte und Anforderungen dieser Systeme mitunter sehr komplex sein können (s. o.), halten wir es für empfehlenswert, diese Programme eher für das *kooperative Lernen* in Lerngruppen einzusetzen, bei dem sich die Schüler gegenseitig unterstützen und auch entsprechendes Feedback durch die Lehrerin oder den Lehrer bekommen können.

Verschiedene Studien konnten nachweisen, dass sich das Arbeiten mit computerbasierten Lernprogrammen in Kleingruppen positiv auf den Lernerfolg und auf die Motivation der Schüler auswirkt (s. Klein, Doran 1999). Ob das Lernen in Kleingruppen dem individuellen Lernen mit einem Lernprogramm überlegen ist, hängt dabei jedoch entscheidend von den Interaktionen in der Lerngruppe ab. So wirkt sich die Gruppenarbeit besonders positiv aus, wenn die Lernenden aufgabenbezogene Fragen stellen, Lösungsstrategien miteinander diskutieren und anschließend gemeinsam Lösungen ausarbeiten (King 1989). Da Schüler dieses Gruppenverhalten nicht unbedingt von sich aus an den Tag legen, sollten auch hier Lehrerinnen und Lehrer strukturierend und modellierend eingreifen.

3. Anwendungssoftware – Computer als Denkwerkzeug

Neben inhaltsspezifischen Multimediaprogrammen wird Anwendungssoftware verwendet, die nicht inhaltsgebunden ist (z. B. Tabellenkalkulations- und Datenbankprogramme, Textverarbeitungs-, Mapping- und Malprogramme). Beim Lernen mit diesen Programmen nehmen Computer nicht die Rolle eines Informationsvermittlers, eines Lernmediums ein, sondern stellen ein *Werkzeug* dar, mit dem Schülerinnen und Schüler befähigt werden, sich Problemen zu nähern, sie übersichtlich darzustellen und sie in kreativer Weise zu lösen. Eine solche Betrachtungsweise der aktiven Nutzung des Computers als „*Denkwerkzeug*" wurde bereits in den 80er Jahren von Seymour Papert (1980) vertreten, der, die Passivität des Lernenden beim Lernen mit computerbasierten Übungsprogrammen kritisierend, die Computersprache LOGO für Kinder entwickelte. Indem Schüler lernen, mit LOGO zu programmieren, um z. B. Bilder zu zeichnen, erwerben sie die Fertigkeit, komplexe Probleme in kreativer Weise zu lösen. Zur Lösung einer Programmieraufgabe in LOGO müssen die Lernenden die gegebene Aufgabe zunächst analysieren und in Unterziele zerlegen; sie müssen lösungsrelevante Informationen identifizieren, Variablen zuweisen, mögliche Lösungen vergleichen, Programmstrukturen verstehen und anwenden und schließlich Fehler im von ihnen programmierten Code finden und beseitigen. Auf diese Weise erlernen die Schüler viele unterschiedliche Aspekte des analytischen Problemlösens. Nach wie vor unklar ist jedoch, inwieweit die Fertigkeiten, die beim Programmieren erlernt werden, auf andere Problemkontexte übertragen werden.

Jonassen (1996) stellt in seiner Recherche zur Forschungslage *inkonsistente Forschungsergebnisse* fest. Teilweise lag kein Lerntransfer oder nur ein Transfer auf ähnliche Aufgabenstellungen vor. Andere Studien hingegen konnten eine generelle Verbessererung des Problemlöseverhaltens feststellen. Förderlich für den Lerntransfer scheint es zu sein, wenn die Lernenden Training darin erhalten, wie sie die gelernten Fertigkeiten in anderen Kontexten anwenden können.

Aber nicht nur durch Algorithmenformulierung und durch Programmieren können Schüler *Fertigkeiten des komplexen, kritischen und kreativen Denkens* lernen. Jonassen stellt vielfältive Möglichkeiten dar, wie Computer als Lern- oder Denkwerkzeug (*cognitive tool, mindtool*) genutzt werden können. Desillusioniert von den enttäuschenden Forschungsergebnissen zum Lernen mit multimedialen und hypermedialen Lernprogrammen, ist Jonassen zu der Auffassung gelangt, dass das eigentliche Potenzial des Computers nicht in der Darbietung multimedial aufbereiteter Information bestehe, sondern in der Nutzung von Anwendungsprogrammen, die die Lernenden selbst aktiv mit Inhalten füllen, um Sachverhalte zu veranschaulichen, Zusammenhänge zu verstehen, Informationen zu strukturieren etc. Beispielhaft soll an dieser Stelle der Einsatz von Datenbanken und Tabellenkalkulationsprogrammen als Denkwerkzeuge vorgestellt werden.

Beispiel 1: Datenbanken

Datenbanken sind computerisierte Karteisysteme/Informationsspeicher, die zur Organisation von Information in einem rigiden Datenschema dienen. Informationen können dabei anhand einer variablen Anzahl von Eigenschaften (Feldern) in die Datenbank eingetragen werden. Einträge werden anschließend nach bestimmten Eigenschaften durchsucht, geordnet und ausgegeben. Grundsätzlich lassen sich die Tätigkeiten, die mit einer Datenbank im Unterricht durchgeführt werden, unterteilen in das Abfragen einer existierenden Datenbank, das Eingeben von Daten in eine Datenbank und das Entwerfen einer neuen Datenbankstruktur. Werden Datenbanken als Denkwerkzeuge eingesetzt, können sie den Lernenden helfen, Lerninhalte in vielfältiger Weise zu integrieren und miteinander in Beziehung zu setzen. Weiterhin werden vielfältige Problemlösefertigkeiten geübt. Bei der Datenbankabfrage zum Beispiel lernen die Schüler eine gegebene Fragestellung zu analysieren und sich Strategien zu überlegen, wie sie die in der Datenbank enthaltene Information durchsuchen und sortieren können, um eine Antwort auf ihre Frage zu erhalten (vgl. Abb. 2).

Name	Bevölkerung	Bevölke-rungs-dichte	Kinder-sterblich-keit	Durch-schnittsein-kommen	Analpha-betenrate
Australien	16 646 000	5.4/sq. mi.	8,1/1000	$ 14 458	1 %
Brasilien	153 771 000	47/sq. mi.	67/1000	$ 2 020	24 %
Kanada	26 527 000	6/sq. mi.	7,3/1000	$ 13 000	1 %
China	1 130 065 000	288/sq. mi.	33/1000	$ 258	30 %
El Salvador	5 221 000	671/sq. mi.	62/1000	$ 700	60 %
Indien	850 067 000	658/sq. mi.	91/1000	$ 300	64 %
Irak	18 782 000	104/sq. mi.	69/1000	$ 1 950	30 %

Abb. 2: Vorschläge für mögliche Abfragen aus einer Datenbank zur Welt-statistik (Jonassen 1996)

Datenbankabfragen zu dieser Datenbank könnten z. B. lauten:

1. In welcher Beziehung stehen Durchschnittseinkommen und Analphabe-tenrate zueinander? Welches Land mit einer niedrigen Analphabetenrate unterscheidet sich von den anderen?
2. Wenn du nichts über diese Länder wüsstest außer dem, was du der Da-tenbank entnehmen kannst, in welchem Land würdest du leben wollen? Warum?

Wichtig ist, dass Schüler beim Arbeiten mit einer Datenbank nicht einfach Daten in einer Tabelle miteinander vergleichen, sondern zunächst die für die Fragestellung relevanten Daten durch entsprechende Abfragen aus der Da-tenbank extrahieren. Dabei müssen sie zunächst herausarbeiten, welche In-formationen zur Beantwortung der Frage notwendig sind, und dann Informa-tionen aus verschiedenen Feldern miteinander vergleichen und kontrastieren, um z. B. Rückschlüsse auf kausale Zusammenhänge ziehen zu können. So lernen die Schüler, welche Muster sich in scheinbar unverbundenen Daten finden lassen.

Noch einen Schritt weiter geht die Entwicklung einer eigenen Datenbank-struktur. Diese beinhaltet, dass sich die Schüler zunächst intensiv mit einem Thema auseinander setzen, um zu erkennen, durch welche Information sich das Sachgebiet adäquat beschreiben lässt. In einem zweiten Schritt müssen dann die ausgewählten Informationen strukturiert und in die Datenbank ein-gegeben werden. Zusammenhänge und Beziehungen können dann durch Da-tenbankabfragen weitergehend erschlossen werden. Jonassen zitiert einige erfolgreiche Anwendungen von Datenbankprogrammen im Fachunterricht (z. B. in Biologie, Sozialkunde und Geschichte), weist aber darauf hin, dass Lehrer und Lehrerinnen bei der Entwicklung von Kategorien und Suchroutinen unterstützend eingreifen sollten.

Um Schüler an die Nutzung von Datenbanken im Fachunterricht heranzuführen, schlägt Jonassen vor, dass zunächst mit einer bereits bestehenden Datenbank das Abfragen und Interpretieren von Daten geübt wird. Im nächsten Schritt sollten dann existierende Datenbankstrukturen durch die Eingabe von Daten vervollständigt werden, um den Aufbau der Datenbank zu verstehen. Um in die Konstruktion eigener Datenbanken einzuführen, können Schüler zunächst eine existierende Datenbank z. B. durch das Hinzufügen neuer Felder modifizieren, bevor die Schüler eine gänzlich eigene Datenbankstruktur anlegen.

Beispiel 2: Tabellenkalkulation

Tabellenkalkulationsprogramme sind Datenbanken im Aussehen und in der Funktion recht ähnlich und können in der Tat gut in Kombination mit ihnen verwendet werden. Anders als Datenbanken handelt es sich bei Tabellenkalkulationsprogrammen jedoch um Rechenprogramme zur Anwendung mathematischer Algorithmen auf Datensätze. Die Zellen in so einem Programm können numerische Werte, Formeln oder Funktionen enthalten. Tabellenkalkulation wird benutzt, um Daten zu speichern, Werte zu berechnen und Daten zu präsentieren bzw. zu visualisieren. Der Einsatz von Tabellenkalkulationsprogrammen unterstützt eine Reihe von mentalen Prozessen, z. B. das Entwickeln und Anwenden von Formeln auf Werte, bei dem die Schüler bestehende Regeln anwenden und neue Regeln entwickeln und erproben, das Erschließen von Zusammenhängen von Daten und das Kategorisieren von Informationen.

Grundsätzlich lassen sich drei Arbeitsprozesse beim Einsatz von Tabellenkalkulation im Unterricht unterscheiden: Das Eingeben von Daten in ein Datenblatt, das Rechnen mit Datenblättern in einem Tabellenkalkulationsprogramm und das Entwickeln neuer Datenblätter. Bei der Eingabe von Daten identifizieren die Schüler Kategorien von Daten und ordnen diesen Kategorien Werte zu. Dieser Schritt sollte dem eigentlichen Rechnen mit dem Tabellenkalkulationsprogramm vorausgehen, um ein Grundverständnis für Daten und Kategorien von Daten zu vermitteln. Das Rechnen mit Datenblättern sollte, so Jonassen, eher den Charakter des spielerischen Experimentierens, des Spekulierens über Zusammenhänge haben, als dass der Computer als eine reine Rechenmaschine genutzt wird. Das Manipulieren von Werten und Formeln hilft den Schülern zu verstehen, wie Zusammenhänge in der Form mathematischer Regeln ausgedrückt werden können. Diese Abstraktionsfähigkeit wird weiter gefördert beim Entwickeln von Datenblättern, bei dem aus dem Verständnis von Zusammenhängen zwischen Daten heraus eine Form gefunden wird, wie dieser Zusammenhang in der Form einer mathematischen Regel ausgedrückt werden kann. Der Einsatz von Tabellenkalkulationsprogrammen zur Lösung komplexer Fragestellungen fördert also eine Vielzahl kognitiver Fähigkeiten, z. B. die Fertigkeit, ein Problem zu analysieren und zu bewerten, Information zu klassifizieren und zu strukturieren und Zusammenhänge herzustellen und zu abstrahieren. Im Vergleich zu Datenbanken ist der Einsatz von Tabellenkalkulation im Unterricht schon relativ verbreitet. Die Anwendung im Mathematikunterricht liegt natürlich nahe, darüber hinaus gibt es aber auch zahlreiche Beispiele des Einsatzes in anderen Fächern, z. B. Chemie, Physik, Biologie, Ökonomie und Geographie:

- Analyse von Rauchgasen im Chemieunterricht (Volumen, Druck, Feuchtigkeit, Niederschlagstemperatur)
- Berechnung der benötigten Kraft zum Anheben von Gewichten bei verschiedenen Hebeln (Physik)
- Berechnung und Darstellung quantenmechanischer Funktionen (Physik)
- Berechnung von Entfernungen zwischen Planeten der Milchstraße (Astronomie)
- Darstellung Keynesianischer vs. klassischer makroökonomischer Modelle (Ökonomie)
- Schätzung und Vergleich verschiedener Laufgeschwindigkeiten von Dinosauriern in Abhängigkeit von Größe und Körpergewicht (Biologie)
- Analyse von Felddaten für verschiedene Baumarten (Biologie)
- Untersuchung von Zusammenhängen zwischen demographischen Bevölkerungsdaten (Geographie)

Abb. 3: Beispiele für die Nutzung von Tabellenkalkulation im Fachunterricht (Jonassen 1996)

Zur Einführung von Tabellenkalkulationsprogrammen empfiehlt Jonassen, zunächst einige Übungen an fertigen Datenblättern durchzuführen, bevor existierende Datenblätter durch die Eingabe neuer Zellen modifiziert werden. Erst wenn das Prinzip des Funktionierens von Berechnungen mit Datenblättern verstanden wurde, sollten die Schüler einfache eigene Datenblätter entwickeln. In einem letzten Schritt lernen Schüler dann, durch das Hinzufügen neuer Datensätze und Formeln komplexere Zusammenhänge darzustellen und zu begreifen.

Weitere Programme, die als Lernwerkzeuge eingesetzt werden können, sind neben Datenbanken und Tabellenkalkulationsprogrammen, z. B. Mindmapping-Programme (grafische Darstellung semantischer Netze), Programmiersprachen und Expertensysteme. Auch Hypermedia- und Multimedia-Autorenprogramme können als Lernwerkzeuge eingesetzt werden. Die Schüler erhalten mit ihnen die Möglichkeit, kreativ eigene Lernumgebungen zusammenzubauen, anstatt mit vorgefertigten Lernumgebungen zu lernen.

4. Das Internet als Informationsmedium

Angesichts des explosionsartigen Anwachsens der im Internet, insbesondere dem World Wide Web (WWW), gespeicherten Information, wurde schon vor einigen Jahren der Begriff *„Information-Literacy"* oder *„Hyperliteracy"* als Grundfertigkeit des kompetenten Internetnutzers geprägt (Barnes 1994; Lemke 1993). Diese frühen Konzeptionen von *Hyperliteracy* hoben dabei besonders auf Fähigkeiten ab, die sich aus der hypertextuell vernetzten Darbietungsform der Information in diesem Medium ergeben. Hierzu gehören Strategien der Datenbank-Exploration und der Informationssuche (Lemke 1994).

Hill (1999) stellt in ihrem Modell der Informationssuche dar, welche komplexen kognitiven Prozesse, die eine Vielzahl mentaler Strategien und Prozeduren erfordern, beim Information-Retrieval im WWW ablaufen (s. Abb. 5).

Hill ist der Auffassung, dass Anfängern sowohl bei der Navigation wie auch bei der Verarbeitung der gefundenen Information *vielfältige Fertigkeiten* mangeln, die sie erst im wiederholten Umgang mit dem komplexen Informationssystem des WWW erlernen müssen. Es beginnt damit, dass Anfänger Schwierigkeiten haben, ein präzises Suchziel zu formulieren und ihre Suche auf ihre Fragestellung einzugrenzen. Sie wissen weder, wie man eine Suchmaschine benutzt, noch welche Suchmaschine das für ihre Frage beste Suchergebnis bringt. Auch die Bewertung gefundener Informationsangebote ist nicht einfach. So müssen Fähigkeiten erworben werden, das erzielte Ergebnis vor dem Hintergrund der Ausgangsfrage zu bewerten, relevante von irrelevanter Information zu unterscheiden und das weitere Suchvorgehen aus dem erzielten Ergebnis abzuleiten. Schließlich müssen die verschiedenen Informationen mit der Fragestellung in Beziehung gesetzt und integriert werden.

Schüler müssen also nicht nur die Bedienung von Browserprogrammen lernen und in die Bedienung von Suchmaschinen eingeführt werden, sondern sie müssen auch, und vielleicht vor allem, Fertigkeiten erwerben, den *Informationsreichtum* ihren Fragestellungen entsprechend zu strukturieren, zu bewerten und zu integrieren. Hinzu kommt, dass Schüler die gefundenen Informationen natürlich auch kritisch hinterfragen und auf ihre Glaubhaftigkeit und Vertrauenswürdigkeit hin beurteilen können sollten.

Phase der Informationssuche	Angewandte Strategien	Fragen
Navigationsphase		
Zweckgerichtetes Denken	Planen, Organisieren, Auswählen, Überfliegen	Wonach suche ich? Wo fange ich an?
Handeln	Browsen, Suchen, Stöbern, Abrufen, Explorieren	
System-Response		
Verarbeitungsphase		
Evaluation	Differenzieren, Überwachen, Encodieren, Formulieren, Integrieren	Was bedeutet das? Ist es dies, was ich finden wollte? Was mache ich jetzt? Was habe ich gefunden? Was brauche ich noch?
Transformation und Integration	Extrahieren, aus verschiedenen Perspektiven betrachten, Sammeln, Kontrollieren	Kann ich diese Information für meine Fragestellung gebrauchen? Passt die Information zu anderen Informationen, die ich gefunden habe?
Auflösung	Entscheiden, Reflektieren	Habe ich genug Information? Kann ich die Suche beenden?

Abb. 4: Suchstrategien in komplexen Informationssystemen (Hill 1999)

Zum Erwerb von *Information-Literacy* im Schulunterricht werden zweierlei Strategien vorgeschlagen. Zum einen kann im Rahmen des Fachunterrichts das World Wide Web zur Informationsrecherche herangezogen werden. Im Projektunterricht können z. B. Informationen zu einem gegebenen Thema recherchiert und das Ergebnis dann in einer Abschlusspräsentation zusammengestellt und in schriftlicher und/oder mündlicher Form vorgestellt werden. So werden nicht nur Fertigkeiten der Informationssuche, sondern auch der Evaluation, Integration und Präsentation geübt.

Darüber hinaus sollten Schüler, gerade um eine *kritische Medienkompetenz* zu erwerben, die Entstehungsbedingungen eines Mediums durch eigenes Nachvollziehen erfahren, z. B. dadurch, dass sie selbst eine Website gestalten und ihr eigenes Informationsangebot im Internet zur Verfügung stellen.

Erfahrungen mit HTML-Projekten in der Schule haben gezeigt, dass gerade das eigene *Gestalten einer Webseite* Schülern großen Spaß bereitet und sie mit viel Engagement bei der Sache sind (Feuerstein 1999). Bei der eigenen Gestaltung von Internetangeboten reflektieren Schülerinnen und Schüler nicht nur, wie Informationen ins Internet kommen, sondern erwerben auch vielfältige Fertigkeiten der multimedialen Informationspräsentation. So müssen sie sich Gedanken darüber machen, wie die Information strukturiert und portioniert werden soll, wie Text, Bild und Ton kombiniert werden sollen, wie der Nutzer in dem Informationsangebot navigieren soll etc. Gerade in diesem Prozess werden vielfältige Fertigkeiten geübt, die sich auch im Hinblick auf die Berufs- und Freizeitwelt als Schlüsselqualifikationen charakterisieren lassen, z. B. Projekt-Management-Fertigkeiten, Forschungs- und Recherchefertigkeiten, Organisations- und Darstellungsfertigkeiten, Präsentationsfertigkeiten und Reflexionsfertigkeiten (Jonassen 1996).

5. Das Internet als Kommunikationsmedium

Die *Nutzung computervermittelter Kommunikation* hat mit der steigenden Zugänglichkeit des Internet in den vergangenen Jahren drastisch zugenommen. Umfragen zufolge rangiert gleich hinter dem „Surfen" im World Wide Web im Freizeitverhalten von Jugendlichen die Nutzung des Internets zu Kommunikationszwecken, z. B. E-Mail und Chat. Deshalb gehört zur Vermittlung von Internetkompetenz sicher auch, die Möglichkeiten, aber genauso die Grenzen der computervermittelten Kommunikation aufzuzeigen.

So birgt die schnelle globale Kommunikation, die das Internet ermöglicht, ein enormes Potenzial für die Schule. Sicherlich auch deshalb gehört die E-Mail bisher zu den häufigsten in Schulen genutzten Internetdiensten (Iversen 1996). Als Möglichkeiten werden an dieser Stelle häufig der kulturelle Austausch mit Gleichaltrigen rund um die Welt, die Nutzung zur Kommunikation im Fremdsprachenunterricht oder die Möglichkeit, mit Experten auf verschiedenen Sachgebieten in Kontakt zu treten, genannt (Feuerstein 1999).

Inzwischen gibt es seit mehreren Jahren Erfahrungen mit E-Mail-Projekten, die generell positive Erfahrungen erbracht haben. Der Austausch mit Personen „außerhalb des Klassenzimmers" und die Verschriftlichung des Meinungsaustauschs regt Schüler dazu an, mehr mentale Anstrengung und Sorgfalt in die Online-Diskussion zu investieren (Iversen 1996). Die Erfahrungen haben aber auch gezeigt, dass die Kommunikation via Computer weder einfach noch in jedem Fall gewinnbringend ist. Die Konversation bleibt häufig auf einem oberflächlichen Niveau, und es kommt zu Missverständnissen bis hin zu Verbalattacken (dem so genannten *flaming*). Schließlich stellte sich in vielen E-Mail-Projekten als problematisch heraus, dass E-Mails nicht oder häufig nicht schnell genug beantwortet werden, was für die Schüler sehr frustrierend ist und einige Lehrer dazu bewogen hat, von E-Mail-Projekten Abstand zu nehmen (Roberts 1994 a).

Als wichtige Faktoren für das Gelingen von E-Mail-Projekten nennt Robb (1996) eine sorgfältige Absprache mit der Partnerklasse darüber, welchen Stellenwert das E-Mail-Projekt im Unterricht haben soll, wie häufig kommuniziert werden und wie lange das Projekt dauern soll und wie die Leistung der Schüler bewertet wird. Die Schüler sollten vor Beginn des Projekts in die Benutzung des verwendeten E-Mail-Programms eingeführt werden und das Kommunizieren mit E-Mail miteinander üben (z. B. indem zunächst innerhalb der Klasse E-Mails versandt werden). Dazu kann es hilfreich sein, den Schülern Eröffnungs- und Schlussphrasen an die Hand zu geben und mit ihnen anhand beispielhafter E-Mails zu besprechen, wie die Kommunikation mit den E-Mail-Partnern aussehen sollte (Robb 1996).

Um den E-Mail-Austausch zu strukturieren, gibt es *verschiedene Ansätze*. Donath (1996) empfiehlt, dass Kommunikationspaare mit festen Partnern gebildet werden. Neben dem Problem unbeantworteter E-Mails birgt diese Methode allerdings die Schwierigkeit, dass sich die Themen, die in den verschiedenen Paaren diskutiert werden, stark diversifizieren und im Unterricht kaum noch zusammengebracht werden können. Roberts (1994 b) schlägt deshalb vor, Kleingruppen zu bilden, die dem Rest der Klasse in regelmäßigen Abständen berichten, was sie über die E-Mail-Partner herausgefunden haben. Eine Alternative zu dieser auch als Tandem-Learning bezeichneten Methode besteht darin, die Schüler über eine Mailingliste miteinander kommunizieren zu lassen. Die Schüler erreichen so eine breitere Adressatengruppe, was die Gefahr, dass E-Mails unbeantwortet bleiben, reduziert (Robb 1996). Darüber hinaus ist sichergestellt, dass alle Schülerinnen und Schüler über gemeinsame Themen diskutieren. Schließlich sollte in einem E-Mail-Projekt nicht einfach „nur so" kommuniziert, sondern ein Thema ausgewählt werden, das beide Projektpartner interessiert. Wichtig ist auch, dass das E-Mail-Projekt einem bestimmten Unterrichtsziel dient, so dass die Schüler wissen, warum und worüber sie mit der Partnerklasse kommunizieren sollen. So kann das Ergebnis des Austauschs zum Abschluss des Projekts in einem Endprodukt, z. B. einer Broschüre oder einer kleinen Zeitung zusammengestellt werden.

Weitere Formen der Internetnutzung für die Schüler sind z. B. die „Experten"-Befragung zu Unterrichtsthemen (z. B. den Bürgermeister zu kommunalen Problemen) oder die Inanspruchnahme von Internet-Tutoren bei individuellen Lernschwierigkeiten (z. B. beim Anfertigen von Hausaufgaben).

6. Zusammenfassung

In unserem Überblick über Möglichkeiten des Einsatzes neuer Medien im Schulunterricht sollte klar geworden sein, dass der *Lerneffekt*, den Computer und Internet beim schulischen Lernen bringen, entscheidend davon abhängt, wie Lehrerinnen und Lehrer diese Medien in den Schulunterricht einbinden und begleiten. Viele Schülerinnen und Schüler werden kaum einen intuitiven Zugang zu Computer und Internet finden, und gerade für die leistungsschwächeren unter ihnen könnte sich die Einführung von Computern in den Schulen fatal auswirken, wenn nicht Lehrer und Lehrerinnen helfend und unterstützend eingreifen, um einen kompetenten Umgang mit diesen Medien sicherzustellen.

Aber auch für Lehrerinnen und Lehrer stellt die Einführung neuer Medien eine große Herausforderung dar. Zum Teil werden sie die in diesem Kapitel beschriebenen Kompetenzen wie ihre Schüler erst selbst erwerben müssen. Dies bedeutet anfangs eine Mehrbelastung, die sich jedoch nach unserer Erfahrung auszahlt, denn die Online- und Offline-Nutzung von Computern gibt der pädagogischen Praxis neue Impulse und bewirkt häufig einen Motivationsschub bei Lehrern wie auch bei Schülern. Für Lehrer und Schüler ergibt sich die unserer Ansicht nach wünschenswerte Konstellation, dass im Unterricht nicht nur gelehrt, sondern wirklich gemeinsam gelernt wird.

Gerade wenn Computer als Denkwerkzeuge eingesetzt werden, gibt es viele Möglichkeiten des fächerübergreifenden und projektorientierten Unterrichts, dessen Einführung schon seit geraumer Zeit gefordert wird. So können die Computer tatsächlich ihren Beitrag zu einer „sanften" Revolution vom schulischen Lehren und Lernen leisten, wie sie so oft politisch gefordert wird.

Hartmut Warkus

Schule und viele Medienformate: Medien-kompetenz als Schlüsselqualifikation

Vom Anwachsen der Medienformate ist die Schule mindestens auf zwei Ebenen betroffen: Den Lehrern steht eine große Anzahl vor allem „neuer Medien" für die Unterrichtsgestaltung zur Verfügung, und die Schüler bringen ihre medialen Freizeiterlebnisse, u. a. mit Computer- und Videospielen und dem Internet, in die Schule ein.

Bildung in einer Medien- und Informationsgesellschaft verlangt nach Nutzung der Möglichkeiten, die neue Entwicklungen – gerade der Medien – mit sich bringen. Dazu müssen Lehrer und Schüler befähigt werden. Was benötigt wird, heißt *„Medienkompetenz"*, und die Schule ist ein Ort, diese zu erwerben.

Versuchen wir zunächst, den Begriff zu klären (vgl. v. a. Schorb 1997), um dann die Potenzen der Schule zum Erreichen dieser „Schlüsselqualifikation" aufzeigen zu können.

1. Medienkompetenz als komplexe Qualifikation

In der Medienpädagogik wird Medienkompetenz als Aktualisierung und zugleich aktuelle Reduktion des Begriffs der *kommunikativen Kompetenz* verstanden. Kommunikative Kompetenz ist die umfassende Fähigkeit zur personalen Kommunikation mit dem Ziel der aktiven Teilnahme an gesellschaftlicher Kommunikation. Medienkompetenz umschreibt die Verbindung des Subjekts zur medialen Kommunikation. Der Begriff bündelt die Fähigkeiten, die das Individuum innerhalb einer Medien- und Informationsgesellschaft benötigt, um sich der Medien kritisch und aktiv zu bedienen. Diese Fähigkeiten lassen sich durch folgende vier Inhaltsbereiche beschreiben.

Struktur- und Orientierungswissen

Medienkompetenz verlangt Wissen in allen Disziplinen, die von Medientechnologie tangiert werden. Dabei geht es nicht vordergründig um Detailwissen als vielmehr um *Grundlagenwissen*, das nötig ist, um Strukturen zu erkennen. *Strukturwissen* hilft, verschiedene Informationen aufeinander beziehen zu können und aktuellen Informationsbedarf zu erkennen oder zu decken.

Einfluss auf die im Detail höchst komplizierten Geräte, Programme, Verbindungen u. Ä. kann nur derjenige nehmen, der die Strukturen erkennt. Neue Entwicklungen können dann nachvollzogen und beurteilt werden, wenn ihre Einbindung in die Struktur und die daraus möglicherweise folgenden Veränderungen der Struktur erkannt werden.

Zu diesem Strukturwissen muss der Erwerb von *Orientierungswissen* treten. Das Orientierungswissen basiert auf historischen, ethischen und politischen Einsichten und Kenntnissen. Hier sollten gerade Lehrerinnen und Lehrer aufgrund ihrer Ausbildung und Lebenserfahrung bereits sehr gute Voraussetzungen besitzen.

Das Erkennen von Strukturen und der Erwerb von Orientierungen sind notwendige Bedingungen für die Fähigkeit, sich in Mediennetzen bewegen und diese bewerten zu können. Später wird zu zeigen sein, wie das in der Schulpraxis gelingen kann.

Kritische Reflexivität

Medienkompetenz umfasst die *Fähigkeit zur Kritik und Reflexion* von medientechnischen ebenso wie inhaltlichen Angeboten. Dies ist die Grundlage, um prinzipiell aus der Rolle des Konsumenten bzw. des Objekts in die des Produzenten bzw. des gestaltenden und damit aktiven Subjekts zu wechseln. Sowohl Techniken als auch Inhalte sind nicht deterministisch festgelegt, sondern variabel und verschieden gestaltbar. Je nachdem, ob ökonomische, ökologische, private oder soziale Interessen dominieren, wird die Gestaltung unterschiedlich sein. Wir verstehen die kritische Reflexivität als die geistige Fähigkeit, die hilft, die Medienentwicklung zumindest verstehend zu begleiten. Baacke sieht drei Bereiche von kritischer Reflexivität:

1. *Analytisch* sollten problematische gesellschaftliche Prozesse (z. B. Konzentrationsbewegungen) angemessen erfasst werden können;
2. *reflexiv* sollte jeder Mensch in der Lage sein, das analytische Wissen auf sich selbst und sein Handeln anwenden zu können;
3. *ethisch* ist die Dimension, die analytisches Denken und reflexiven Rückbezug als sozial verantwortet abstimmt und definiert. *(Baacke, 1996, S. 120)*

Angesichts aktueller Gegebenheiten und Entwicklungen (Digitalisierung, Deregulierung, Unüberschaubarkeit und Beliebigkeit medial transportierter Inhalte, Fehlen normativer Regularien) erhält die dritte Dimension, die ethische, besondere Bedeutung.

Medienkompetentes Handeln verlangt nach einer ethischen Wertebasis, um nicht Kritik der Kritik wegen zu betreiben, sondern begründen zu können.

Ebenso verlangen zweifellos notwendige Regulierungen nach einer Basis, an der man sie begründet und festmacht. *Medienethik* ist eine Aufgabe, der sich die Gesellschaft verpflichtet fühlen muss, und nicht nur eine Forderung an die Medienschaffenden.

Häufig ist zu beobachten, dass Erwachsene – nicht nur in der Schule – dem Medienkonsum und den Medienerlebnissen von Kindern und Jugendlichen mit Ablehnung und Ignoranz begegnen. Sie ziehen sich zurück, aber beharren gleichwohl auf ihrer Autorität, eine Auseinandersetzung erfolgt nicht und Konflikte sind absehbar. So wird Medienkompetenz nicht entwickelt, sondern auf der Ebene der kritischen Reflexivität behindert. Kinder und Jugendliche bedürfen auch der Auseinandersetzung mit den Wertorientierungen und den Alltagskompetenzen der Erwachsenen, um ihre Nutzung von Medien zu ordnen und kritisch zu befragen. Dieser Aufgabe dürfen sich die Erwachsenen nicht entziehen, zumal sie sehr schnell von der technischen Kompetenz der Kinder und Jugendlichen profitieren könnten.

In dieser Gemeinsamkeit können auf der Basis der kritischen Reflexivität Fähigkeiten und Fertigkeiten zum Handeln mit Medien ausgebildet werden.

Fähigkeit und Fertigkeit des Handelns

Fertigkeiten des Handelns, speziell des nachvollziehenden technischen Handelns, werden in der Regel eng verknüpft mit dem Begriff der Medienkompetenz. Selbstverständlich ist *Anwendungswissen*, also eine Fertigkeit im Umgang mit Medien als technischen Geräten, eine Bedingung zu deren Nutzung. Entscheidende Voraussetzung von Medienkompetenz ist darüber hinaus jedoch die Fähigkeit der Subjekte, Medien selbst zu dem Zweck zu nutzen, dem sie dienen sollen, der menschlichen Kommunikation.

Die Nutzung der Medien erfolgt mit dem Ziel, selbsttätig im Austausch mit anderen soziale Realität zu gestalten und abzubilden. Handlungsfähigkeit in diesem Sinne kann allerdings nur unter der Bedingung erworben werden, dass Medien als Einzelgeräte wie als Systeme und Netze allen zur Verfügung stehen. Die Gestaltung medialer Netze und Systeme muss ein Prozess sein, in den zumindest potenziell jeder Nutzer auch als Produzent eingreifen kann.

Medienhandeln schließt instrumentelle Fertigkeiten ein, in erster Linie, um Ziele und Zwecke von Medienentwicklung und Medieneinsatz aktiv mitgestalten zu können. Auf diesem Wege müssen Lehrerinnen und Lehrer die Kinder und Jugendlichen begleiten. Sie müssen Räume schaffen und Ideen entwickeln, um Fähigkeiten und Fertigkeiten zur aktiven und selbst bestimmten Nutzung der Medien auszuprägen. Das erfordert aber eigene Medienkompetenz, die es zu erwerben gilt.

Soziale, kreative Interaktion

Zur Medienkompetenz gehört die *Interaktion*. Interaktion funktioniert durch den Austausch von Symbolen, die man erlernen muss. So ist Interaktion Ergebnis eines Lernprozesses.

Menschliche Kommunikation ist zugleich Interaktion, die ein verändertes Verhalten der Partner zur Folge hat. Diese Qualität der Interaktion ist den so genannten *interaktiven Medien* nicht eigen. Hier wird der Aktionsradius des menschlichen Partners vorgegeben durch die endliche Anzahl von Aktionen und Reaktionen, die dem Medium einprogrammiert sind – Interaktion ist bei interaktiven Medien prinzipiell einseitig.

Neben der Bewahrung und Entwicklung der Fähigkeit zu zwischenmenschlicher Interaktion ist auch die soziale Dimension von Kommunikation prinzipiell menschlicher Interaktion vorbehalten. Es ist jedoch eine große Herausforderung, sich in diesem Prozess auch der Medien zu bedienen. Wer die Symbole kennt, also den Lernprozess erfolgreich durchlaufen hat, kann sie bewusst zur Interaktion nutzen und soziales Handeln auch initiieren.

Zum sozialen Handeln gehört die Fähigkeit, kreativ zu sein. Werkzeuge wie Medien bieten sich für die Entfaltung von Kreativität dann an, wenn diese in allen Lebensbereichen erlernt, praktiziert und zur Interaktion aktiv genutzt werden können.

Fassen wir zusammen: Mediendidaktische Kompetenz zeigt sich in den Fähigkeiten zur

- technischen Kompetenz (Strukturwissen)
- semantischen Kompetenz (kritische Reflexivität, Orientierungswissen)
- pragmatischen Kompetenz (Fähigkeit und Fertigkeit des Handelns, soziale, kreative Interaktion)

zur Integration der Medien in den unterrichtlichen Kommunikationsprozess.

2. Schule als Ort zum Erwerb von Medienkompetenz

Wir sehen in der Schule den besten Platz zum Erlernen der Schlüsselqualifikation „Medienkompetenz". An der Schule lassen sich Strukturen und Bedingungen finden und schaffen, die den Prozess vorantreiben können. Deshalb wollen wir an einigen Beispielen zeigen, wie oben dargestellte Theorie in die Praxis umgesetzt werden kann.

Im ersten Beispiel geht es um *effektive Lernbedingungen*. In der Regel sind die für die Arbeit mit neuen Medien notwendigen Computer an den Schulen traditionell in so genannten *Computerkabinetten* bzw. *Compu-*

terräumen untergebracht und damit für Fächer außerhalb des Informatikunterrichts nur schwer zugänglich. Eine Verteilung auf einzelne Fachräume erhöht die Zugriffsmöglichkeit der betreffenden Fachlehrer und auch den Druck, die Geräte für den Fachunterricht zu verwenden. Die Schüler erhalten wesentlich mehr Möglichkeiten, in der Schule an die Computer zu gelangen. Die Fachlehrerinnen und Fachlehrer haben Möglichkeiten des direkten Zugriffs während einer Unterrichtsstunde.

Die dezentrale Anordnung der Rechentechnik schafft auch Möglichkeiten für Gruppenarbeit, Übungsmöglichkeiten für einzelne Schülerinnen und Schüler und Arbeitsmöglichkeiten für den Fachlehrer. Das Lernen und Arbeiten als sozialer Prozess wird befördert.

In unserem zweiten Beispiel geht es um den Informatikunterricht. Hier ist die Möglichkeit zur Vermittlung von Strukturwissen und Orientierungswissen vorhanden.

Wie oben bereits angedeutet, ist Strukturwissen übergreifend. Die Schule kennt dafür den Begriff „fächerübergreifend", der Informatikunterricht muss entsprechend angelegt werden. Orientierungswissen entsteht in der gegenseitigen Befruchtung der einzelnen Fächer. Auch hier kann der Informatikunterricht zusammentragen und systematisieren. Angesichts der rasanten Entwicklung von Computersoftware für alle Anwendungsbereiche sollte zumindest überlegt werden, ob die Vermittlung von „Detailwissen", wie es derzeit im Informatikunterricht erfolgt, noch zeitgemäß ist.

Die Arbeit mit und an Multimediaanwendungen ist meist die Domäne des Informatiklehrers – das meinen zumindest alle anderen Lehrerinnen und Lehrer. Warum sollte aber nicht auch beispielsweise die Gestaltung der Homepage der Schule zum Gegenstand des Unterrichts im Fach Kunsterziehung werden, oder sollten Artikel für das Internet im Fach Deutsch entstehen? Hier wird die Fachlehrerin bzw. der Fachlehrer mit seinem Fachwissen gefordert.

Durch das anfängliche „Mitmachen" wird ein Beitrag zur Erhöhung der Medienkompetenz der Fachlehrerinnen und Fachlehrer geleistet (Lernen durch Tun). Das wird sie in die Lage versetzen, später selbst *Medienprojekte* zu initiieren und auch ihrerseits die Zusammenarbeit mit anderen zu suchen.

Die Initiierung und Durchführung von Projekten mit und zu neuen Medien – unter Beachtung der Altersspezifik der Schüler und fächerübergreifender Orientierung – könnten Inhalt eines neuen Informatikunterrichts sein. Schulprojekte zu neuen Medien sollten möglichst zentral angelegt werden, damit viele Lehrerinnen und Lehrer einbezogen sind. Dies wäre ein erster Schritt auf dem Wege, die vorhandenen Berührungsängste abzubauen und Medienkompetenz im Sinne der Inhalte zu erlangen.

Im dritten Beispiel wollen wir uns mit dem Einsatz von *Multimediasoftware* im Fachunterricht beschäftigen. Ähnlich dem Schulfernsehen ist die Wirkung dieser Multimediaprogramme sehr komplex, was eine intensive Vorbereitung des Einsatzes erfordert, wenn nicht Lerneffekte durch Unterhaltungseffekte verdeckt werden sollen. Hier sind intensive mediendidaktische Überlegungen und Fähigkeiten der Lehrerinnen und Lehrer nötig, um die Potenzen der Programme handlungskompetent zur Wirkung zu bringen.

Aus didaktischer Sicht ist der Einsatz von Lernsoftware prinzipiell in jeder Unterrichtsphase denkbar. Nach gründlicher Analyse und damit Kenntnis der einzusetzenden Programme erfolgt die zielgeleitete Auswahl der Sequenz bzw. des Programmteils.

Der Einsatz erfolgt in einer vorbestimmten didaktischen Funktion unter Verteilung von klaren Aufgaben- bzw. Problemstellungen für die Schülerinnen und Schüler. In der Regel sind Multimediaprogramme für den Unterricht übersichtlich strukturiert, was für die didaktische Arbeit und die effektive Nutzung von großer Bedeutung ist. Sie eignen sich für den frontalen Einsatz im Fachunterricht: Die Lehrerin bzw. der Lehrer nutzt das Medium zur Veranschaulichung oder zur Schaffung einer Problemsituation in der Einführungsphase oder der Erstvermittlung und Verarbeitung. Aber, mit entsprechender Aufgabenstellung, auch zum Selbstlernen oder als Recherchequelle in der Hausarbeitsphase. Letzteres sollte dann in einem Schülervortrag, einem Diskussionsbeitrag oder einer Hausarbeit enden. Für die Gruppenarbeit bietet sich der Einsatz von Multimediasoftware ebenfalls an, muss aber dann didaktisch so angelegt sein, dass Ergebnisse dieser Arbeit wieder allen Lernenden zugänglich werden. Für die Schülervorträge und den Frontalunterricht wird außer dem Multimedia-Computer auch ein Datenprojektor im Unterrichtsraum nötig.

Ein entscheidender Punkt für den Erfolg des Lernprozesses sind die in Multimediaprogrammen für den Unterricht angelegten Möglichkeiten der Interaktivität. Mit entsprechenden Programmen können Beispiele für soziale, kreative Interaktion geschaffen werden. Nach der didaktischen Vorbereitung durch den Lehrer tritt die Schülerin bzw. der Schüler in Aktion mit dem Rechner, um dann so erhaltene Ergebnisse in Interaktion mit den Mitschülern und der Lehrerin oder dem Lehrer im folgenden Unterrichtsgespräch zu anwendungsbereitem Wissen zu verdichten.

Das Internet an der Schule

Ein weiteres Beispiel zur Erarbeitung von Struktur- und Orientierungswissen auf dem Wege zur Medienkompetenz ist die Beschäftigung und Auseinandersetzung mit dem *Internet*. Mit zunehmendem Alter nutzen Schülerinnen und Schüler verstärkt das Internet zur Information und Unterhaltung.

Die Initiative „Schulen ans Netz" hat zu einer Verbesserung der Ausstattung der Schulen mit Computertechnik und Netzzugängen gesorgt. Nutzungskonzepte müssen nun an den Schulen entwickelt werden, aber eben nicht allein und ausschließlich von den Informatik-Lehrerinnen und -Lehrern. Auch im Internet-Kontext ist die Situation so, dass die meisten Lernenden über Grundlagenwissen bereits verfügen. In der gemeinsamen Arbeit mit dem Internet wird sich Medienkompetenz bei Lehrenden und Lernenden herausbilden. Die Lehrenden können ihr spezifisches Wissen und Können zielgerichtet einbringen und sie beim Umgang mit dem Internet und den erhaltenen Informationen beobachten. Sie sollten aber auch bereit sein, von den Schülerinnen und Schülern das technische Rüstzeug zu lernen.

Wieder wird es darauf ankommen, dass die Lehrerinnen und Lehrer das Internet bewusst in den Unterrichtsprozess integrieren. Das muss innerhalb einer didaktischen Funktion geschehen und ist in jeder Phase des Lernprozesses möglich.

Nutzungsvarianten für das Internet an der Schule gibt es sicher viele. Die folgenden vier erscheinen als die wesentlichen und geeignet zum Erwerb von Kompetenzen auf dem Gebiet der „kritischen Reflexivität", der „Fähigkeit und Fertigkeit des Handelns" und der „sozialen, kreativen Interaktion":

- Einsatz zur Erleichterung der Unterrichtsvorbereitung für Lehrende und Lernende mit dem Ziel des Austauschens von Informationen und der Nutzung von Informationen.
- Schüler lernen mit dem Internet – die „Internet-Rallye" ist dafür eine beliebte Methode (Aufgabenstellungen zur Recherche auf ausgewählten Seiten kommen von den Lehrerinnen und Lehrern, die Ergebnisse werden einschließlich der entsprechenden Adressen im Protokoll festgehalten); sie zielt auf kritische Reflexivität, Fähigkeit und Fertigkeit im Medienhandeln und soziale, kreative Interaktion.
- Die Schule nutzt das Internet zur eigenen Präsentation und als Plattform der Kommunikation mit dem Ziel des Austausches, der öffentlichen Präsenz und der sozialen, kreativen Interaktion (eigene Homepage).
- Das Internet wird direkt zur Bereicherung des Wissenserwerbs im Unterricht genutzt.

Hierzu sind wieder die in den Fachunterrichtsräumen geschaffenen Computerarbeitsplätze mit Netzanschluss von großem Nutzen. Vor allem dient es der gezielten Suche nach Informationen zur Veranschaulichung oder zur Problemdarstellung mit dem Ziel des Kenntniserwerbs oder der Auseinandersetzung und Kritik.

Durch Erweiterung der technischen Ausstattung gefördert, werden *schulische Projekte*, die das Internet nutzen, immer beliebter. Solche Projekte können analog anderen medienpädagogischen Projekten (etwa zum Hörfunk oder zum Fernsehen) durchgeführt werden.

Das *methodische Vorgehen* entspricht dem der aktiven Medienarbeit in der handlungsorientierten Medienpädagogik und hat folgende Inhalte:

- Nutzen der Medienerfahrungen (hier mit dem Internet) der Kinder und Jugendlichen
- Vermittlung von Informationen zum „Was, Wie, Warum" der Mediennutzung (hier des Internet) und Medienproduktion
- Praktische Tätigkeiten der Schülerinnen und Schüler

Unterrichtsprojekte mit dem Internet könnten sein:

- E-Mail-Projekte: Schülerinnen und Schüler einer Schule treten mit anderen Schulen in Kontakt zum Zwecke der gemeinsamen Arbeit an einem Projekt, der Diskussion von Standpunkten, dem Erfahrungs- und Gedankenaustausch oder einfach nur zum Zweck des Kennenlernens oder Sprachtrainings.
- Informationsrecherche-Projekte: Informationen zu einem Thema oder einem Komplex werden von verschiedenen Informationsquellen aus dem Internet zusammengetragen und aufbereitet für Schülervorträge, Hausarbeiten, Beiträge auf der schuleigenen Homepage o. Ä.
- Informationsveröffentlichungs-Projekte: Hierunter fällt die Erarbeitung einer schuleigenen Homepage und die Ausgestaltung mit interessanten Inhalten. Achtung: Das sollte Sache der ganzen Schule sein, auch die aller Lehrerinnen und Lehrer.
- Computer-Based-Training mit dem Internet: Im Internet gibt es Übungs- und Trainingsmöglichkeiten zu den verschiedensten Sachgebieten. Die sollten Lehrerinnen und Lehrer kritisch betrachten, testen und gegebenenfalls für die häusliche Arbeit erschließen.

Unser letztes Beispiel betrifft die Medienkompetenz, die nötig ist, um mit Spielesoftware im Kontext von Schule umgehen zu können.

Lehrerinnen und Lehrer brauchen auf diesem Sektor Struktur- und Orientierungswissen. Hier ist es zunächst nötig, dass Lehrkräfte die Software kennen, mit der sich Kinder und Jugendliche in ihrer Freizeit beschäftigen.

Die Spielesoftware lässt sich am einfachsten in zwei Kategorien einteilen:

1. Lernspiele (auch Edutainment-Software genannt)
2. Computerspiele (hierunter werden in der Regel Videospiele, die mit so genannten „Konsolen" am Fernsehgerät gespielt werden, und für den Computer entwickelte Spiele zusammengefasst).

Die Anzahl der Publikationen auf dem Markt für Lernspiele und Computerspiele wächst ständig. Eine kritische und medienpädagogisch fundierte Begleitung dieser Entwicklung durch Pädagogen ist unbedingt notwendig. Gedruckte „Software-Ratgeber" (vgl. z. B.: Feibel 1999) sind zu einer ersten Orientierung sicher hilfreich, ersetzen aber nicht die intensive Beschäftigung und Auseinandersetzung mit der Software.

Das können Lehrerinnen und Lehrer sehr gut leisten, entsprechendes Interesse vorausgesetzt. Sie kennen den Wissensstand ihrer Schüler, für sie ist Altersgerechtheit und Fasslichkeit nicht nur ein Slogan. Sie können didaktische Strukturen – falls es sie in den Lernspielen gibt – erkennen und als Lernhilfe nutzen. Sie können didaktisch-methodische Einsatzvarianten erarbeiten und so Empfehlungen für den häuslichen oder schulischen Gebrauch geben.

Natürlich kostet das Zeit, kann aber für die Lernmotivation, den Lernfortschritt und die Lerngeschwindigkeit sehr hilfreich sein. Von den meisten Lernspielen gibt es „Demoversionen", die einen schnellen Überblick zu dem Spiel liefern und auch meist an Schulen kostenlos abgegeben werden. Lehrerinnen und Lehrer können hier vorhandenes Orientierungswissen nutzen und zur kritischen Reflexion anwenden. Inzwischen gibt es auch eine wachsende Anzahl guter Lernsoftware, die „in der Hand des Lehrers" den Lernprozess positiv befördern kann.

Eltern, die meist die Anschaffung von Lernspielen befürworten und fördern, müssen darauf hingewiesen werden, dass Lernspiele einen Lerneffekt dann haben werden, wenn sie gemeinsam mit ihrem Kind das Spiel nutzen. Dabei sollten die Kinder angehalten werden, das Aufgabenlösen zu kommentieren. Das hilft den Eltern bei der Kontrolle und Fehleranalyse. Thematische Elternabende bieten sich an, um geeignete Software für Kinder vorzustellen bzw. auf Probleme hinzuweisen. Die Erfüllung dieser Aufgaben entspricht der Anforderung an Pädagogik, nämlich Anleitung und Hilfe zu sein.

Inge Blatt

Deutschunterricht als Kernfach in der Informationsgesellschaft

1. Deutschunterricht und Medien

Studierende und Lehrende des Faches Deutsch haben in der Regel eine besondere Vorliebe für Bücher. Sie genießen es, sich in gemütlicher Umgebung in ein Buch zu vertiefen, und fühlen sich an Computerbildschirmen eher unwohl (Blatt et al. 1999). Schon in den 80er Jahren war das Interesse der Deutschlehrerinnen und -lehrer am Gebrauch des Computers im Unterricht verglichen mit allen anderen Fächern am geringsten (Hansen, Lang 1993). Nach Erfahrungswerten dürfte dies heute immer noch zutreffen. Dennoch hat sich inzwischen manches verändert. Studierende finden zunehmend Interesse am Mailen, Surfen und Erstellen einer Website und engagieren sich in der didaktischen Debatte über *neue Medien im Deutschunterricht*. Themenhefte von Fachzeitschriften sowie die Online-Angebote von lokalen und überregionalen Initiativen zeugen davon, dass Lehrer und Referendare die neuen Medien für den Deutschunterricht entdecken.

Die anfängliche Polarisierung von *Goethe oder Computer* ist damit aufgebrochen. Insgesamt herrscht jedoch noch viel Unsicherheit. Sie erklärt sich daraus, dass eine grundlegende Vorbereitung für den Einsatz der neuen Medien fehlt. Zum einen fühlen sich viele jetzige und zukünftige Deutschlehrerinnen und -lehrer auf der technischen Seite nicht sicher genug. Zum anderen wissen sie auch nicht, was wirklich wichtig und sinnvoll für den Deutschunterricht ist.

Dies spiegelt den Sachverhalt wider, dass die Angebote für die Aus- und Weiterbildung von Deutschlehrerinnen und -lehrern keineswegs genügen. Studierende haben jedoch gute Möglichkeiten für eine technische Qualifizierung, da ihnen an allen Universitäten so genannte CIP-Studios (= Computer-InvestitionsProgramm) zur individuellen Nutzung und zur Teilnahme an Kursen kostenlos zur Verfügung stehen. Sie können dort Programme zur Textverarbeitung und zur Erstellung von Hypertexten, E-Mail und Internetbrowser bedienen lernen und für ihre Studienzwecke anwenden.

Eine wissenschaftliche *Lern- und Unterrichtsforschung* zu den neuen Medien als Mittel und Gegenstand, die verallgemeinerbare Ergebnisse liefern könnte, steht für den Deutschunterricht aus. Sehr wohl gibt es unterschiedliche Ansätze.

Als Pionier eines *technikbezogenen Ansatzes* setzt sich Haefner (1982) dafür ein, den Computer als „Denkzeug" in den Deutschunterricht zu integrieren. Sein Hauptanliegen ist, den Schülerinnen und Schülern Zugang zu elektronischen Hilfen, wie Rechtschreibhilfe oder Spracherkennungsprogramm, zu verschaffen. Die zugrunde liegende Hypothese, dass sich dadurch die Performanz beim Schreiben erhöhe, ist bislang nicht wissenschaftlich überprüft. Die Entwicklung von Hypermedia-Lernumgebungen zur Unterstützung beim Lesen-und Schreiben-Lernen gründet auf demselben Ansatz. Die Evaluation eines Unterrichtsversuches, in dem eine solche hypermediale Lernumgebung eingesetzt wurde, ergab jedoch, dass der Lerneffekt von der Lese- und Verstehensfähigkeit der Lernenden abhängt (Landesinstitut 1999).

Ein aktueller, *lerntheoretischer und mediendidaktischer Ansatz* fragt demzufolge, welche Kompetenzen für den Gebrauch der neuen Medien notwendig sind und wie die neuen Medien zu ihrem Erwerb genutzt werden können (Mandl et al. 1998). Für den Deutschunterricht liegen dazu Ergebnisse aus einer explorativen Studie vor (Blatt: Abschlussbericht zum DFG-Projekt „Medien-Schrift-Kompetenz").

Trotz aller Forschung sind Art und Umfang der Anforderungen für die Menschen in der Wissensgesellschaft jedoch kaum vorherzusehen: Wie werden sich die „Es" und „TELEs" entwickeln, wie E-Book, E-Commerce, TELE-Banking, TELE-Working? Gibt es eines Tages überhaupt noch nennenswerte Alternativen dazu? Um sich in dieser Zeit des Umbruchs zu orientieren und den Standort des Deutschunterrichts zu bestimmen, kann Grundlagenwissen aus unterschiedlichen Disziplinen Anhaltspunkte liefern.

2. Informieren und Kommunizieren mit neuen Medien

Die Fähigkeiten, Informationen im Internet zu präsentieren, sich das weltweit verfügbare Wissen zu erschließen und im globalen Raum zu kommunizieren, gelten als besonders wichtige Kompetenzen in der Informationsgesellschaft. Darauf gerichtete Lernziele sind jedoch noch kaum in den Lehrplänen der deutschen Schulen zu finden. Ebenso wenig wurde bisher nachhaltig diskutiert, wie die *neuen Lernziele* in den Unterricht zu integrieren sind. Sollen sie in einem oder mehreren Fächern vermittelt werden oder etwa fächerübergreifend? Soll ein neues Fach „Kommunikation" geschaffen werden, wie Weidenmann (1997) dies fordert? Wie könnte die Ausbildung für Lehrerinnen und Lehrer dafür aussehen? Für all diese Fragen und für viele andere, die bislang noch gestellt wurden, müssen Antworten und Lösungen gefunden werden.

Der *Deutschunterricht* bietet sich im herkömmlichen Fächerkanon in erster Linie für die Vermittlung der neuen Lernziele an. Für seine *vier Lernbereiche* – Kommunikation, Lesen/Literatur, Schreiben und Reflexion über Sprache – haben die neuen Medien eine hohe Bedeutung. Im Mittelpunkt steht die Schriftsprache als das Hauptmedium zum Informieren und Kommunizieren mit elektronischen Büchern und im Internet. Die traditionell konservative Schriftsprache gerät jedoch durch diese neuen Medien in Fluss. Texte am Bildschirm „verflüssigen" sich, Hypertexte werden zu „begehbaren" multimedialen Räumen, Telekommunikation vollzieht sich im „Raketenflug" oder wird zum synchronen *event*. Als Ausdrucksmittel werden ein Mix aus mehreren Sprachen, Abkürzungen, Akronymen, Ideogrammen, stehenden und bewegten Bildern und Audioelementen verwendet. Diese Art der Schriftsprache und -verwendung hat vordergründig kaum noch etwas mit der herkömmlichen Buchkultur zu tun.

Man kann auf die Veränderungen kulturpessimistisch reagieren. Das führt aber nicht weiter. Meine Überlegungen gehen in eine andere Richtung: Deutschunterricht will Schülerinnen und Schüler befähigen, die deutsche Sprache kompetent zu gebrauchen. Er ist nicht auf ein Medium fixiert. Wandeln sich die Sprache und die kulturellen Muster, so wird auch dies notwendigerweise zum Gegenstand des Deutschunterrichts. Die elektronischen Medien erhalten einen Platz neben dem Buch. Der Deutschunterricht hat überdies die Aufgabe, die *Schrift-Kultur* der neuen Medien konstruktiv zu gestalten.

Zunächst einmal müssen Lehrende in Schule und Hochschule die neuen Entwicklungen *wahrnehmen* und zu *verstehen* versuchen. Auf dieser Basis können sie einen eigenen Standort und Ziele bestimmen.

Wahrnehmen setzt eigene Erfahrungen voraus, die man nur durch wiederholten Gebrauch von Multimedia und Telekommunikation gewinnen kann. Ohne eine gemeinsame Erfahrungsbasis kann keine Verständigung über die neuen Medien erfolgen. Erfahrung allein reicht aber nicht aus, um die gewonnenen Eindrücke zu *verstehen*. Dies setzt Wissen und Fähigkeiten in zwei Bereichen voraus:

● Wissen über den Gegenstand: Computer und Internet, Struktur und Bedienung von Programmen, technische Sprachverarbeitung im Unterschied zur menschlichen Kommunikation, unterschiedliche Zeichensysteme, Struktur von Hypermedia, Internetsprache.

● Fähigkeiten im Umgang mit dem Gegenstand: Produktion und Rezeption von Hypermedia und Telekommunikation.

Die Wissensinhalte sind fachübergreifend und -spezifisch. Das *fachübergreifende Wissen* gehört zur *Allgemeinbildung* von Lehrerinnen und Lehrern aller Fächer. Bei den *fachspezifischen Inhalten* sind vor allem neuere Erkenntnisse zu berücksichtigen.

In erster Linie sind dies

- die *Schreibprozess- und Schreibentwicklungstheorie* (Überblick: Blatt 1996)
- die *verstehensbasierte Lesetheorie* (Smith 1986)
- die *anthropologische Kommunikationstheorie* (Lenke et al. 1995).

Diese Theorien verstehen Lesen, Schreiben und Kommunizieren als *sinnstiftende (schrift)sprachliche Tätigkeiten* und reduzieren sie nicht auf das Kodieren und Dekodieren von Zeichen. Der Erwerb einer *Schriftsprachenkompetenz* beschränkt sich demnach nicht auf das Erlernen des Abc in der Grundschule, sondern muss wesentlich in der Sekundarstufe I und II gefördert werden. Lernziele sind, schnell und gezielt Informationen zu gewinnen und diese in vorhandene Wissensstrukturen einzubauen, schwierige Sachverhalte leserbezogen und verständlich schriftlich aufzubereiten und sich mit anderen Menschen darüber auszutauschen.

- Grundlegende *etymologische Kenntnisse* helfen, den computerbedingten Sprachwandel einzuordnen und zu verstehen (s. auch Weingarten 1998).
- *Linguistische Strukturmodelle* können dazu beitragen, sich Hypertextstrukturen als Netze oder Räume vorzustellen (Kuhlen 1991).
- Die *Zeichentheorie* eröffnet ein Verständnis für die Vorzüge und Grenzen des sprachlichen und bildlichen Codes beim Informieren, Kommunizieren und Lernen (vgl. Weidenmann 1991).
- Zum Wissenserwerb aus Texten und Bildern liegen Erkenntnisse vor, die auch herangezogen werden können, um das „Lesen" von Hypermedia zu verstehen (Zink, Schnotz 1995; Weidenmann 1997; Tergan 1997).
- Zum Verständnis von Hypermediarezeption und -produktion trägt die *psychologische Schematheorie* zur Orientierung im Raum bei (McKnight et al. 1993).
- Die Bedingungen der Telekommunikation zu verstehen, erfordert Kenntnisse zum Unterschied von *gesprochener und geschriebener Sprache* (Überblick: Blatt 1996).
- Befunde zur *Imagearbeit in Gesprächen* sind auf die Telekommunikation übertragbar (Holly 1979).
- Ein Wissen zu den Anforderungen bei der produktiven und rezeptiven Nutzung von Multimedia und Telekommunikation liefert die *Schreib-, Lese- und Lernforschung* (Flower, Hayes 1981; Bereiter 1980; Smith 1982/1986; Wild, Schiefele 1994; Krapp 1993).

Die Zusammenstellung spiegelt den jetzigen Stand wider; es kommen jedoch fortlaufend neue Erkenntnisse hinzu. Das aufgezeigte Wissen muss daher lehrergerecht aufbereitet, aktualisiert und einfach zugänglich gemacht werden. Dazu bieten die neuen Medien auch neue Chancen in Form von *books on demand* oder Internetjournalen.

Weidenmann (1995) zeigt auf, dass ohne eine entsprechende Wissensbasis *naive Annahmen* zum Informieren und Lernen mit Hypermedia reproduziert werden. Er bezieht sich vor allem auf die „Summierungstheorie", nach der mehrkanaliges Lernen besonders effektiv sei.

Als eine „naive Annahme" kann auch die Erwartung gelten, dass „schreibende" Computer Schriftsprachenkenntnisse bald überflüssig machen. Die derzeit verfügbaren Programme sind nur für eingeschränkte Texte und Kontexte einsetzbar. Dennoch wird vielfach ein „Quantensprung" für die nahe Zukunft erwartet. Ein Wissen um die genuinen Unterschiede menschlicher und technischer Sprachverarbeitung dämpft dahingehende Hoffnungen (Lenke et al. 1995). Während Computer Sprache nur aufgrund syntaktischer Strukturen generieren, handeln Menschen mit Sprache und schaffen Bedeutung und Sinn. Diese Unterschiede verständlich zu machen und die genuin menschlichen Sprachfähigkeiten auszubilden, gehört zweifellos zu den Aufgaben des Deutschunterrichts. Darüber hinaus können im Zusammenhang mit dem Schriftsprachenerwerb gerade die Fähigkeiten ausgebildet werden, die für den Gebrauch von Spracherkennungsprogrammen erforderlich sind, nämlich flüssig und klar zu formulieren.

Weiterhin sind *Wandel der Sprache und Schriftkultur* Gegenstand des Deutschunterrichts. Während z. B. *die Academie francaise* über die französische Sprache wacht, gibt es für die deutsche Sprache keine offiziellen Regelungen. Der Freiraum im Deutschunterricht, der mit dem Fall einer normativen Stilistik einsetzte, vergrößert sich damit immer mehr (Bleckwenn 1990). Ihn zur Reflexion über die Sprachverwendung des Deutschen zwischen Beliebigkeit und Reglementierung zu nutzen, stellt eine große Herausforderung dar. Dass Sprachnormen auch in unserem Land Menschen beschäftigen, zeigt die gesellschaftliche Debatte um die alte und die neue Rechtschreibung.

3. Kompetenzerwerb und Persönlichkeitsbildung

Der Germanistentag 1999 setzte sich das Motto „Deutschunterricht zwischen Kompetenzerwerb und Persönlichkeitsbildung". Damit wird die Diskussion um den Standort des Deutschunterrichts in der Bildungslandschaft der Informationsgesellschaft aufgenommen. Es wird herausgestellt, dass beide Ziele eine gemeinsame Schnittfläche haben.

Kompetenzerwerb und Persönlichkeitsbildung müssen auch zusammentreffen, um die Fähigkeit zu einem effektiven und verantwortungsvollen Gebrauch der neuen IuK (ich verwende dafür im Folgenden den Begriff *Medien-Schrift-Kompetenz*) auszubilden. Um Medien-Schrift-Kompetenz zu erwerben und den sich verändernden schriftkulturellen Anforderungen entsprechend selbstständig weiter zu entwickeln, ist ein Spektrum an Lernstrategien erforderlich:

Die Abbildung zeigt die unterschiedlichen Ausprägungen und Niveaus der einzelnen Strategien auf. Für eine Medien-Schrift-Kompetenz sind höherrangige Lese- und Schreibfähigkeiten erforderlich. Diese verlangen wiederum höherrangige kognitive Strategien sowie den Einsatz von metakognitiven und Stützstrategien.

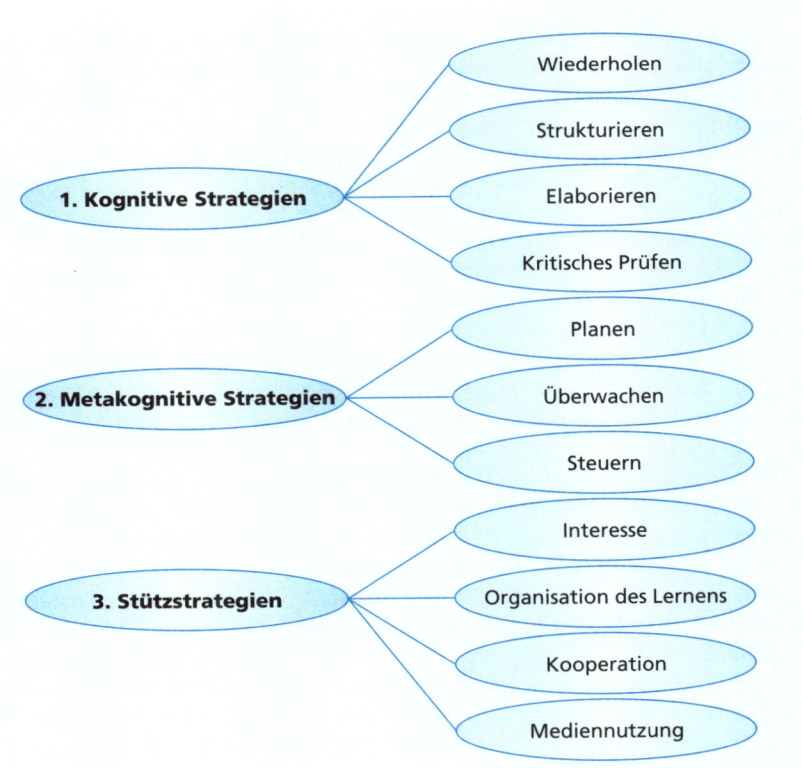

Abb. 1: Lernstrategien (zusammengestellt nach Krapp 1993 und Wild & Schiefele 1994)

Kompetente Leser und Schreiber zeichnen sich dadurch aus, dass sie Sachverhalte nicht nur wiedererkennen und wiedergeben, sondern dass sie diese *kognitiv strukturieren* (s. Abb. 1: 1.), mit bisherigem Wissen verknüpfen und einer kritischen Prüfung unterziehen. Sie benötigen dazu strategisches Können und Sachwissen bzw. die Fähigkeit, ihr Sachwissen zu erweitern.

Höherrangige Lese- und Schreibfähigkeiten sind für das Rezipieren und Produzieren von Hypermedia unerlässlich, weil dabei komplexere Anforderungen entstehen als beim herkömmlichen Lesen und Schreiben (Weidenmann 1997). *Rezipienten von Hypermedia* müssen die einzelnen isolierten Informationsportionen mit eigenem Wissen anreichern und zueinander in Verbindung bringen, um die dargebotenen Daten verstehen und zum Wissenserwerb nutzen zu können. *Produzenten von Hypermedia* müssen eine Vorstellung vom Ganzen eines Themas und seiner Teile haben, um einen Hypertext entwerfen und strukturieren zu können.

Metakognitive Strategien (s. Abb. 1: 2.) zum Planen, Überwachen und Steuern sind erforderlich, um Lese- und Schreibprozesse erfolgreich auszuführen. Beim Rezipieren und Produzieren von Hypermedia werden sie unumgänglich, wenn mehr herauskommen soll als ein assoziatives Klicken von einem Link zum anderen bzw. die formale Handhabung eines HTML-Programmes. Da eine Vorstellung vom Ganzen eines Hypertextes im Vorhinein kaum möglich ist, müssen sich Rezipienten und Produzenten Ziele setzen, die sie im Verlauf ihrer Arbeit anpassen und weiterentwickeln. Sie müssen ihre Arbeit überwachen und steuern, um ihre Ziele nicht aus den Augen zu verlieren und die anfallenden Teilaufgaben zu koordinieren.

Es ist auch eine Form des Überwachens, wenn Schreiber ihren eigenen Text mit den Augen eines Lesers und mit selbstkritischen Augen lesen können, um ihn lesergerecht und verständlich zu gestalten. Das ist für die Produktion einer Website ebenso wichtig wie für eine erfolgreiche Telekommunikation.

Zu den kognitiven und metakognitiven Strategien müssen *Stützstrategien* (s. Abb. 1: 3.) hinzukommen: ein Interesse an der Sache, ein organisiertes Lernverhalten, ein kooperativer Austausch mit anderen und eine zweckgerichtete Nutzung von Medien. Bis auf das Interesse können die genannten Strategien im Unterricht gelernt und eingeübt werden. *Interessegesteuertes Arbeiten* ist der Idealfall. Fehlendes persönliches Interesse kann durch die Einsicht in die Bedeutung oder Notwendigkeit einer Aufgabe aufgewogen werden. In jedem Fall sind jedoch *personale Fähigkeiten* erforderlich, damit Schülerinnen und Schüler ihre kognitiven und metakognitiven Kräfte voll einsetzen: eine Bereitschaft zur Anstrengung, Durchhaltevermögen, Geduld, Frustrationstoleranz, Zielstrebigkeit.

Personale Fähigkeiten spielen bei der Rezeption von Hypermedia und beim Schreiben eine große Rolle (Weidenmann 1997). Ihre Bedeutung ist auch in der Diskussion zum lebenslangen Lernen unumstritten. Zur *Persönlichkeitsbildung* liefert Deutschunterricht traditionell einen wesentlichen Beitrag (Schuster 1990). Über den Umgang mit Literatur und das produktive Schreiben können Schülerinnen und Schüler lernen, unterschiedliche Perspektiven einzunehmen, sich in andere hineinzuversetzen, verschiedene Rollen durchzuspielen, unter der Oberfläche Tiefenstrukturen zu erkennen, sich mit anderen Sichtweisen auseinander zu setzen. Das kann ihnen helfen, positive Haltungen und Einstellungen und ihre Identität auszubilden. Die Synthese von Kompetenzerwerb und Persönlichkeitsbildung macht den Deutschunterricht zu einem Kernfach in der Wissensgesellschaft.

4. Didaktisches Konzept und unterrichtspraktische Tipps

Nach den bisher angestellten Überlegungen kommen keine völlig neuen Ziele auf den Deutschunterricht zu. Es geht vielmehr darum, Schwerpunkte in den einzelnen Lernbereichen zu bilden. Der Fokus richtet sich im Verlauf der Schulzeit zum einen auf den *Erwerb höherrangiger Lese- und Schreibfähigkeiten* zum Informieren, Darstellen und Kommunizieren und zum anderen auf den *Erwerb von Sprachbewusstheit* im Hinblick auf den Wandel der Sprache und ihren Gebrauch und auf die Leistung bildlicher und sprachlicher Zeichensysteme.

Gleichwohl kommt mit den neuen Medien ein neues Element in den Deutschunterricht. Die herkömmlichen Medien – Buch, Heft und Stift – beanspruchen wesentlich weniger Aufmerksamkeit als der Computer. Sie sind schneller und leichter zur Hand, sind wesentlich einfacher zu handhaben und fallen seltener und weniger spektakulär aus. Sie bieten für bestimmte Schülerinnen und Schüler und für bestimmte Zwecke aber auch weniger Anreiz zum Arbeiten. Es muss daher sehr genau abgewogen werden, zu welchen Zwecken und auf welche Weise diese neuen Medien in den Unterricht integriert werden sollen. Dabei muss auch klar unterschieden werden, ob sie als Lernmittel oder als Lerngegenstand eingesetzt werden sollen.

Prinzipiell gilt, dass mit den neuen Medien kein völlig neues pädagogisches Zeitalter beginnt. Multimedia und Internet sollten vielmehr genutzt werden, um „traditionelle pädagogische Prinzipien wie Individualisierung, entdeckendes Lernen, Interesse, Vielfalt der Auseinandersetzung mit dem Gegenstand […] neu zu beleben." (Weidenmann, Krapp 1989, S. 632)

Für die *Unterrichtsgestaltung* bleibt das bewährte didaktische Prinzip gültig, von den Vorerfahrungen der Schülerinnen und Schüler auszugehen und diese gezielt zu erweitern. Zu diesem Zweck gilt es, die institutionellen Bedingungen und die Ausgangslage der Lerngruppe zu erheben, ein Lernziel zu setzen, einen Lerngegenstand mit Hilfe der exemplarischen Analyse festzulegen, Vermittlungsvariablen zu bestimmen und eine Lernkontrolle durchzuführen (Klafki 1996; Schulz 1996). Die Beherrschung des „Handwerks" bleibt auch in der Wissensgesellschaft die Hauptvoraussetzung für einen kreativen und effektiven Unterricht.

Bei der *Unterrichtsplanung* sollte zuerst das *Lernziel* bestimmt werden, und zwar auf der Handlungs- und der Fähigkeitenebene. Ich will das beispielhaft demonstrieren: Schülerinnen und Schüler sollen lernen, Informationen aus einem elektronischen Lexikon zu gewinnen. Das ist das Handlungsziel. Welche Fähigkeiten dabei erworben werden sollen, kann je nach Klassenstufe differieren.

Auf der *kognitiven Ebene* kann in einer 5. Realschulklasse Ziel sein, Informationen zu finden und wiederzugeben und mit bisherigem Wissen zu verknüpfen. In Klasse 9 einer Hauptschule kann die Strukturierung der gefundenen Informationen hinzukommen. Und in der Sekundarstufe II kann zusätzliches Ziel sein, die Informationen kritisch zu prüfen. Das kann z. B. so realisiert werden, dass die Fünftklässler Fragen nur zu einem Themenbereich erhalten, die Neuntklässler Fragen zu unterschiedlichen Themenbereichen, die sie selbst gebildeten Kategorien zuordnen müssen, und die Oberstufenschülerinnen und -schüler einen Vergleich von Informationen aus unterschiedlichen Quellen und Medien vornehmen. Dazu eignet sich z. B. ein fächerübergreifendes Projekt zu einem historischen oder aktuellen Thema.

Hinsichtlich der *metakognitiven und Stützstrategien* können jeweils Schwerpunkte gebildet werden. Die Unterschiede zwischen den Klassenstufen und Schulformen sind jedoch nicht nach dem Motto „vom Leichten zum Schweren", sondern „vom Einfachen zum Komplexen" zu bestimmen. Schülerinnen und Schüler sollen also von Anfang an angehalten werden, sich Ziele zu setzen, zu überprüfen, ob sie diese Ziele erreicht haben, ihre Vorgehensweise zu überwachen und zu steuern. Sie sollen angeleitet werden, ihre Arbeit zu organisieren, mit anderen zu kooperieren, Medien effektiv zu nutzen. Die Zielsetzung kann z. B. dadurch gefördert werden, dass den Schülerinnen und Schülern der 5. Klasse Fragen zur Informationssuche in dem elektronischen Lexikon mit dem Zusatz vorgegeben werden: „Was interessiert dich? Schreibe drei Stichpunkte auf und suche dazu Informationen." Durch die Einbeziehung des Schülerinteresses kann nicht nur die Lernbereitschaft allgemein gefördert werden, sondern auch der Sucherfolg in Hypermediadokumenten, der vom Vorwissen abhängig ist (Weidenmann 1997). Im Laufe der Schulzeit sollten Themen zunehmend auch unter sachlichen Gesichtspunkten gewählt werden, um personale Fähigkeiten zu schulen, wie Frustrationstoleranz und Anstrengungsbereitschaft.

Nach der Lernzielbestimmung muss in der weiteren Planung die Frage geklärt werden, wie das Lernziel für die jeweilige Lerngruppe und unter den gegebenen institutionellen Bedingungen am besten zu erreichen ist. Dafür gibt es keine immer gleich bleibende Reihenfolge.

In unserem Beispiel ist das „Elektronische Buch" als *Vermittlungsvariable* schon durch das Lernziel bestimmt. Der nächste Schritt wäre in diesem Fall, ein konkretes Produkt auszuwählen. Dabei können wiederum viele Faktoren eine Rolle spielen. Während für die 5. und 9. Klasse ein möglichst gelungenes elektronisches Lexikon ausgewählt werden sollte, damit die Schülerinnen und Schüler ihre Arbeitsaufträge gut erledigen können, eignen sich für die Zwecke der Oberstufe elektronische sowie Printmedien unterschiedlicher Güte. Durch deren Vergleich können Qualitätskriterien herausgearbeitet werden.

In der Praxis dürfte die Lehrperson häufig aber gar keine Wahl haben, sondern ein bereits vorhandenes elektronisches Lexikon zum Einsatz bringen. Das wäre dann eine Folge der *institutionellen Bedingungen*, einem weiteren Planungsfaktor. Im Normalfall muss sich die einzelne Lehrperson wohl mit der Hard- und Software-Ausstattung an ihrer Schule arrangieren. Wichtig ist, dass sie eine Bestandsaufnahme macht und im Vorwege einen „Probelauf" mit dem einzusetzenden Programm an den Schulcomputern durchführt. Das ist aufwändig, aber notwendig, da nicht nur die Unterrichtsstunde sondern auch die Motivation der Schülerinnen und Schüler verloren geht, wenn die Technik nicht funktioniert. Die Computer sollten professionell eingerichtet und gepflegt werden. Bei technischen Problemen sollte ein Techniker vor Ort oder online zur Verfügung stehen. Ein solcher, z. B. in Schweden üblicher Standard ist bei uns selten gegeben, da keine Techniker-Stellen vorgesehen sind. Um die vorhandene Hard- und Software aber wirklich sinnvoll nutzen zu können, wären solche Stellen erforderlich. Deutschlehrerinnen und -lehrer können – wie alle Laien – Programme zum Schreiben, Informieren und Kommunizieren bedienen lernen. Im System auftretende Probleme zu lösen, ist Fachleuten vorbehalten. Zusätzlich zum Medienraum in der Schule sind ein oder mehrere Computer im Klassenraum nützlich, die im Unterricht zu Recherche- oder Demonstrationszwecken benutzt werden können, um etwa inhaltliche Fragen zu klären oder ein Referat zu präsentieren. Darüber hinaus werden z. B. von schwedischen Schülerinnen und Schülern der Sekundarstufe stationäre Computer im Schulgebäude gut angenommen, an denen sie ihre Mails lesen und verschicken können. Eine solche Nutzung kann nur im Sinne des Deutschunterrichts sein.

Als *Sozialform des Lernens* bietet sich das Arbeiten in Zweier- oder Dreiergruppen an. Sie ist erfahrungsgemäß effektiv, da die Partner in der Regel besser kooperieren als bei der Gruppenarbeit mit Stift und Papier (Blatt

1996). Der Bildschirm erweist sich als Fokus, der die Aufmerksamkeit der Gruppe auf sich zieht. Die Partner bedienen die Tastatur abwechselnd, explizieren ihre Lese- und Schreib-Strategien und lernen von- und miteinander.

Der *Lerngegenstand* ist in unserem Beispiel das jeweilige Thema und seine Darbietung in dem elektronischen Lexikon. Eine exemplarische Analyse stellt sicher, dass die Einträge zu dem gewählten Thema charakteristisch für das Medium sind. Es sollten also Text-, Bild-, Video- und Audio-Elemente vertreten sein.

Mögliche *Aufgaben* habe ich für unser Beispiel in Zusammenhang mit dem Lernziel bereits vorgestellt. Die Art der Aufgaben und der Einführung des Lerngegenstandes hängen auch von der *Ausgangslage der Lerngruppe* ab. Sie zu erheben, ist gerade für eine Unterrichtsplanung, die neue Medien mit einbezieht, besonders wichtig, da sich die Vorerfahrungen laufend ändern. Um diese in kreativer Weise zu erheben, eignen sich in den Klassen 5–8 Lernszenarien. Die Lehrperson kann z. B. eine fiktive Figur einführen, dem die Schülerinnen und Schüler in einem Brief oder einer E-Mail erklären sollen, was ein Computer ist und was man damit machen kann. In dieses Szenario können im Weiteren z. B. Schreibaufgaben, eine Einheit zur Rechtschreibung oder ein literarisches Projekt eingebunden werden.

In höheren Klassen kann die Ausgangslage anhand gegenseitiger Interviews, im szenischen Spiel oder über das Verfassen eines Essays erhoben werden.

Die für die Erhebung der Ausgangslage vorgestellten Aufgabenarten eignen sich gleichermaßen für die *Lernkontrolle*. Die Lernkontrolle kann der Evaluation des Unterrichts dienen, die der Lehrperson Hinweise gibt, was bei den Schülerinnen und Schülern angekommen ist. Sie kann gleichzeitig als Leistungsnachweis fungieren.

Anhand des vorgestellten Leitfadens lässt sich Unterricht zu allen oben genannten Bereichen zuverlässig planen. Es müssen jedoch nicht immer alle Faktoren gleichermaßen intensiv bedacht werden. Nach mehreren „Durchgängen" stellt sich eine Routine ein, wie bei der Unterrichtsvorbereitung und -durchführung mit „alten Medien" auch. Die neuen Medien halten aber gerade für Deutschlehrerinnen und -lehrer viele spannende Erfahrungen bereit, wenn sie sich mit ihren Schülerinnen und Schülern gemeinsam multimediale Räume erschließen.

Markus Ritter

Multimedia und Telekommunikation im Fremdsprachenunterricht

Eine fiktive Podiumsdiskussion

Abb. 1: Die vier Teilnehmer/innen der Podiumsdiskussion

Vorbemerkung

Wozu um alles in der Welt, so werden Sie sich vermutlich als Erstes fragen, eine Podiumsdiskussion zum Thema „Multimedia und Telekommunikation im Fremdsprachenunterricht" – und dazu noch eine fiktive? Gegenfrage: Warum eigentlich nicht? Ebenso wie Unterricht (im ganz allgemeinen Sinne) sollte auch ein *Studienbuch* wie dieses auf Vielfalt und Abwechslung in der Präsentation der Themen setzen – warum also nicht auch eine Podiumsdiskussion? Noch ein Vorteil: Im Gegensatz zu einer echten Podiumsdiskussion kann man hier den Akteuren einfach das Wort abschneiden (gewissermaßen das Mikro abklemmen), wenn ein Beitrag belang- oder endlos wird, man kann sogar einen Redebeitrag ganz herausschneiden („Also, liebe Frau Kollegin, das Beispiel war aber jetzt ganz und gar unverständlich!"). Und ein letzter Vorteil, eher inhaltlicher Natur und mindestens ebenso ernst gemeint wie die zuvor genannten: Dem Thema „Neue Medien und Fremdsprachenunterricht" kann man sich aus sehr unterschiedlichen Perspektiven nähern; nach wie vor scheiden sich an der Frage, was Multimedia und Internet im (Fremdsprachen-)Unterricht zu suchen haben, die Geister. Vielleicht helfen Ihnen die vier gewählten *Perspektiven*, Ihre eigene Position zu präzisieren oder gar zu überdenken.

Also nur Vorteile? Nicht ganz: Wie der Herausgeber dieses Buches bemerkte, als ich ihn mit der Idee einer Podiumsdiskussion konfrontierte: „Was Sie da vorhaben, ist ein Spagat. Eine andere Form der Darstellung – schön und gut. Aber bitte nicht auf Kosten der Informationsdichte." *Point taken!* Es folgen daher noch einige Hinweise zu den Konventionen der Darstellung, um auch die „Wissenschaftlichkeit" und angemahnte Informationsdichte des Textes sicherzustellen, und dann kann es losgehen. Ihnen viel Spaß dabei und vor allem einen beträchtlichen Informationszugewinn!

Konventionen

Eine Podiumsdiskussion findet eigentlich im Medium der gesprochenen Sprache statt. Da diese jedoch verschriftlicht ist, werden hier die folgenden Formen der „Informationsverdichtung" herangezogen:

- Zwischenüberschriften (zur schnelleren Orientierung)
- *Hervorhebung* von Textpassagen (dito)
- Fußnoten (für Zusatzinformationen wie Literaturhinweise, WWW-Adressen usw.) als „Kommentarton aus dem Off"

Außerdem unterbrechen sich die Podiumsteilnehmerinnen und -teilnehmer der besseren Lesbarkeit halber nicht bei ihren Ausführungen, und Zwischenrufe aus dem Auditorium („Komm zur Sache!") haben entgegen ersten Planungen auch keine Aufnahme gefunden. Der Moderator schließlich „moderiert" im besten Sinne des Wortes und bleibt daher im Gegensatz zu den vier Hauptakteuren gesichtslos. Letztere werden nun kurz vorgestellt.

Vorstellungsrunde

MODERATOR: Meine Damen und Herren, willkommen zu unserer Podiumsdiskussion zum Thema „Multimedia und Telekommunikation – Fremdsprachenunterricht vor neuen Herausforderungen". Wir sind durch die längeren Vorbemerkungen bereits etwas unter Zeitdruck geraten – lassen Sie mich gleich das Podium kurz vorstellen.[1] Von links nach rechts begrüße ich zunächst Frau Silke *Leicht*, Lehramtsstudentin für die Fächer Englisch und Kunst im 8. Semester, jüngst von einem sehr inspirierenden Auslandssemester aus Kanada zurückgekehrt. Daneben Herr Hans *Fester*, Lehramtsanwärter für die Fächer

---

[1] Nur zur Absicherung: Die Namen und biographischen Daten der Podiumsteilnehmer sind ausschließlich der Imagination des Autors entsprungen, jegliche Ähnlichkeiten mit lebenden oder verstorbenen Personen wären daher rein zufällig. Bei der – durchaus langwierigen – Namensfindung für die Teilnehmer hat vor allem Angelika Thiele die entscheidenden Tipps gegeben, der ich hierfür herzlich danken möchte. Weitere Verweise auf themenrelevante Literatur, Websites etc. sind natürlich authentisch.

Englisch und Biologie an einer Gesamtschule und – Sie sehen an den Rändern unter seinen Augen (kleiner Scherz!) – kurz vor Vollendung seines Referendariats, das er unter anderem mit einer Examensarbeit zu einer computerunterstützten Unterrichtseinheit im Englischunterricht abschließen wird. Zu seiner Linken freuen wir uns, Frau Prof. Thea *Riemann* begrüßen zu dürfen, Lehrstuhlinhaberin für Fremdsprachendidaktik/Sprachlehr- und -lernforschung, die mit Fug und Recht als eine Pionierin in Sachen „Computer und Fremdsprachenunterricht" bezeichnet werden darf. Schließlich freuen wir uns auf Herrn Bodo *Zweibel*, Oberstudienrat für die Fächer Englisch und Französisch, und – ich darf das herausstellen, Herr Zweibel? – mit über 30-jähriger Unterrichtserfahrung, seit einigen Jahren auch Fachsprecher für die Fremdsprachen an Ihrem Gymnasium.

Sie sehen, wir haben versucht, ein breites Spektrum an Perspektiven auf unser Thema im Podium zu versammeln. Meine Damen und Herren, es erscheint mir sinnvoll, wenn Sie zu Beginn kurz Ihren persönlichen Bezug zu unserer Thematik darlegen.

Ausgangspositionen

S. Leicht: Also, gleich vorab, ein Computerfreak bin ich sicher nicht. Einen PC benutze ich zwar schon seit einiger Zeit, aber meine eigentliche Konfrontation mit Computern und Sprachenlernen begann erst vor gut einem Jahr, als ich – mehr aus Neugier – ein Seminar an der Uni zum Thema *„Elektronische Ressourcen* für den Fremdsprachenunterricht" besucht habe. Es ging dort um ganz unterschiedliche Softwaretypen – Programme zum Erstellen von Übungsblättern oder CD-ROMs zum Sprachenlernen, aber auch um das Internet, also E-Mails, das World Wide Web, Chat-Foren usw. Was mich beispielsweise auf Anhieb als Idee sehr überzeugt hat, war diese *„Tandem-Idee"*, die einige aus unserem Seminar mit Studentinnen und Studenten einer Partner-Universität in Kanada durchgeführt haben. Das ging kurz gesagt so: Wir haben uns auf bestimmte Themen verständigt, zu denen wir dann E-Mails ausgetauscht haben – zum Teil auch in öffentlichen Foren. Die Texte haben wir jeweils zur Hälfte in unserer Mutter- bzw. der Fremdsprache verfasst. Neben dem inhaltlichen Austausch gab es dann immer auch Korrekturrunden, in denen man der Tandem-Partnerin Feedback zu ihren fremdsprachlichen Bemühungen gibt, sodass beide Seiten auch sprachlich gleichermaßen von dem Tandem profitieren.[2] Wir schreiben uns übrigens auch heute noch regelmäßig und verabreden uns auch manchmal zum *Chatten* – dann kommen

---

2 Diese Ausführungen decken nur einen kleinen Ausschnitt aus der „Tandem-Idee" ab. Vertiefende Informationen und Kontakte zu dieser Form des Online-Lernens sind auf dem „Tandem-Server" der Ruhr-Universität Bochum zu finden (http://www.slf.ruhr-uni-bochum.de/index.html).

noch andere Gesprächsteilnehmer dazu und es ist oft spannend oder witzig.[3] In Kanada, wo ich jetzt ein Auslandssemester verbracht habe, geht ohne Internet an der Uni übrigens so gut wie nichts mehr: Wir mussten unsere Essays den Dozenten per E-Mail zuschicken, und bekamen sie auch korrigiert per E-Mail zurück; oder wir mussten Themen und Literatur für die Seminare oft im Internet über *Suchmaschinen* recherchieren.[4] Kurz und gut: Ich finde das Thema sehr faszinierend, auch wenn ich überhaupt noch nicht überblicke, was es für meinen zukünftigen Beruf als Lehrerin bedeutet …

H. FESTER: Ein guter Anknüpfungspunkt für mich, weil meine Ausbildungszeit sich jetzt dem Ende zuneigt und ich deshalb eigentlich genauer wissen müsste, wie Computer und Internet sinnvoll in den Unterricht einbezogen werden könnten. Leider war das – mein Studium liegt nun schon über drei Jahre zurück – an der Uni damals überhaupt kein Thema, und ich bin an dieser Stelle ganz und gar Autodidakt. Aber ein gewisser *Handlungsdruck* war von Beginn des Referendariats an da: Ich habe zum Beispiel mitgekriegt, dass ein Teil der Schüler zu Hause mit den Multimedia-Programmen übt, die von den größeren Schulbuchverlagen inzwischen zu den Lehrwerken angeboten werden, und das offenbar auch mit Erfolg und freiwillig. Ich weiß auch, dass mein Mentor für Englisch gelegentlich von Eltern um Rat gefragt wird, was von diesen Programmen zu halten sei, und ich glaube, es ist auch Teil unseres Jobs, dazu kompetent Auskunft geben zu können – als eine Art *„Lernberatung"* sozusagen. Und vielleicht noch ein Punkt: Der Computerraum unserer Schule ist vor etwa einem Jahr komplett neu ausgestattet worden mit einem Dutzend Multimedia-PCs, untereinander vernetzt und mit Internet-Zugang. Obwohl die Kollegen aus der Informatik und Physik da noch etwas den Daumen drauf haben, war ich bislang mit zwei verschiedenen Klassen in dem Raum und habe kleinere Unterrichtseinheiten mit Computerunterstützung im Fach Englisch durchgeführt. Ich werde für die zweite Staatsarbeit eine Unterrichtssequenz planen und durchführen, die zum Teil im Computerraum stattfindet. Aber dazu erzähle ich vielleicht später mehr …

TH. RIEMANN: Zunächst einmal, es tut gut zu hören, dass der Nachwuchs, wenn ich Sie beide einmal so nennen darf, sich doch Schritt für Schritt ganz

---

3 Inzwischen gibt es zahllose Chat-Foren, z. T. mit themenspezifischer Ausrichtung. Beispielhaft für Englischlernende seien hier die virtuelle Diversity University (http://www.duets.org/) und das ESL Chat Central in Dave's ESL Cafe on the Web (http://www.eslcafe.com/chat/chatpro.cgi) genannt.

4 Silke Leicht hat gute Erfahrungen mit Yahoo (http://www.yahoo.com) gemacht, das viele länderspezifische Zugänge bietet (u. a. auch deutsche, französische, britische und kanadische Ableger). Ein Überblick über Suchmaschinen findet sich bei http://www.froschweb.com/woe/search.htm.

selbstverständlich den Neuen Medien öffnet. Ich beschäftige mich nun schon eine ganze Weile mit CALL – so das geläufigste Akronym für diesen Bereich: *computer-assisted language learning* – und gerade die Reserviertheit der praktizierenden Lehrerinnen und Lehrer hat mich schon so manches Mal an meinen Bemühungen zweifeln lassen. Im Grunde genommen bin ich jedoch überzeugter als je zuvor: Wir befinden uns auf dem Weg in die Informationsgesellschaft oder „Wissensgesellschaft", wie die Kollegen Rüschoff und Wolff es in einer Publikation jüngst genannt haben, oder wir sind dort bereits angelangt. Und davon ist, wie viele andere Lern- und Arbeitsbereiche auch, der Fremdsprachenunterricht ebenfalls betroffen: Inwieweit sind die Lerninhalte, wie sie ja bis heute maßgeblich von den *Lehrwerken* bestimmt sind, noch angemessen, wenn man bedenkt, dass der Lebenszyklus eines Lehrwerks durchaus zehn Jahre beträgt? Bieten *World Wide Web* und E-Mail nicht völlig neue Dimensionen weltweiter Information und Kommunikation, auf die man guten Gewissens gar nicht mehr verzichten kann – für das Englische als Weltverkehrssprache ohnehin, aber auch für andere Fremdsprachen?[5] Aber ich muss mich jetzt selbst tadeln, denn der Hinweis auf die Informationsgesellschaft, gesellschaftliche Änderungen usw. ist eigentlich zu negativ – als ob der Druck zu Veränderungen nur von außen käme und immer eine Art Zwangscharakter hätte. Man könnte auch ganz unvoreingenommen an die Sache herangehen und sagen: Es gibt dieses *Universalmedium*, das mit seinen medialen Eigenschaften, also Interaktion mit dem Benutzer, Bewegtbilder, Sound usw., offensichtlich gerade auf Heranwachsende einen besonderen Reiz ausübt. Kann ich dieses *Potenzial* nicht auch zum Sprachenlernen instrumentalisieren? Aber so einfach ist es wohl nicht – insbesondere in der Bildungslandschaft, in der sich viele *Bedenkenträger* versammeln. Ich persönlich mache mir wenig Sorgen um das „allmähliche Verschwinden der Wirklichkeit", wie es von Hentig (1984) Mitte der 80er-Jahre mit Blick auf den Computer zum Ausdruck brachte. Die Menschen sind offenbar doch in der Lage, mehr Neues aufzunehmen und zu verarbeiten, als ihnen gerade Pädagogen oft zutrauen. Aber ich will es mal bei diesen ersten, noch recht ungeordneten Eindrücken belassen – wir müssen das noch systematisieren.

---

5 Im Kontext „Internet" wird häufig auf die stetig steigende Dominanz des Englischen als weltweite *lingua franca* hingewiesen – begleitet von Warnungen hinsichtlich eines entsprechenden Bedeutungsverlustes für andere Sprachen und einer zunehmenden „Anglisierung" (vgl. Zimmer 1997). Im Internet sind jedoch auch – Ausdruck für die Komplexität dieser Thematik – gegenläufige Tendenzen zu vermerken: Nach einer Erhebung der *Global Reach Marketing Communications Consultancy* wird im Jahr 2000 die Gesamtzahl englischsprachiger „Seiten" im Internet erstmalig geringer als die Gesamtzahl anderssprachiger Seiten sein (siehe: http://www.glreach.com/globstats).

B. Zweibel: Ich ahne schon, warum ich hier auf dem Podium sitze – als „Bedenkenträger", um in den Worten meiner Vorrednerin zu bleiben. Aber wer möchte schon gern diese Rolle einnehmen – oder sich darauf reduzieren lassen? Ich fürchte, ich werde Sie als fortschrittsfeindliche oder gar ewig gestrige Instanz enttäuschen müssen – eher stehe ich vielleicht für die *schweigende Mehrheit* derjenigen Lehrer/innen, an denen unser Diskussionsgegenstand – aus welchen Gründen auch immer – noch einigermaßen spurlos vorbeigeht. Dennoch: Ich hole Sie gern auf den Boden der Tatsachen zurück, denn es gibt bei jeder intensiven Beschäftigung mit einem Thema die Gefahr der *Perspektivenverzerrung*: Wer nur einen Hammer hat, sieht die ganze Welt als Nagel! Ich hoffe, Sie verstehen, was ich meine. Das gilt etwa auch für das Internet, um das ja gegenwärtig unglaublich viel Wind gemacht wird – nach meinem Geschmack etwas zu viel Wind für zu wenig Surfer, wenn ich noch einmal etwas bildlich werden darf. In unserem Kollegium habe ich einmal herumgefragt, wer denn regelmäßig *online* sei; Ergebnis: etwa jeder Fünfte.[6] Aber jetzt kurz zu meiner Ausgangsposition, nach der Sie ja gefragt hatten: Ich halte mich für kritisch-aufgeschlossen bezüglich der Neuen Medien und nehme sie durchaus zur Kenntnis. Ich benutze meinen PC wie wohl viele andere Lehrer auch für Klausurtexte, Briefe an die Eltern usw., gelegentlich zum Erstellen von Arbeitsblättern – vornehmlich unter dem Aspekt der *Zeitersparnis*.

Ich bitte aber zum Abschluss unserer ersten Runde ausdrücklich darum, die Schulrealität im Auge zu behalten – die geringen finanziellen Mittel, die uns für Sonderanschaffungen zur Verfügung stehen, die hohe zeitliche Belastung, die meines Erachtens recht wenig Zeit lässt für aufwendige Unterrichtsexperimente, um nur zwei Punkte zu nennen. Ach ja, und noch eine kleine Warnung: Gelegentlich erinnert mich diese ganze Computerdiskussion an die frühen Siebziger, als viele im *Sprachlabor* die Lösung aller Probleme für den Fremdsprachenunterricht sahen. Was daraus geworden ist, muss ich sicher nicht vertiefen …

---

6 Empirisch abgesicherte, nach Alter, Geschlecht usw. differenzierte Zahlen zur gegenwärtigen Internet-Nutzung in Deutschland ermittelt in regelmäßigen Abständen die Gesellschaft für Konsumforschung (http://www.gfk.de/).

Fremdsprachendidaktische Grundlagen

MODERATOR: Vielen Dank für dieses erste Potpourri von Meinungen, Erfahrungen und Hinweisen. Sie stimmen mir sicher zu, dass wir nach diesem *warming-up* eine gewisse *Systematisierung* und stärkere *Verbindlichkeit* anstreben sollten. Lassen Sie mich also ganz konkret fragen: Sind Sie der Ansicht, dass der Computer als ein neues Medium im weitesten Sinne, von CD-ROMs bis zum Internet, den Fremdsprachenunterricht entscheidend verändern wird – also anders als etwa das Sprachlabor, das dieses Veränderungspotenzial ja offensichtlich nicht hatte? Oder etwas wissenschaftlicher gefragt: Wo ist der fremdsprachendidaktische *Standort* – die *Reichweite* – des Computers in einem modernen Fremdsprachenunterricht?

H. FESTER: Wir können hier sicher nicht nebenbei auch noch klären, was denn überhaupt „moderner" Fremdsprachenunterricht ist – ich würde trotzdem gerne an diesem Punkt ansetzen und von dort aus zur Rolle von Computern kommen. Mein Fazit jetzt zum Ende des Referendariats in Bezug auf guten Fremdsprachenunterricht ist dabei sicher nicht besonders spektakulär: Je besser es gelingt, den Unterricht zu variieren und Lernsituationen zu schaffen, den unterschiedlichen Schülerbedürfnissen gerecht zu werden, umso bereitwilliger lassen sich die Schülerinnen und Schüler darauf ein und umso größer ist in der Regel auch der Lernerfolg. Also ein Plädoyer vor allem für *Methodenvielfalt*. Und hier kommt meines Erachtens auch der Computer ins Spiel, denn er lässt sich auf sehr vielfältige Weise in den Unterricht einbeziehen: Die Schüler schreiben gemeinsam am PC einen Text, der sich schrittweise vervollkommnen lässt, sie suchen auf einer CD-ROM oder im Internet nach bestimmten Informationen, sie bearbeiten Übungen zum Hör- oder Leseverstehen usw. Bei fast allen Aktivitäten erfordert die Arbeit am Computer dabei ein hohes Maß an Eigentätigkeit, die ja in aller Regel auch begrüßenswert ist. Mir erscheinen Computer und Internet also vor allem als Möglichkeit, Unterrichtsabläufe noch vielseitiger zu gestalten und auf die jeweilige Schülergruppe abzustimmen.

TH. RIEMANN: Ich stimme Ihnen zu – mit den Neuen Medien lassen sich Lernprozesse arrangieren, die ohne sie nicht möglich wären – der sekundenschnelle weltweite Austausch von Informationen über E-Mails oder das WWW zum Beispiel, aber auch gewisse Übungsformate, die auf die Interaktivität des Computers angewiesen sind, also die Möglichkeit, eine Eingabe auszuwerten und dem Lernenden spezifische Rückmeldungen zu geben. Dass es dabei große *qualitative Unterschiede* bei den Programmen gibt, erwähne ich nur am Rande. Aber mit Blick auf die eingangs gestellte Frage, welche Reichweite die Neuen Medien beanspruchen können, würde ich noch einen Schritt weiter gehen und nicht nur auf einen Zugewinn in puncto Methodenvielfalt abheben. Ich bin überzeugt, dass die Neuen Medien dem Fremdsprachenunterricht zu einer wirklich durchgreifenden *Reform* verhelfen können. Hier ist sicher nicht der Platz, diese These im Detail darzustellen, lassen Sie mich nur zwei Aspekte nennen, die im Kontext solcher Reformbemühungen immer wieder genannt werden: zum einen das Bemühen, fremdsprachliches Lernen authentischer zu gestalten, und zum zweiten das Bestreben nach einer Veränderung der Schüler-Lehrer-Rollen.

Authentizität ist ein sehr facettenreicher Begriff, der mehr bedeutet als das Anliegen, „echte", also nicht-didaktisierte Materialien in den Fremdsprachenunterricht einzubringen. Es geht vielmehr auch um eine „authentische", d. h. realen Kommunikationssituationen nahe kommende Auseinandersetzung mit der Fremdsprache insgesamt: keine Lehrerfragen also, auf die schon jeder im Klassenraum vorab die Antwort kennt, keine inhaltsleeren Übungsmuster, die mechanisch bestimmte Strukturen trainieren sollen, usw.[7] Die Nähe zu den Neuen Medien ist evident: Es ist einfach authentischer, einem „echten" Schüler in den USA von der letzten Klassenfahrt zu berichten als einen fiktiven Brief zu schreiben, dessen Adressat bestenfalls der mit Rotstift bewaffnete Lehrer ist; es ist authentischer, die Songtexte einiger realer Popbands im Internet zu suchen und auf ihren (oft fehlenden) Gehalt zu überprüfen, statt sich mit ihren notgedrungen fiktiven Lehrwerk-Pendants zu befassen.

Der zweite Aspekt, eine *Veränderung der Schüler-Lehrer-Rolle*, ist eng mit der Forderung nach Authentizität verknüpft: Fremdsprachenunterricht, der mit einer solchen, hier nur angedeuteten Authentizität Ernst macht, wird zwangsläufig *schülerorientierter*, denn Unterrichtsziele und -ergebnisse sind einfach stärker von den Aktivitäten und Interessen der Schüler geleitet als von dem in den Lehrerhandbüchern vorgeschlagenen Unterrichtsverlauf, über dessen Einhaltung in der Regel allein der Lehrer wacht. Und so verstehe ich die allgemeine *pädagogische Diskussion* der letzten Jahre: Wir wollen, nein: müssen den Schülern mehr Verantwortung und Kontrolle über ihren eigenen Lernweg geben, wir müssen ihnen zumuten, stärker als bisher die Verantwortung für ihre individuellen Lernbedürfnisse und -befähigungen selbst zu übernehmen.

Aber ich möchte dies nicht als Plädoyer für die vollständige Abschaffung der Lehrerkontrolle missverstanden wissen: Fremdsprachliches Lernen im Unterricht bleibt zu einem Teil auch *„Probehandeln"* – auch das Nachdenken über Sprachstrukturen oder die Simulation bestimmter Sprachhandlungen haben ihren Platz – nur nach meiner Überzeugung keinen so dominanten, wie

---

7 Zur Auseinandersetzung mit dem Konzept der „Authentizität" im fremdsprachlichen Lernprozess vgl. u. a. Rüschoff, Wolff 1999, S. 61 ff.

das heute leider noch oft der Fall ist. In diesen Bereichen, die ich „Probehandeln" nennen würde, kann uns der Computer übrigens auch helfen – zum Beispiel zum Üben, Wiederholen und Vertiefen von Wortschatz und Grammatik. Der PC ist dann eher *Tutor* im Gegensatz zu den offeneren Anwendungen Internet, E-Mails, Textverarbeitung usw., in denen er eine *Tool*-Funktion übernimmt.[8] (MODERATOR *zeigt stirnrunzelnd auf seine Armbanduhr*)

Sie haben Recht, jetzt habe ich meinen Redeanteil aber arg ausgeschöpft. Nur noch eine kurze Nachbemerkung zu der *Sprachlabor-Parallele*, die Herr Zweibel vorgebracht hat. Die greift nämlich meines Erachtens kaum, denn Sprachlabore waren ausschließlich für das Fremdspachenlernen konzipierte künstliche Einrichtungen, also anders als Computer und Internet, die fest in der Gesellschaft verankert sind. Außerdem basierten sie im Wesentlichen auf einer behavioristischen Lernideologie, die in den Siebzigern und Achtzigern einfach Schritt für Schritt entkräftet wurde – um nur zwei Aspekte zu nennen. So, jetzt halte ich aber den Mund.

B. ZWEIBEL: Ach, ich könnte Ihnen noch eine Weile zuhören – über die allgemeinen Ziele und Merkmale guten Fremdsprachenunterrichts würden wir uns sicher schnell verständigen. Was mich aber etwas stört, ist eine gewisse *Schwarzweißmalerei*, die bei Ihnen durchklingt: dort die „alte" Schule mit Buch und Drill, hier die „neue" mit Internet und entdeckendem Lernen. So einfach ist das natürlich nicht. Wenn wir uns etwa die *neueren Lehrwerk-Generationen* ansehen, die jetzt Schritt für Schritt an den Schulen eingeführt werden, stellt man auch dort solche Trends fest, die Sie unter den Stichworten „Schülerorientierung" und authentisches Lernen angedeutet haben: viele kleinere und größere Unterrichtsprojekte, die in die Lerneinheiten integriert sind, kaum noch solche stumpfsinnigen Drill-Übungen, die Sie erwähnt haben; stattdessen zahlreiche Lern- und Arbeitstipps, und schon ab dem 1. Lernjahr eine Menge Materialien, die Sie wohl „authentisch" nennen würden – vom Londoner U-Bahn-Plan bis zum ungekürzten Ausschnitt aus der „*Times*".[9] Übrigens – auch das sollten wir nicht übersehen – so modern und neu, dass viele Kolleginnen und Kollegen *Probleme* haben, sich in diesen komplexen neuen Lehrwerkkonzepten zurechtzufinden. Und es liegt mir fern, hier abschätzig zu urteilen – ich erinnere daran, dass es, von allen anderen Verpflichtungen einmal abgesehen, wöchentlich zwei Dutzend Unterrichtsstunden zu bewältigen gilt. Ich kann also allein aus berufspraktischer Per-

---

8 Die Differenzierung zwischen Tutor- und *Tool*-Rolle ist eine auch international verbreitete Zuweisung von Computerfunktionen im Fremdsprachenlernprozess, vgl. u. a. Levy 1997.

9 Hier seien für den Englischunterricht mit *English G 2000* (Cornelsen), *Red/Green/Orange Line NEW* (Klett) und *Notting Hill Gate* (Diesterweg) nur drei markante Beispiele solcher neueren Lehrwerke genannt.

spektive vor zuviel *Aktionismus* nur warnen: Auch die Fremdsprachenlehrer müssen bei den Neuen Technologien dort abgeholt werden, wo sie mehrheitlich noch stehen – am Anfang.

Aber auch methodisch-didaktisch – und darüber wollen wir ja im Moment schwerpunktmäßig reden – scheint es mir noch mindestens ebenso viele Fragen wie Antworten zu geben. Wie sieht es etwa aus mit der *mündlichen Sprachproduktion*, an der mir persönlich im Unterricht immer sehr gelegen ist – meine Schülerinnen und Schüler also zum Sprechen in der Fremdsprache zu bringen? Soweit ich das überblicke, ist mit Computern in dieser Hinsicht nicht viel zu holen. Und vielleicht noch ein zweiter Aspekt, der mir klärungsbedürftig erscheint: Wie behalte ich als Lehrer eigentlich eine gewisse Kontrolle über die Fortschritte und auch Fehler meiner Schüler? Mein Ziel ist es bislang, den Schülern möglichst umgehend *Fehlerrückmeldungen* zu geben und sie möglichst nicht mit fehlerhafter, unkorrigierter Sprache aus einer Unterrichtsstunde zu entlassen. Ist dieser Anspruch noch einzulösen, wenn sie mit Gleichaltrigen aus den USA E-Mails hin- und hersenden oder mit irgendwelchen Programmen Übungen am Computer absolvieren? Ich belasse es mal hierbei. Mich würden – ich nehme an, dem Auditorium geht es ähnlich – Beispiele konkreten Computereinsatzes interessieren. Vielleicht geben die auch Aufschluss über die beiden Punkte, die ich angesprochen habe.

MODERATOR: In der Tat, Herr Zweibel, ist hieran anschließend eine Runde mit Beispielszenarien vorgesehen. Zunächst hat allerdings noch Frau Leicht das Wort, um diese stärker theoretische Runde zu vervollständigen.

S. LEICHT: Das will ich gerne tun. Ich möchte aber noch kurz etwas Allgemeines zu Herrn Zweibels Fragen sagen, die er sicher zu Recht stellt mit all seiner Unterrichtserfahrung. Trotzdem finde ich es eigentlich schade, dass sich immer die *rechtfertigen* und befragen lassen müssen, die etwas ändern und ausprobieren wollen, und nicht etwa jene, die am liebsten alles beim Alten ließen. Ich glaube, ich würde als Lehrerin lieber öfter etwas Neues ausprobieren – auch mit der Gefahr, dass nicht immer alles perfekt klappt – als in immer demselben Trott weiterzumachen, an den ich mich aus meiner Zeit als Schülerin noch ganz gut erinnere.

Aber eigentlich hatten Sie nach einem eher theoretischen Beitrag gefragt. Vielleicht hilft unserer Diskussion eine Erfahrung weiter, die ich schon öfter an der Uni gemacht habe – immerhin ja auch ein Lernort für „erwachsene Schüler", wenn man so will. Insgesamt kann ich von mir sagen, dass ich bislang vor allem von den Seminaren profitiert habe, die so eine Art „Workshop-Charakter" haben – in denen ich zusammen mit anderen auf ein Ziel hin gearbeitet habe, das wir dann vor dem Seminar auch präsentieren mussten. Zwischendurch sind natürlich auch andere Phasen notwendig, in denen

Fachwissen vermittelt wird, und sogar von Vorlesungen kann man manchmal profitieren. Aber ich habe mich schon öfter gefragt, ob diese Art des Lernens und Arbeitens, also eine Mischung aus Fachunterricht und eigenständig gestalteten Arbeitsphasen, nicht auch für Schulen stärker berücksichtigt werden könnte. Ich weiß, es gibt an vielen Schulen inzwischen *Projektwochen*, aber die finden doch eher als so eine Art *Highlight* kurz vor den Sommerferien statt und werden von vielen Schülern sicher nicht als gleichwertiger Unterricht wahrgenommen. Wäre es nicht denkbar, solche Phasen viel stärker zu einer Selbstverständlichkeit schulischen Lernens zu machen?[10] Ein solcher Ansatz sieht sicherlich für die einzelnen Schulfächer jeweils unterschiedlich aus, aber ich teile nicht Herrn Zweibels Zweifel, dass man dadurch keinen Überblick mehr über das habe, was die Schüler so an Fehlern usw. produzieren. Wir haben das in einem Sprachpraxisseminar in der Anglistik beispielsweise so gehandhabt, dass es nach unserer Ergebnispräsentation immer eine Phase „*focus on language*" gab, in der dann nur sprachliche Dinge thematisiert wurden. Dann wusste man, jetzt geht es um Fehleranalysen, Grammatik usw., und ich habe das als mindestens so effektiv empfunden, als wenn man einfach nur Grammatikübungen um ihrer selbst willen macht.[11]

Das hat jetzt vordergründig wenig mit Computern oder Internet zu tun, aber gerade dort würde sich ein solches Vorgehen doch anbieten – wenn man etwa geschriebene E-Mails in einer Reflexionsphase auch grammatisch oder nach ihrem Wortschatz usw. analysiert. Ich weiß natürlich auch nicht, ob das in der Schule auch funktioniert – aber einen Versuch scheint es mir wert zu sein.

MODERATOR: Sie liefern mir das Stichwort, Frau Leicht: Wie sieht es aus mit *konkreten Unterrichtsversuchen oder -beispielen*, die das weiter veranschaulichen, was wir bisher angedeutet haben? Einige konkrete Beispiele oder Unterrichtsszenarien haben Sie bereits genannt – vielleicht können wir das noch etwas vertiefen.

---

10 Hier sei exemplarisch auf Hilbert Meyer verwiesen, der mit dem „Leitbild T.E.A.M.-Schule" sehr differenziert ein Schulmodell entwirft, in dessen Lehr- und Lernstruktur neben lehrgangsmäßigem Unterricht und Freiarbeit gerade auch Projektarbeitsphasen einen festen Platz einnehmen (vgl. 1997, S. 97 ff.).

11 Einen solchen „aufgaben- und prozessorientierten" Ansatz in der Fremdsprachendidaktik entwirft etwa J. Willis auch für weniger fortgeschrittene Lernende in ihrer Publikation „*Task-based Learning*" (1996).

Beispiele

H. FESTER: Ich hatte ja schon kurz erwähnt, dass ich in unserem Computer-raum einige Unterrichtsphasen mit Computerunterstützung durchgeführt habe. Ganz konkret lief das so, dass ich mit Hilfe eines recht einfachen *Autorenprogramms*, der *Wida Authoring Suite*, selbst einige Übungen erstellt habe, die dann von den Schülern bearbeitet wurden. Ich will jetzt nicht zu detailliert werden, nur so viel: Diese *Wida*-Programmsammlung besteht aus insgesamt sieben recht unterschiedlichen Übungstypen – *Choicemaster, Gapmaster, Testmaster, Storyboard, Matchmaster, Pinpoint* und *Vocab* – die Namen deuten zum Teil ja bereits an, welche Übungstypen sich dahinter ver-bergen.[12] Die Programme stellen einen Rahmen bereit, in den jeder mit Computergrundkenntnissen eigene Inhalte eingeben kann, aus denen dann automatisch die Übungen erzeugt werden. Ich möchte den Aufwand zur Übungserstellung aber auch nicht bagatellisieren – bis die richtigen Inhalte ausgewählt, entsprechend aufbereitet und auch getestet sind, vergehen schon einige Stunden. Die Schüler – auch die ohne Computererfahrung – kommen sehr schnell mit den Übungen zurecht und finden ganz offensichtlich auch großen Gefallen daran. Eine interessante Beobachtung ist dabei übrigens – Herr Zweibel sprach ja das Thema „mündliche Sprachproduktion" an – dass die Übungen auch die *Kommunikation vor dem Bildschirm* stimulieren. Die Schüler sitzen zu zweit und teilweise auch zu dritt vor den PCs, und versu-chen gemeinsam, die Aufgaben zu lösen, die häufig auch mit spielerischen Elementen – Punktevergabe, *high score* usw. – zusätzliche Anreize bieten. Selbst wenn wir an unserer Schule für jeden Schüler einen eigenen Computer hätten, scheint mir daher *Partnerarbeit* für den Fremdsprachenunterricht in der Regel die sinnvollste Sozialform zu sein, wenngleich ich nicht verschwei-gen sollte, dass die Schüler dabei immer wieder in ihre Muttersprache wech-seln. Aber immerhin bieten diese Phasen vielfältige Ausgangspunkte für die Beschäftigung mit der Fremdsprache.

Ich plane für meine anstehende Hausarbeit für das zweite Staatsexamen jetzt in einem weiteren Schritt, die Schüler selbst in die *Übungserstellung* einzubeziehen, indem sie Materialien für ihre Mitschüler aufbereiten. Der di-daktische „Mehrwert", wenn Sie so wollen, liegt auf der Hand: Die Notwen-digkeit, die Übungen so zu gestalten, dass sie für die Mitschüler nachvoll-ziehbar und verständlich sind, hilft natürlich zuallererst den Übungserstellern

---

12 Nähere Informationen zu diesem „Klassiker" unter den Autorenprogrammen für den Fremd-sprachenunterricht im World Wide Web (http://www.wida.co.uk). Von dort kann auch per *download* eine kostenlose Demo-Version bezogen werden. Eine Demo-Version mit exemplari-schen Inhalten ist auch auf der CD-ROM zu finden, die der Publikation von Kallenbach, Ritter (1999) beiliegt.

selbst, die Inhalte strategisch zu erschließen. Damit die Mitschüler auch von dem entstehenden Übungspool profitieren, bin ich natürlich – *Stichwort: Kontrolle* – als Lehrer gefordert, in Zwischenphasen die Materialien zu sichten und gegebenenfalls zu korrigieren.[13]

TH. RIEMANN: Ich will mich diesmal kurz fassen, zumal mir das Beispiel, das wir gerade gehört haben, außerordentlich gut gefallen hat. Es zeigt überdies, dass bei *aller Internet-Begeisterung*, die momentan herrscht, nicht die viel versprechenden Unterrichtsprojekte im *Offline*-Bereich, also außerhalb von WWW und E-Mail-Kontakten, in Vergessenheit geraten sollten. Ihre Ausführungen erinnern mich im Übrigen an den didaktischen Ansatz des *„Lernens durch Lehren"*, also die Übertragung von Lehrfunktionen auf die Schüler, den maßgeblich der Kollege Jean-Paul Martin für den Fremdsprachenunterricht entwickelt hat.[14]

Und dann auch von mir noch ein kurzer Nachtrag zum Thema „mündliche Sprachproduktion", das jetzt mehrfach aufkam. Ich teile zunächst einmal Herrn Festers Ansicht, dass der Computer seine kommunikative Funktion vor allem dadurch entfaltet, dass er zur Interaktion vor dem Bildschirm einlädt – wir sprechen in diesem Kontext von *computer-mediated communication*. Darüber hinaus können wir die linguistisch interessante Beobachtung machen, dass die Grenzen zwischen Mündlichkeit und Schriftlichkeit vor allem durch das Internet zunehmend aufgelöst werden. Jeder, der regelmäßig per E-Mail kommuniziert, weiß, worauf ich anspiele: Satzfragmente, die häufig benutzte „Antworten-Funktion", lautmalerische Versatzstücke, die *emoticons* :-), usw. – hier entwickelt sich eine ganz *neue Textsorte*, die irgendwo zwischen den klassischen Polen des Mündlichen und Schriftlichen liegt.[15]

Jetzt aber noch kurz ein Beispiel, mit dem ich andeuten möchte, dass sich computergestützte Lernphasen auch mit jüngeren, fremdsprachlich noch am Anfang stehenden Lerngruppen durchführen lassen. Die Unterrichtseinheit, auf die ich hier verweise, ist die Präsentation einer sechsten Klasse im Internet. Von einem Klassenfoto ausgehend hat jeder Schüler eine eigene „Homepage" erstellt, auf der dann von Hobbys, Musik, Partys usw. die Rede ist – verbunden mit der Aufforderung, einen E-Mail-Kontakt herzustellen. Dieses Unterrichtsprojekt, dessen Ergebnis Sie natürlich im WWW aufsuchen können,[16] ist außerdem ein gutes Beispiel für die *Integration* der „klassischen"

---

13 Die ausführliche Darstellung einer Unterrichtseinheit im Bereich Deutsch als Fremdsprache, die diesem „Schüler-als-Autoren-Prinzip" folgt, findet sich in Ritter (1995, S. 271 ff.).

14 Vgl. dazu Martin, Kelchner 1998, S. 211 ff. Informationen zum LdL-Modell im WWW unter: http://www.LdL.de.

15 Vgl. vertiefend zu diesem Thema etwa Günther, Ludwig (1996).

16 http://www.gyhe.hd.bw.schule.de/projekte/6c/index.htm. Eine detaillierte Darstellung dieser Unterrichtseinheit ist in Kallenbach, Ritter (1999, Kapitel 5) zu finden.

Lehrwerksarbeit mit den Neuen Medien, denn die Anregung zur Erstellung einer solchen „Klassen-Homepage" entstammt einem der neueren Lehrwerke, auf die Herr Zweibel bereits hingewiesen hat.[17]

Ich könnte jetzt noch stundenlang von weiteren solchen Projekten reden, aber ich wollte mich ja kurz fassen …[18]

B. ZWEIBEL: *(eifrig die Hinweise und Adressen der Vorrednerin notierend …)* Also, ich muss zugeben, die genannten Beispiele klingen zum Teil wirklich viel versprechend – ich befürchte allerdings, dass ich in dieser Beispiel-Runde keinen vergleichbaren Beitrag leisten kann. Stattdessen noch einmal die Frage, wie ich als interessierter Lehrer ganz konkret einen *Einstieg* finden kann. Ich kann ja jetzt nicht einfach sagen: So, nächste Woche machen wir ein solches WWW-Projekt, wie wir es gerade gehört haben, oder ich fange an, solche Übungen zu erstellen, von denen Herr Fester berichtet hat. Sicherlich helfen auch die Publikationen und WWW-Adressen weiter, die Sie genannt haben, aber gibt es nicht vielleicht noch sanftere Einstiegsmöglichkeiten, die mich als Lehrer nicht gleich ins kalte Wasser werfen?

S. LEICHT: Eigentlich wollte ich jetzt etwas näher auf die „Tandem-Idee" eingehen, die ich schon kurz angesprochen hatte. Aber zum Stichwort *„sanfter Einstieg"* fällt mir ein anderes Beispiel ein, denn genau diese Frage „Wie kann ich die erste große Hemmschwelle zur Nutzung des Computers überwinden?" stand auch am Anfang unseres Seminars „Elektronische Ressourcen", das ich zu Beginn erwähnt hatte. Der langen Rede kurzer Sinn: Für viele ist es sicher ein erster Schritt, mit der Computerarbeit nicht gleich im Unterricht zu beginnen, sondern den PC erst einmal außerhalb des Klassenraums zu benutzen, zum Beispiel auch zur Erstellung von *Arbeitsblättern*. Wir haben uns in diesem Zusammenhang verschiedene Programme angesehen[19] – besonders interessant war die Arbeit mit einem *Konkordanzprogramm*[20], das die Erstellung ganz unterschiedlicher Übungsblätter ermöglicht. Auch von mir jetzt

---

17 English G 2000, Ausgabe A2, dort Unit 3, S. 53 (Cornelsen Verlag, Berlin).
18 Viele ähnliche Unterrichtsvorschläge für den Englisch-, Französisch- und Deutsch-als-Fremdsprache-Unterricht sind in der Schriftenreihe „Klett Computerpraxis Fremdsprachen" dokumentiert; 13 Unterrichtseinheiten zum computergestützten Englischunterricht in der Sekundarstufe I werden von den durchführenden Lehrerinnen und Lehrern in Kallenbach, Ritter (1999) im Detail beschrieben; die Web-Site http://www.englisch.schule.de/ bietet Anregungen für WWW-Projekte im Englischunterricht; ein Fundus an Projekten aller Fächer lässt sich über das „Schulweb" (http://www.schulweb.de) erschließen, das alle deutschen Schulen nachweist, die online sind.
19 Zwei Produkte exemplarisch: „Übungsblätter per Mausklick" für Deutsch als Fremdsprache (Hueber); *„Toolbox English G/English G 2000"* für die Englischlehrwerke des Cornelsen Verlags.
20 Das verbreitetste Konkordanzprogramm für Windows-Betriebssysteme ist *MonoConc*, das in verschiedenen Versionen vorliegt (siehe http://www.athel.com, dort auch mit Demo-Download).

keine Details, nur so viel: Ein Konkordanzprogramm durchsucht einen Text-korpus[21], also etwa eine Sammlung von fremdsprachlichen Texten, nach ei-nem bestimmten Suchwort (bzw. Wortteilen) und listet alle Fundstellen un-tereinander auf. Aus diesen Listen, die ganz unterschiedlich sortiert werden können, lassen sich unterschiedliche Aufgaben für Wortschatz- oder Gram-matikarbeit ableiten: Übungen zur typischen Verwendung eines Wortes in seinen unterschiedlichen Kontexten (z. B. *make, do, quite, rather*), zur Ab-grenzung ähnlich verwendeter Lexeme (z. B. *look, see, watch*), zu sprach-strukturellen Phänomen (*since vs. for*, Präpositionen, Zeiten) usw. – dies natürlich nicht nur in der englischen Sprache. Die Suchwörter lassen sich aus der Konkordanz auch ausblenden, sodass man eine Art Lückenübung erzeu-gen kann. Ich belasse es mal bei diesen wenigen Informationen – man muss mit einem Konkordanzprogramm einfach in Ruhe etwas experimentieren, um auch das Potenzial zu erkennen.[22]

MODERATOR: Meine Damen und Herren, vielen Dank für diese sehr erhellen-de Beispielrunde. Wir haben unser Zeitbudget leider ausgeschöpft – eine Po-diumsdiskussion sollte dennoch nicht ohne einen perspektivischen Blick in die Zukunft schließen. Dürfte ich Sie daher zum Abschluss bitten, vielleicht für die jeweilige Zielgruppe, die Sie ja in bestimmter Weise repräsentieren, noch ganz kurz einen konkreten Tipp zu formulieren – etwa nach dem Mot-to: *Where do we go from here?*

Vier Tipps zum Schluss

S. LEICHT: Ich kann allen Kommilitonen nur empfehlen, den privilegierten Status, den wir in Bezug auf *E-Mail- und Internetzugang an den Hoch-schulen* haben, auch wirklich auszunutzen. Meines Wissens wird ein solcher Zugang an allen deutschen Hochschulen kostenlos bereitgestellt und er ist durch das deutsche Forschungsnetz in der Regel auch so komfortabel, dass aus dem *World Wide Web* nicht ein *World Wide **Wait*** wird. Fast alle Unis bie-ten darüber hinaus entsprechende Orientierungs- und Informationsveranstal-

---

21 Textkorpora können bei vielen Verlagen käuflich erworben (siehe etwa http://www.athel.com) und zum Teil auch kostenlos aus dem Internet heruntergeladen werden (siehe z. B. http://www. ruf.rice.edu/~barlow/corpus.html).

22 Eine ausführliche Dokumentation zu „concordances in the classroom" stammt von Tribble, Jones (1997). Eine Website mit Anregungen zur Arbeit mit Konkordanzen im Fremdsprachen-unterricht hat Tim Johns (Birmingham University) zusammengestellt (http://web.bham.ac.uk/ johnstf/timconc.htm). Ein Unterrichtsprojekt mit Einsatz von Konkordanzlisten ist in Kallen-bach, Ritter (1999, Kapitel 12) dokumentiert. Rüschoff, Wolff widmen sich ebenfalls ausführlich der Arbeit mit Konkordanzen (1999, S. 125 ff.).

tungen an, also etwa den Umgang mit Suchmaschinen, und sehr viele Fachbereiche und Institute halten auf ihren Homepages fächerspezifische *Link-Sammlungen* und weitere interessante Ressourcen bereit.

H. FESTER: Schade, ich habe wohl etwas zu früh studiert ... Für uns Lehramtsanwärterinnen und Lehramtsanwärter geht es in diesem Zusammenhang wohl stärker um konkrete Materialien für Unterrichtseinheiten mit Computerunterstützung, und da liegt es vor allem nahe, die deutschen und internationalen Schulbuchverlage im Auge zu behalten. Einmal jährlich hat man die alle an einem Ort versammelt – auf der *„Bildungsmesse"* Interschul/didacta, deren Besuch ich daher nur empfehlen kann. Ich glaube, wir Referendare bzw. (hoffentlich) neu eingestellten Lehrer sind einfach in einer gewissen *„Bringschuld"*, was dieses Thema anbelangt – unsere Kolleginnen und Kollegen erwarten von uns zu Recht eine gewisse Initiative, dieses Thema in den Schulen voranzubringen.

B. ZWEIBEL: Ich hatte ja zu Beginn bereits gesagt, dass ich mich nicht mit der Rolle des Bedenkenträgers abfinden werde – und tatsächlich haben mich viele Ihrer Anregungen und Beispiele angesprochen. Was könnte man also tun, damit es nicht bei Absichtserklärungen bleibt? Ich persönlich werde mich wohl als Nächstes um einen *Online*-Anschluss bemühen, denn es scheint doch bereits eine Menge brauchbaren Materials im Internet vorzuliegen. Und ein allgemeinerer Tipp: Ohne entsprechende *Fortbildungsveranstaltungen* und *Workshops* an den Schulen – wie auch immer organisiert – wird der Fortschritt sicher nur schleppend sein. Also ganz konkret: Schulleitung und Fachkollegen mobilisieren, um solche Veranstaltungen zu ermöglichen – auch wenn dies mal wieder mit Mehrarbeit verbunden ist.

TH. RIEMANN: Nach so vielen praktischen Tipps darf ich abschließend zumindest auf die noch recht unterbelichtete *Forschungssituation* in diesem Kontext aufmerksam machen – ein Defizit, das uns am Ende natürlich alle angeht. Wir haben weder gesicherte Erkenntnisse zur Effektivität computergestützter Lernphasen noch können wir über die Akzeptanz – vor allem auch eine längerfristige – unter den Lernenden viele empirisch gehaltvolle Aussagen treffen. Viele Annahmen sind in diesem Zusammenhang noch sehr spekulativ oder basieren auf eher anekdotischen Berichten. Mein Appell geht also an all diejenigen, die sich auch forschend mit der Fremdsprachendidaktik auseinandersetzen – in erster Linie die Hochschullehrer, aber auch Studierende, die über ihre *Abschlussarbeiten* nachdenken, oder die Software produzierenden Verlage. Wir müssen auf wissenschaftlich solider Basis herausfinden, wie die Lernenden mit technologiegestützten Lernszenarien umgehen, was genau sie lernen, und auch, wann man vielleicht genauso gut auf Computer und Internet verzichten kann.[23]

MODERATOR: Diesen Tipps habe ich nichts mehr hinzuzufügen – ich bedanke mich bei den Referent/innen. Viel mehr als einen *Streifzug* durch das Thema „Multimedia und Telekommunikation im Fremdsprachenunterricht" konnte diese fiktive Podiumsdiskussion sicher nicht bieten. Ich hoffe dennoch, dass Ihnen die dargestellten Positionen und die darüber vermittelten Anregungen und Beispiele geholfen haben, einen Einstieg in diese rasch expandierende Thematik zu finden.

---

23 An dieser Stelle soll natürlich nicht der – irrige – Eindruck entstehen, es gebe noch keine Forschungsaktivitäten im Kontext CALL. Zwei Hinweise mögen belegen, dass eine forschende Auseinandersetzung auch heute bereits stattfindet: zum einen die Existenz der ausschließlich online publizierten Fachzeitschrift „Language Learning & Technology" (http://polyglot.cal.msu.edu/llt/intro.html), zum zweiten die auf europäischer Basis operierende Forschungsgemeinschaft EUROCALL (http://www.hull.ac.uk/cti/eurocall.htm).

Wolfgang Tews

Neue Medien in den mathematisch-naturwissenschaftlichen Fächern

1. Prognose und Wirklichkeit

Die Einführung der Informations- und Kommunikationstechnologien (IuK-Technologien) im Bereich der Schule kann unter prognostischen Gesichtspunkten nach folgenden Kategorien betrachtet werden:
neutral – pessimistisch – optimistisch

Neutrale Prognose: Die bekannten Strukturen der Schule bleiben erhalten. Das bedeutet für die IuK-Technologien, dass sie in den Alltag so integriert werden, dass ihre Wirkung analog zu der von z. B. Overhead-Projektoren sein wird. OH-Projektoren werden gelegentlich von etablierten Kollegen eingesetzt, um Lernziele effektiver zu erreichen, sie werden von Referendaren häufig eingesetzt, um ihre Medienkenntnis und ihr Geschick im Umgang mit solchen Geräten zu zeigen. Ein Medienwart kümmert sich um Reparaturen und einen sicheren Standort der Geräte. Solche Geräte stören nicht und belasten kaum den Etat einer Schule. Es fällt kaum auf, wenn sie genutzt oder auch nicht genutzt werden.

Pessimistische Prognose: Die IuK-Technologien gehen den Weg einer anderen, zur damaligen Zeit hoch favorisierten Technologie, der Sprachlabore. Diese wurden mit erheblichem finanziellem Aufwand eingerichtet und sollten Lernen und Lehren effektiver machen. Jeder mag selbst beurteilen, wie intensiv sie heute noch genutzt werden. Allerdings sind heute diese Räume, soweit sie noch vorhanden sind, sehr beliebt zum Schreiben von Klassenarbeiten und Klausuren – damit erfüllen sie wenigstens noch einen guten Zweck.

Optimistische Prognose: Die Voraussetzung für diese Prognose, und nur über sie lohnt es sich nachzudenken, ist die, dass positive Trends der neutralen Prognose erkannt und aktiv so ausgenutzt werden, dass Umstrukturierungen im Bereich der Schule tatsächlich realisiert werden.

Wie kann der Alltag einer Schule aussehen, in der die optimistische Prognose tatsächlich realisiert wurde? Angenommen, dass das Gymnasium, an dem ich Mathematik, Physik und Informatik unterrichte, eine solche Schule ist, so könnte der Alltag wie folgt zu beschreiben sein.

- Jeder Schüler ist mit einem Laptop und jeder Klassenraum mit einem Lehrer-PC ausgestattet. Von sämtlichen Plätzen ist ein Internetzugang möglich. An den Lehrer-PC ist u. a. ein Chipkartenleser angeschlossen. Zu Beginn jeder Stunde schieben die Schüler ihre Chipkarte durch den Leser. Damit wird ihre Anwesenheit kontrolliert – ein zentrales Programm erfasst die Fehlzeiten. Nach kontroverser Diskussion wurde diese Methode eingeführt und hat sich inzwischen bestens bewährt. Der Verwaltungsaufwand für den einzelnen Lehrer ist beträchtlich gesunken. Da über diesen PC in eine spezielle Tabelle das Stundenthema eingetragen wird, gibt es auch keine Klassenbücher bzw. Kurshefte mehr.
- Da Sponsoring inzwischen salonfähig geworden ist, konnten wir eine Firma gewinnen, die endlich die Anstellung eines Systemadministrators – ein vollausgebildeter Informatiker – finanziert hat. Es ist nun möglich, dass ich mich als Systemverwalter und Informatik-Lehrer um den weiteren Aufbau einer multimedialen Lernwerkstatt kümmern kann. In Zusammenarbeit mit Kollegen aus den anderen Fachbereichen kann Software evaluiert und angeschafft werden. Die multimediale Lernwerkstatt, in der auch eine Bibliothek und eine Videothek vorhanden sind, steht am Nachmittag offen und wird häufig von den Schülern besucht, die früher viel Geld für den Nachhilfeunterricht ausgegeben haben. Da jeder PC über einen Internet-Anschluss verfügt, können die Schüler u. a. ihre Vorbereitungen für den Unterricht unter Ausnutzung auch von Internet-Quellen erledigen. Eine vielgenutzte Adresse ist die der virtuellen *Online*-Nachhilfelehrer Dr. Mathe, Dora Deutsch und Super-James: http://www.learnetix.de.

Für meinen Mathematik-Unterricht nutze ich häufig das virtuelle Rechengenie Dr. Mathe. Dieser Dienst bietet neben einem umfangreichen Archiv auch Kurse zur Vorbereitung auf das mündliche und schriftliche Abitur an. Meinen Abiturienten empfehle ich regelmäßig, die Tipps von Dr. Mathe zu studieren – sie können unter realistischen Bedingungen Trainingseinheiten für die Mathematik der Grund- und Leistungskurse durcharbeiten. Im Zusammenhang von „Abitur und Mathematik" sind folgende Adressen sehr wertvoll: http://www.isb.bayern.de/gym/math_inf/abitur.htm sowie http://www.mathe-abi.de.

Meinen Sek-I-Schülern gebe ich oft ein Stichwort, z. B. Pythagoras oder Lineare Gleichungssysteme, und lasse sie im Archiv von Dr. Mathe nach geeigneten Aufgaben und den dazugehörigen Antworten suchen. Das Archiv enthält inzwischen mehr als 1 500 Einträge zu allen gängigen Bereichen der Schulmathematik. Es ist spannend zu beobachten, wie sich Schüler aus Fragen anderer Schüler und den Antworten von Dr. Mathe einen neuen Stoff erschließen. Die Schüler berichten natürlich über ihre Erkenntnisse im Unterricht und werden so von einfachen Konsumenten zu Produzenten. Die vielerorts angemahnte und erwünschte Informations- und Medienkompetenz wird gewissermaßen *en passant* erhöht. Die Schüler lernen neben geeigneten Präsentationstechniken, wie ein mathematischer Stoff so aufbereitet werden muss, dass er von gleichaltrigen Mitschülern verstanden wird. Diese Art von Mathematik-Unterricht entspricht einem modernen Konzept von handlungsorientierten Lern- und Lehrformen, kommt gut an und erfordert vom Lehrer als Moderator ein neues Verständnis von Unterricht. Schüler lernen von Schülern – der Lehrer ist nicht mehr die Person, die allein im Besitz aller Informationen ist. Eine höchst willkommene Erweiterung dieser Lernumgebung ist die Möglichkeit einer Nutzer-Nutzer-Kommunikation. Der übliche Wissenserwerb kann durch Diskussionsforen, Mailinglisten und *Chatten* ergänzt werden.

Wenn ich einen webbasierten Unterricht durchführe, gehe ich nach folgender Struktur vor: Planung, Recherche, Auswertung, Präsentation.

- Die *Planung* liegt in den Händen des Moderators, des Lehrers. Er sollte wissen, an welchen Stellen sich geeignetes Material finden lässt. Die professionelle Planung setzt nicht nur die Kenntnis möglicher Quellen und deren Inhalte voraus, sondern enthält neben einer Zielgruppenanalyse auch eine Vorausschau der zu erwartenden Kommunikation innerhalb der Zielgruppe. Der Lehrer wird zum Projektmanager.
- Die *Recherche* setzt voraus, dass die Lerner den Umgang mit Suchmaschinen kennen und geeignete Suchstrategien beherrschen.
- Die *Auswertung* benötigt wieder den Moderator. Geeignete Unterrichtsformen für diesen Punkt sind kooperatives Lernen, Partner- bzw. Gruppenarbeit und/oder Projektunterricht.
- Die *Präsentation* erfolgt auf unterschiedlichste Arten, z. B.:
  - Ausstellung
  - Vortrag mit einem Standard-Präsentationswerkzeug
  - Produktion einer CD-ROM
  - Drehbuch

In diesem Bereich werden unterschiedliche Lernziele verwirklicht. Diese reichen von der rein fachlichen Darstellung, wobei die didaktische Aufarbeitung durch Schüler (!) erfolgt, über *Screendesign* bis hin zur Einführung in moderne Berufsbilder.

2. Beispiele zum webbasierten Unterricht

Mathematik

Thema „Extremwertproblem"

Nach Eingabe des entsprechenden Suchbegriffs in eine der gängigen Suchmaschinen gelangen die Schüler u. a. zu folgendem Resultat:

fermat
Peter Baptist. Über ein Extremwertproblem aus der Dreiecksgeometrie – historische und schulgeometrische Betrachtungen
1. J. P. Gruson und seine Minimumaufgabe: Am 21. November 1816 diskutierte vor der königlichen Akademie der Wissenschaften in Berlin …
http://did.mat.uni-bayreuth.de/~matthias/geometrieids/

In diesem Beitrag wird ein konkretes elementarmathematisches Problem beschrieben: „Gibt es in jedem Dreieck einen Punkt P derart, dass die Summe der Entfernungen von P zu den drei Eckpunkten minimal ist?" Neben dem Angebot von mehreren Lösungen, die sowohl elementargeometrische als auch Elemente der höheren Mathematik enthalten, regt das Studium des Artikels zu mathematikhistorischen Betrachtungen an: Wie wurde diese Aufgabe in der Vergangenheit gelöst? Wann taucht dieses Problem zum ersten Mal auf?

Ein weiterer bemerkenswerter Aspekt ist die Verbindung des genannten Problems mit einer bestimmten Maximumaufgabe („Einem gegebenen Dreieck soll das maximale gleichseitige Dreieck umschrieben werden"), die in der Literatur in der Mitte des 18. Jahrhunderts in einer Frauenzeitschrift (!) auftaucht. Ein geeignetes Beispiel, um über die Rolle der Frauen in der Mathematik zu diskutieren. Eine Fülle von Literaturhinweisen und Links runden diesen interessanten Beitrag ab.

Thema „Folgen"

Nach einer etwas gründlicheren Recherche – es ist selbstverständlich zwischen „Folgen" im mathematischen und im TV-Bereich zu unterscheiden – gelangen die Schüler zur Adresse: http://www.uni-giessen.de/math-didaktik/folgen/folgen.htm und finden ausführliche Informationen zu den Themen: Folgen in der Mathematik, Folgen im Mathematikunterricht, Geschichte des Folgenbegriffs, Geschichte des Folgenbegriffs im Mathematikunterricht, Beispiele zum Folgenbegriff, Aktuelle Forschungsfragen, Computer & Folgen, Literatur, Internetadressen (s. a. Thema „Folgen": http://www.mathematik.uni-stuttgart.de/HM/HMD/HMD.html).

Zu Fragen der Gestaltung der Mathematik in der Grundschule sei auf folgende Adresse verwiesen http://www.rechenbaer.de/brausw.htm.

Aus diesen Quellen einen interessanten Unterricht zu gestalten, sollte nicht schwer fallen.

Physik

Unter http://www.physik.uni-augsburg.de/did/mmuv.htm findet man unter dem Stichwort „Das Multimediale Physikbuch" zu vielen Themenbereichen der Physik Bilder, Filme, Animationen, Versuchsaufbauten, didaktische Tipps und viele Aufgaben. Interessiert man sich z. B. für das Thema „Solarenergie" so gelangt man z. B. zur Adresse http://emsolar.ee.tu-berlin.de/~ilse/idex2_h3.html.

Auf einem recht anspruchsvollen Niveau können Schüler Wissen zur angegebenen Thematik abholen. Eine Reihe von Fragen (*Multiple-Choice*-Test) sorgt für eine Überprüfung der Wissensaneignung.

Unter der Adresse http://www.ba.infn.it/www/didattica.html ist eine sehr umfangreiche Liste von Links zu vielen physikalischen Themen zu finden. In der Regel führen die Verweise zu fremd-, meist englischsprachigen Homepages, das sollte jedoch kein Hindernis sein, diese wertvolle Quelle zu nutzen. Wer Anregungen für einen webbasierten Physikunterricht benötigt, wird bei http://www3.adnc.com/~topquark/fun/fun.html mit Sicherheit fündig. Hier stößt man auf Online-Kurse zur Mechanik. Diese bestehen aus hübsch illustrierten elektronischen Texten, Java-Applets zur interaktiven Simulation dynamischer Prozesse sowie Tests in Multiple-Choice-Form. Allein das Demo-Applet „Der gedämpfte harmonische Oszillator" lohnt eine Kontaktaufnahme.

In der fachdidaktischen Quelle, geeignet insbesondere für Studenten und Referendare, http://btpdx1.phy.uni-bayreuth.de/ findet man u. a. die Rubrik „Multimediale Lerneinheiten". Dort können Informationen zur Motivationsproblematik, zur Gestaltung schriftlicher Unterrichtsentwürfe bis hin zur Frage von Hausaufgaben im Physikunterricht abgerufen werden. Interessant aus meiner Sicht ist die Vorstellung von Konzepten zur Überwindung von Fehlvorstellungen der Schüler im Physikunterricht.

Informatik

Thema „Internet"

Neben Informationen zu Programmiersprachen, neuen Berufsbildern und Techniken der Informationsgewinnung ist die praktische Erfahrung mit dem Internet als neuer Lernumgebung von besonderer Bedeutung. Was liegt näher als das Thema „Internet" selbst über das neue Medium erfahren zu lassen. Eine wertvolle Quelle dazu ist http://teleteaching.mi-lab.fh-furtwangen.de.

Hier sind Informationen zu den Stichworten Geschichte, Technik, Dienste, Suchen und Datenschutz zu finden. Interessant ist die Aufgabe, mit der der Lerner entlassen wird: die Macher dieser Quelle haben im WWW eine Seite versteckt und bei verschiedenen Suchdiensten registrieren lassen. Die Aufgabe besteht darin, diese Seite zu finden.

Web-Partnerschaften

Über ein fächerübergreifendes Projekt, das sich z. Zt. in der Erprobung befindet, soll knapp berichtet werden. Ein langjähriger Kontakt zu einer unserer Partnerschulen in Upminster (London) hat sich zu einem Experimentierfeld der multimedialen Kommunikation entwickelt. Es begann mit einem Gastgeschenk der Partnerschule: eine Videokamera zur Realisierung von Videokonferenzen. Mit Hilfe dieser Kamera konnten wir auf eine neue und mit den bisher existierenden Strukturen nicht durchführbare Art der Kontaktpflege die Austauschfahrten vorbereiten. Wer diese Form der Kommunikation noch nicht praktiziert hat, kann auch das Wundern, welches Schüler und Lehrer erfahren haben, nicht nachvollziehen. Hier wird Kommunikation und Kooperation per Internet auf eine neue Art erlebbar. Im Zusammenhang mit dem Austausch werden sich unsere Schüler an einem Projekt beteiligen, das kürzlich von der *Oracle-Corporation* initiiert wurde: *„New Generation Audiences"*. Hier einige Ziele des Projekts:

● Schüler werden an kulturelle Ereignisse herangeführt, die sie auf üblichem Weg selten erfahren werden
● sie werden ermuntert, einmal gewonnene Erfahrungen zu ihrem Nutzen weiter zu verfolgen
● in einer geschlossenen virtuellen Umgebung können die Schüler die Ergebnisse ihrer Nachforschungen über die kulturellen Ereignisse veröffentlichen

Von der beträchtlichen Anzahl der Sponsoren seien lediglich genannt: *The London Philharmonic Orchestra, The London Zoo* und *The Royal Shakespeare Company*. Diese Institutionen stellen neben einer großen Anzahl von Freikarten auch personelle Ressourcen für Hintergrundinformationen zur Verfügung. Die Aufgabe war und ist, anlässlich des Besuchs eines hochkarätigen Konzerts in der *Royal Festival Hall*, mit Hilfe des WWW über Komponisten, die präsentierten Werke, Dirigent und Orchester Informationen zu sammeln, um dieses Konzert gut vorbereitet zu erleben. Die Ergebnisse dieser Studien werden von den Schülern beider Schulen in der oben genannten geschlossenen Umgebung präsentiert und dem Teilnehmerkreis an diesem Projekt zur Verfügung gestellt.

Dieses Vorhaben gehört in die Kategorie der E-Mail-Projekte, ist jedoch nicht auf deren übliche Lernziele beschränkt. Neben den „klassischen" Zielen von E-Mail-Projekten, wie Kennenlernen und Bewerten der E-Mail-Technik, Verständigung in einer fremden Sprache und interkulturelles Lernen, steht die Informationsrecherche als Vorbereitung auf den Austausch von Informationen, Eindrücken und Erkenntnissen. Für den Erfolg des Projektes ist eine fachübergreifende Zusammenarbeit im Kollegium erforderlich. Um für die Weiterarbeit an diesem Projekt zu werben, ist eine geeignete Öffentlichkeitsarbeit an den teilnehmenden Schulen anzustreben.

Telelearning und WBT (webbasiertes Training)

Im Internet sind auf einer Vielzahl von Servern eine große Anzahl von Unterrichtsmaterialien in Form von Lernprogrammen, Animationen, Simulationen und tutoriellen Systemen zu finden. Oft sind sie von guter Qualität, meist bieten sie mehr Quellenmaterial, als es der gängige Unterricht zu Verfügung stellen kann. Eine hervorragende Adresse ist http://members.aol.com/Heinz Heigl/schule.htm. Hier sind Links mit knappen Beschreibungen zu Naturwissenschaften und Mathematik bis hin zu Religion und Geschichte zu finden.

Eine ebenfalls bemerkenswerte Linksammlung enthält die folgende Adresse http://didaktik.physik.uni-wuerzburg.de/~pkrahmer. Im Zusammenhang mit dem Thema Telelearning/Teleteaching sei noch auf einen interessanten Projektbericht unter http://www.bui.fh-hamburg.de/projekt/teleteaching/ldtt1.htm verwiesen. Es wird eine Literaturdatenbank zu diesem Thema beschrieben, die als wichtiges Werkzeug zur Entwicklung technischer, didaktischer und gestalterischer Standards für den Einsatz von Teleteaching in der Lehre dienen kann.

Selbst in dem mediendidaktisch eher konservativen Bereich der Medizin deutet sich ein Wandel an. Unter http://link.medinn.med.uni-muenchen.de/instruct/casus/intro.html wird auf ein fallorientiertes multimediales Lern- und Autorensystem verwiesen, mit dessen Hilfe ein Beitrag zur Verbesserung der Ausbildung von Medizinstudenten und Ärzten an realitätsnahen Lernfällen am Computer bzw. über kooperative Nutzung der Lernfälle im Internet geleistet werden soll.

Die Tele-Akademie der Fachhochschule Furtwangen bietet erfolgreich – allerdings kostenpflichtig – Fernlernkurse u. a. zu folgenden Themen an: Einführung in die Programmierung mit Java (der laufende Kurs ist bereits ausgebucht) und ab März 2000 einen einjährigen Kurs zum „Experten für neue Lerntechnologien".

Biologie als Zweig der Naturwissenschaft ist besonders geeignet, um die Überlegenheit einer aktuellen Informationsgewinnung aus dem Internet gegenüber der aus Lehrbuch und Periodika festzustellen. Als Begründung sei lediglich auf zwei der wichtigsten Argumente mit geeigneten Quellen verwiesen:

- Genetik, Gen- und Biotechnologie befinden sich in ständigem Wandel http://www.zum.de/Gentechnik/
- Hintergrundinformationen im Hinblick auf aktuelle oder gefährliche Krankheiten http://www.ebola.de/

3. Fazit

Der Unterricht mit neuen Medien ist nicht zwangsläufig besser. Nach wie vor gilt: Der Lehrer entscheidet über die Qualität des Unterrichts, auch die des Unterrichts mit neuer IuK-Technologie. Trotz vielfacher Anmahnung besteht immer noch die Aufforderung an die Didaktiken im mathematisch-naturwissenschaftlichen Fächerspektrum, eine „Didaktik der neuen Medien" zu entwickeln. In diesem Zusammenhang sind solche Fragestellungen zu entwickeln, die einen webbasierten Unterricht gegenüber dem herkömmlichen Unterricht favorisieren. Es ist alles zu tun, damit Schüler lernen, zwischen Datenmüll und Info-Vitaminen zu unterscheiden. Die Emanzipation der Lerner hinsichtlich der Informationsgewinnung führt zu einer Steigerung der Selbstsicherheit, des Selbstvertrauens, der Kritikfähigkeit und der Manipulationsresistenz.

Die bestehenden Curricula sind unbedingt und schnellstmöglich anzupassen bzw. neu zu fassen. Nur so besteht eine Chance, dass auch im Dienst ergraute, jedoch fähige Kolleginnen und Kollegen die neuen Möglichkeiten sinnreich einsetzen.

Der Vorteil des multimedialen Lernens – abstrakte Lerninhalte in einem konkreten, praktisch erfahrbaren Wissenskontext zu präsentieren – kann zu einem wünschenswerten Wandel des Schulalltags führen.

Bernd Mahrin

Multimedia in der beruflichen Bildung – Intentionen und Varianten

1. Arbeiten und Lernen mit Multimedia

In allen Berufsfeldern und in vielen beruflichen Tätigkeiten sowohl im gewerblich-technischen als auch im kaufmännisch-verwaltenden Bereich wird der Computer mit seiner Peripherie immer mehr zum selbstverständlichen Mittel und Bestandteil der Arbeit. Sein Einsatz ist vielfältig und umfasst unter anderem die Informationsgewinnung und -archivierung, verschiedenste Formen der Werkstatt- und Bürokommunikation, Planung und Konstruktion, Prozess- und Anlagensteuerung, Arbeitsvorbereitung und Betriebsorganisation, Datenmanagement, Dokumentation, Prozess- und Qualitätssicherung und nicht zuletzt die äußere Kommunikation vom Daten- und Informationsaustausch bis zur Video-Konferenz.

Auch multimedial geprägte Software-Anwendungen nehmen inzwischen breiten Raum ein im Alltag von Erwerbsarbeit: In Produkt- und Leistungsdarstellungen, in systemintegrierten Benutzerführungen und -hilfen, in Designstudien und bei virtuellen Prototypen, in der Logistik, in der technischen und in der betriebswirtschaftlichen Prozess- und Fabriksimulation und in anderen Zusammenhängen.

Eines der potenziell wichtigsten Anwendungsfelder für Multimedia im Arbeitsumfeld ist (scheinbar) noch nicht erwähnt: das *berufliche* bzw. das *arbeitsbezogene Lernen*. Nur scheinbar deshalb, weil viele der genannten Tätigkeitsfelder Lernprozesse unmittelbar in der Arbeit implizieren, weil viele erwerbsberufliche Tätigkeiten nicht mehr denkbar sind, ohne dass ein integriertes, nonformales Lernen damit verbunden wäre (vgl. Livingstone 1999; Mahrin, Uhe 1999).

Multimedia-Technologien tragen auch, neben anderen Entwicklungen wie zum Beispiel flexible Arbeitszeitmodelle, *Outsourcing* oder die Annäherung von allgemeiner und beruflicher Bildung, dazu bei, dass die Trennung zwischen Arbeit, Lernen und Freizeit merklich abnimmt (s. hierzu Opaschowski 1998; Sennet 2000). Die Allgegenwärtigkeit von Computern und Multimedia in Arbeitszusammenhängen und im privaten Alltag spricht eindeutig für eine

Instrumentalisierung der Multimediatechnik auch für Lernprozesse in der Berufsschule und in Ausbildungsbetrieben. Im Folgenden wird hauptsächlich auf Möglichkeiten und Rahmenbedingungen solcher Multimedianutzungen im beruflichen und berufsbildenden Umfeld eingegangen, bei denen das Lernen im weitesten Sinne als Hauptintention angenommen werden kann. Der Schwerpunkt der Betrachtungen liegt auf der berufsschulischen Nutzung.

2. Multimedia in beruflichen Schulen

Hard- und Software sind in der Schule nicht mehr wegzudenken. Es ist zu vermuten, dass „die neuen Medien für die Berufsschule einen Stellenwert haben, der weit über die Bedeutung der neuen Medien für jede andere Schulform hinausgeht", wie Franz-Josef Kaiser und Rudolf Schröder auf einer Tagung der Initiative BIG (Bildungswege in der Informationsgesellschaft) formulierten (Schröder 1997).

Ein Typ multimedialer Anwendungen war in beruflichen Schulen bereits fest etabliert, lange bevor die breite Diskussion um Multimedia und Unterricht einsetzte: Im gewerblich-technischen Bereich (CNC, SPS, Produktionsplanung, Logistik u. a.) und im kaufmännisch-verwaltenden Bereich (Kostenrechnung, Investitionsplanung, Unternehmensverhalten, Börse u. a.) sind rechnergestützte *Simulationen* im Geleit technischer und betrieblicher Entwicklungen längst zum festen Bestandteil der Ausbildungsmittel geworden. In Anbetracht der Tatsache, dass „80 Prozent aller Havarien komplexer Hybridsysteme … auf menschlichem Versagen beruhen" betont Faber (zitiert nach Schröder 1997), dass „durch Simulation in Verbindung mit Multimedia-Technik ein wesentlicher Beitrag zur Qualifizierung geleistet werden kann".

Das vielen Simulationen zu Grunde liegende didaktische Prinzip der Planspiele erfuhr auch in anderen Lernbereichen wachsende Bedeutung. Physikalische Modelle und Laborversuche, über viele Jahrzehnte tragende Pfeiler technischer Berufsbildung und wichtiges Hilfsmittel zum Begreifen komplexer Zusammenhänge, ließen dagegen etwas in ihrer Bedeutung nach. Sie erleben zur Zeit eine Renaissance in der Kombination mit multimedialen Anwendungen und beruflichen Echtsituationen.

Dennoch weist die Anwendung multimedialer und telematischer Lern- und Informationssysteme in Lern- und Lehrprozessen der beruflichen Aus- und Weiterbildung allgemein und der beruflichen Schulen speziell nicht nur einen großen Reichtum an Facetten, sondern auch erhebliche *Unterschiede in der Intensität* und in den *Intentionen* auf. Die Gründe hierfür liegen auf der Hand, sie sind jedoch – um es vorwegzunehmen – nur zum geringeren Teil in ungenügender beziehungsweise inhomogener technischer Ausstattung zu suchen. Die wichtigsten Aspekte seien kurz genannt:

- Mehr als die allgemeine Bildung bietet die berufliche Bildung Lernbereiche und Situationen, in denen der Computer im weitesten Sinne gleichzeitig *Lerngegenstand und Lernmedium* ist. So gibt es bei steigender Tendenz bereits mehr als 300 geregelte Ausbildungsberufe, Berufe nach Landesrecht und Umschulungsberufe sowie Fachstudiengänge, in denen Multimedia und Internet essenzielle Bedeutung haben (s. Berufe mit … Internet + Multimedia 1999). Andere Bereiche sind dagegen noch weit weniger tangiert und insgesamt variieren die Formen des erwerbsberuflichen Computereinsatzes erheblich (vgl. Issing, Deppe 1998).

- Die Realität des Lernens in der Berufsschule ist, aller Diskussion um Handlungsorientierung und fächerübergreifendes Lernen zum Trotz, zu weiten Teilen geprägt von *fragend-entwickelndem* Unterricht in streng segmentierter Form – inhaltlich und zeitlich. In solchen Lernsituationen, die an dieser Stelle nicht gewertet werden, bliebe ein Einsatz von Multimedia weitgehend auf der Ebene der Präsentation. Er könnte sich gegenüber Tafel, OH-Projektor und Video, die in diesem Zusammenhang flexibler handhabbar sind, kontraproduktiv auf den Lernprozess auswirken. Dies umso mehr vor dem Hintergrund, dass auch das „theoretische" Lernen in der Berufsschule in seiner Effizienz und Nachhaltigkeit in hohem Maße abhängig ist von seiner unmittelbaren Umsetzbarkeit in berufliche Handlungen am Arbeitsplatz im Ausbildungsbetrieb. Zwei zentrale Unterschiede bestehen zur allgemeinbildenden Schule:
  - Die Berufsschule stellt in der Regel *nicht den außerfamiliären Lebensmittelpunkt* der Auszubildenden dar. Sie ist sowohl formal als auch in der Empfindung der Jugendlichen dem betrieblichen, arbeits- und handlungsorientierten Teil der Ausbildung im Betrieb untergeordnet.
  - Berufsschüler ziehen konkrete Tätigkeiten im Lernprozess passiven Lernsituationen vor, die eine Kombination aus prototypischen, berufsbezogenen Problemen und verständnisfördernden Hintergrundinformationen und Gestaltungsspielräumen bieten. Die *Ziel- und Ergebnisorientierung* der Lernleistung hat einen höheren Stellenwert als in der Sekundarstufe II der allgemeinbildenden Schulen. Dies ist zu verstehen bezüglich der Anwendbarkeit des Gelernten, nicht mittelbar mit Blick auf gute Noten oder Beurteilungen.

Moderne Lern- und Informationssysteme für die Berufsschule müssen deshalb vor allen anderen Ansprüchen geeignet sein, die *didaktisch-methodische Bandbreite des Unterrichts* zu bereichern, ohne dass bloß eine neue (interaktive, elektronische, multimediale, …) Lernform neben bestehenden etabliert würde. Sofern arbeitspraktische Erfahrungen aus visuellen, akustischen und haptischen Wahrnehmungen direkt mit kognitiven Erkenntnissen gekoppelt werden können, sind sprunghafte Verbesserungen in den Lernerfolgen zu erwarten. Multimediale Systeme bieten hier etliche Möglichkeiten, sofern sie offen für Ergänzungen durch die Lehrer und Schüler sind. Denn sie können komplexe technische und abstrakte Sachverhalte anschaulich ohne viele Worte darstellen.

- Konkrete und in sich geschlossene Vorschläge für den Multimedia-Einsatz als *Ergebnisse fachdidaktischer Forschung* sind noch kaum vorhanden. Insbesondere fehlen Konzepte, die Formen selbst organisierten, aktiven Lernens mit den technischen Möglichkeiten von Multimedia didaktisch verbinden. Diesem Mangel steht einerseits eine beachtliche Palette pragmatischer Projekte gegenüber. Andererseits sind für das private, berufsorientierte Lernen zahlreiche multimediale Lernprogramme verfügbar.
- Ohne eine *Neugestaltung der Schulorganisation* durch partielle Auflösung des Fächerprinzips, durch verstärkte Einrichtung integrierter Fachräume zu Lasten konventioneller Labore und Werkstätten mit Mono-Nutzung und durch verstärkte Einrichtung offener Lernbereiche werden die neuen Medien positive Wirkungen auf Lernprozesse nicht voll entfalten können. Da eine solche Neuorientierung jedoch auch aus anderen Gründen dringend geboten ist (vgl. Komoll et.al. 1998), kann für die nächsten Jahre mit qualitativen Sprüngen auch im Medieneinsatz gerechnet werden.
- *Lehrerinnen und Lehrer* sind auf den Einsatz von Multimedia überwiegend mangelhaft vorbereitet und dementsprechend unterschiedlich erfahren, motiviert, kompetent und urteilsfähig. Im aktuellen Förderprogramm „Neue Medien in der Bildung" des Bundesministeriums für Bildung und Forschung (BMBF 2000) heißt es: „Trotz der wertvollen Initiativen einiger Bundesländer (im Bereich der Lehreraus- und Lehrerfortbildung) sind hier weitere Anstrengungen notwendig."
- Trotz der insgesamt positiveren Einschätzung der Situation in der beruflichen Bildung gegenüber der allgemeinbildenden Schule wird in dem Förderprogramm weiter bemängelt (ebd.):
  - die Unübersichtlichkeit der Angebote von Lernsoftware (vgl. Zimmer 1997)
  - die zu träge Reaktion auf die Entwicklungsdynamik einzelner Marktsegmente
  - die mangelnde didaktische Qualität der Bildungssoftware
  - Defizite in der Schulung von Ausbilderinnen und Ausbildern
  - die Dominanz produktbezogener Multimediaangebote durch Hersteller in kleineren Marktsegmenten.

3. Innovationspotenzial für berufliche Lernprozesse

Solchen Defizitbeschreibungen und skeptischen Situationsanalysen stehen umfassende *Erwartungen* an den verstärkten Einsatz elektronischer Medien in Berufsschulen gegenüber.

- Die *Integration von Einzelmedien* wie Text, Bilder, Audio, Video, Animationen usw. auf *einer* technischen Plattform macht die eigentliche Stärke von Multimedia aus und lässt Effekte für die Wahrnehmung von Sachverhalten und Zusammenhängen erwarten.
- Mit Multimedia können *reale Situationen* dargestellt werden, die sich in der Wirklichkeit durch damit verbundene Gefahren, wegen geringer Größe oder hoher Ablaufgeschwindigkeit der Betrachtung entziehen. Gegenüber Filmen und Videos besteht dabei der Vorteil der individuellen Ablaufsteuerung und der beliebigen Wiederholbarkeit.
- Multimedia kann multiplen Zugang zu Informationen bieten und trägt der *Individualität von Lernprozessen* Rechnung, indem es bei entsprechender Gestaltung für unterschiedliche Eingangsvoraussetzungen, Lerngewohnheiten, und Lerntypen (z. B. visuell oder auditiv) adäquate Angebote schafft. Auch Lerngeschwindigkeit und Lernzeiten können persönlichen Bedürfnissen folgen, sofern die äußeren Lernbedingungen dem nicht entgegenstehen.
- Durch die verschiedenen Darstellungsmöglichkeiten in integrierten Medien können Sachverhalte bedarfsweise auf *unterschiedlichen Abstraktionsniveaus* dargestellt werden. Dadurch können leicht nachvollziehbare Wechselbeziehungen zwischen realen Phänomenen und grundsätzlichen Zusammenhängen aufgezeigt werden.
- Multimedia-Unterstützung erlaubt eine *situative Vielfalt des Lernens* in der Berufsschule, innerhalb und außerhalb des organisierten Unterrichts sowie an anderen Lernorten einschließlich des privaten Bereiches, die mit anderen Mitteln kaum erreichbar ist.
- *Berufsschule ist kein „permanentes" Ereignis*. Die Schüler besuchen die Schule ein- oder zweimal pro Woche oder in ganzwöchigen Blöcken in größeren Abständen. Die damit verbundenen Besonderheiten in der Schul- und Unterrichtsorganisation sind hinreichend bekannt. Die Vielfalt der Varianten dürfte noch zunehmen, wenn Berufsschulen als regionale Kompetenzzentren eine tiefere kommunale Einbindung und neue Positionierung erfahren. Gerade in solchen offenen und flexiblen Organisationsformen können elektronische Medien eine zusätzliche Option des beruflichen Lernens jenseits der Zwänge von organisiertem Unterricht schaffen.
- Berufsausbildung ist geprägt von einer *Vielfalt der Lernorte und Lernsituationen*. Über den Rahmen des dualen Prinzips der Kooperation von

Betrieb und Schule hinaus sind bereits heute zahlreiche weitere Institutionen und Orte an der Ausbildung beteiligt, zum Beispiel über- und außerbetriebliche Ausbildungsstätten, Partnerschulen und -betriebe, Übungsfirmen, Kammern, Branchenverbände und andere. Verbundausbildungen, Auftragsausbildungen, Berufsvorbereitungen, Angebote von System- und Softwareherstellern und weitere Stichworte belegen, dass Berufsausbildung sich zu großen Teilen in einem Netzwerk von Betrieben, Institutionen, Trägern und Schulen bewegt. Die Stichworte Lernortkooperation und Lernortverbund gehören zum geläufigen Vokabular. Dass netzgestütztes Multimedia und Kommunikationssysteme bei der gegenseitigen Abstimmung sehr hilfreich sein können, ist zwar unmittelbar einsichtig, aber erst ansatzweise realisiert. Auch *Offline*-Informationssysteme auf CD-ROM könnten erhebliche Vorteile für die Standardisierung (nicht misszuverstehen als beständige Festschreibung) und die Qualitätssicherung der gesamten Ausbildung mit sich bringen.

- Die Verbindung von fachlichem Lernen mit dem *Erwerb methodischer Kompetenzen*, die auch in völlig anderen Zusammenhängen nutzbar sein können, ist leicht realisierbar.
- Die Strategie des Wissens*erwerbs* – im Gegensatz zur Wissens*vermittlung* – ist als konstituierendes Element moderner multimediaunterstützter Lernszenarien anzusehen. Sie passt sehr gut zu allen aktuellen didaktischen Ansätzen, die im Kern überwiegend auf konstruktivistischen Konzepten und Lerntheorien beruhen (vgl. hierzu Rebmann 1999).
- Integrierte elektronische Medien können gleichzeitig als Informationsträger und Leitinstrumente für *selbst organisiertes Lernen* fungieren (s. hierzu Greif, Kurtz 1998). Sie ermöglichen so auch eine bessere Integration von Lernhandlungen wie Lesen, Beobachten, Dokumentieren, Recherchieren, Beantworten von Fragen und echten Arbeitshandlungen, z. B. an Maschinen und Anlagen oder mit realer Arbeitssoftware.

Es besteht auch berechtigte Skepsis gegenüber dem selbst gesteuerten Lernen als einzigem oder dominierendem Weg des Kompetenzerwerbs. Denn ein zu hohes Maß an curricularer und methodischer Offenheit kann sich insbesondere bei niedrig motivierten Lernern lernhinderlich auswirken, wie die ATI[1]-Forschung eindeutig ergeben hat (s. Schmitz 1998). Doch die Bedeutung von ganzheitlichem Denken und selbstständigem, eigeninitiativem, kooperativem und verantwortlichem Handeln wird in vielen Feldern der Erwerbsarbeit weiter steigen. Berufliche Arbeit sollte sich künftig weniger nach dem Anweisungs- und Verrichtungsprinzip definieren, sondern über vielschichtige *Auf-*

---

1 Die *Aptitude-Treatment-Interaction-Forschung* (ATI) untersucht den Zusammenhang zwischen individuellen Merkmalen von Lernenden und Merkmalen des Unterrichts.

gaben mit wachsenden Gestaltungsspielräumen. Darauf vorzubereiten ist eine zentrale Aufgabe beruflicher Bildung und besonders beruflicher Schulen. Der Computer als Medium und Arbeitsmittel der Informationsgesellschaft kommt diesem Anspruch gewissermaßen naturgemäß weit entgegen. Gerade vor diesem Hintergrund ist es eine wichtige Aufgabe für Lehrerinnen und Lehrer, die Chancen, die die neuen Medien mit sich bringen, in der praktischen Unterrichtsarbeit offensiv und gewissenhaft auszuloten und die Risiken einzugrenzen.

4. Multimedia-Typen und didaktische Grundformen multimedialen Lernens

Die in der berufspädagogischen Diskussion gängigsten Ansätze zur Klassifikation von Lernsoftware unterscheiden didaktisch und strukturell vier Grundtypen:

Drill & Practice-Systeme (Übungsprogramme)	*Drill & Practice*-Systeme oder Übungsprogramme dienen in der Regel zum Faktenlernen oder zu Prüfungsvorbereitungen. Sie folgen dem didaktischen Grundmuster eines sehr kleinschrittig organisierten, lehrgangsmäßigen Lernens.
Tutorials	Tutorials sind meist lineare oder hierarchisch fachsystematisch gegliederte Lernsysteme oder elektronische Bücher, die Lernprozesse häufig über integrierte Lernerfolgskontrollen zu steuern versuchen.
Simulationen	Simulationen ermöglichen Manipulationen von Systemparametern und geben den Lernenden direkte Rückmeldungen über Auswirkungen ihrer Handlungen. Sie bieten gute Entscheidungshilfen für die praktische Umsetzung von Arbeitshandlungen.
Hypermedia-Systeme	Hypermedia-Systeme zeichnen sich durch dynamische, netzartige Verknüpfungen zwischen Einzelmedien und Seiten und Systemfunktionen aus. Sie erlauben ein hohes Maß an Navigationsfreiheit für die Lernenden mit der entsprechenden Gefahr des Orientierungsmangels für ungeübte Benutzer.

Die darauf aufbauenden Konzepte *intelligenter (oder besser: adaptiver) Tutorials* und *Mikrowelten* kommen einerseits dem Bedürfnis der Benutzer entgegen, multimediale Lernsysteme an ihre individuelle Situation (inhaltliches Vorwissen, Lerngeschwindigkeit, Computer-Erfahrung usw.) anpassen zu können. Andererseits stehen sie für die Tendenz, streng lehrgangsmäßig aufbereitete „Lernprogramme" im traditionellen Verständnis von *computer-based-training* (CBT) zu ersetzen oder zu bereichern durch reichere Lernumgebungen mit Auswahloptionen und eigenen Gestaltungsmöglichkeiten für die Lernenden. So wird die vorberufliche und berufliche Erfahrungsbildung unterstützt und dem Element der Anregung wachsendes Gewicht gegenüber der Belehrung verliehen. Durch Interaktion zwischen Menschen und Software wird interessegeleitetes und aufgabenbezogenes Lernen gefördert. Der „*Cognitive Apprenticeship*-Ansatz" bietet verschiedene methodische Varianten dazu an (s. Mandl, Reinmann-Rothmeier 1995).

Der Übergang von *Multimedia-* zu *Hypermedia-Systemen* ist fließend. Zwischen den lokalen Medien und Informationsquellen können innere und zu externen Programmen, zum Intranet oder Internet können äußere Verbindungen (*Hyperlinks*) aufgebaut werden. Externe Angebote können auf diesem Wege leicht optional in das Lernangebot einbezogen werden (vgl. Mahrin 2000). Sie haben oft den Vorzug von Aktualität und hohem Realitätsbezug und ermuntern zu aktivem, forschendem Lernen, selbst wenn sie produkt- oder firmenbezogen angelegt und mediendidaktisch nicht optimal aufbereitet sind.

Bestehende Kriterienkataloge zur Ermittlung von Qualitäts- und Bewertungsmaßstäben (s. z. B. Schenkel et al. 2000) für Lernsoftware berücksichtigen neben der fachlichen Richtigkeit und Vollständigkeit die mediale Vielfalt, die Angemessenheit und den Grad der Interaktivität, der jedoch sehr unterschiedlichen Definitionen unterliegt. Einer der jüngsten Ansätze zur Klassifizierung interaktiver Medien ist dargestellt in Sembill, Wolf (1999). Er trägt insbesondere dem Gestaltungspotenzial Rechnung, das interaktive Medien auch für Lernende vorhält.

Neben den bereits genannten finden sich als weitere Kategorien: *konstruktive Hypermedia* und *Anwendungsprogramme und Makro-/Programmiersprachen*. Hier wird – abweichend von der herkömmlichen Vorstellung computerunterstützten Lernens – davon ausgegangen, dass Multimedia und interaktive Lernsoftware in beruflichen Lernprozessen nicht nur gleichzeitig Lerngegenstand und Lernmedium sind, sondern auch *Werkzeug*charakter haben können. Dabei wird der übliche Rahmen lerneraktivierender Strukturelemente wie Notizblock, Taschenrechner, Lesezeichen und Ähnliches weit überschritten. Das Setzen eigener Querverweise (Links) im System wird ebenso möglich wie das Ergänzen oder Anpassen von Inhalten. Über solche assoziativen Eingriffe in Inhalt und Struktur vorhandener Informationssysteme hinaus gerät auch das vollständige Neugestalten von Kapiteln oder das Anlegen völlig neuer Anwendungen, beispielsweise zur Dokumentation eigener Projektarbeiten, zum Führen eines elektronischen Berichtsheftes u. Ä. zunehmend ins Blickfeld der Fachdidaktik (s. Wolf 1996, Mahrin 1999 a).

Die in der Literatur häufig zu findende lernorganisatorische Differenzierung nach *single learning*, *group learning* und *open distance learning* betrifft vor allem die äußeren situativen Bedingungen rechnerunterstützten Lernens. Die inneren Zusammenhänge von Lernszenarien, Lern-Software und individuellen Lernprozessen lassen sich mit diesen Kategorisierungsmustern nur unzureichend beschreiben. Nach Euler (1997) und Sander (1998) geht es bei der didaktischen Beurteilung der Lernszenarien vor allem um die Frage des sozialen Kontextes:

- **Individuelles Einzellernen**

  Hierzu zählen alle Varianten, bei denen die direkte Interaktion von Lernern mit Computern das konstituierende Moment darstellt, wobei kein unmittelbarer Austausch zwischen Lernenden untereinander oder zwischen Lernenden und Lehrenden stattfindet. Das klassische Muster stellt das Einzellernen am eigenen, heimischen Computer oder in einer Mediothek dar. Aber auch Lernsituationen im Klassenverband, bei denen jeweils ein Schüler an einem Computer ohne Beziehung zu anderen arbeitet, kann überwiegend Züge des individuellen Einzellernens tragen, wenngleich die Überschneidungsbereiche hier bereits deutlich werden.

- **Mediengestütztes Lernen im unmittelbaren sozialen Kontext**

  In diese Kategorie fallen vor allem kooperative Formen des multimedialen Lernens. Das können gleichermaßen Partnerarbeiten oder Gruppenarbeiten sein, und der Computer kann ebenso Quelle von Lerninhalten wie Werkzeug der Arbeit und des Lernens sein. Auch solche Situationen können dazugerechnet werden, in denen jeweils ein Lerner an einem Computer arbeitet, wenn es sich beispielsweise um kollektive Leistungen handelt, die in abgestimmter, ergänzender Arbeit von den Gruppenmitgliedern erbracht werden.

- **Telelernen mit unmittelbarer sozialer Einbettung**

  Das Telelernen erfordert in jedem Fall die Benutzung von Datennetzen, die die Computer einer verteilt arbeitenden Gruppe intern oder auch mit anderen Quellen (z. B. Internet) verbindet. Beispiele sind u. a. das *Online-Tutoring*, das *Application-Sharing* und die Video-Konferenz.

5. Lernzielkontrollen in multimedialen Lernprogrammen

Die Forderung nach dem Vorhandensein von Lernzielkontrollen in multimedialen Lernsystemen wird immer wieder laut. Das ist prinzipiell vernünftig, schon um den Lernenden eine Rückkoppelung über ihren Fortschritt zu geben. Hinter dieser Forderung verbirgt sich jedoch allzu oft das Verlangen nach *automatisierten Lernzielkontrollen* mit statistischer Auswertung, die gar kein prüfungsdidaktisches oder inhaltliches Anliegen verfolgen, sondern allein ein prüfungsökonomisches. Die Frage, was denn vernünftigerweise in welcher Form abzufragen sei, um berufliche Handlungsfähigkeit in einem eingegrenzten Themenbereich zu beurteilen, tritt zurück gegenüber den technischen Möglichkeiten und Grenzen, die das programmierte Abfragen mit sich bringt. Wider alle Erkenntnis über günstige Gestaltung von Tests und Prüfungen sind einfache *Multiple-Choice*-Fragen und Lückentext-Aufgaben wieder im Aufwind, die im Programm durch einfache mathematische Algorithmen abgebildet werden können. Die Eingabetoleranzen (Groß-/Kleinschreibung, Rechtschreibung, Formulierungen usw.) sind meist gering. Rückmeldung auf Eingaben beschränken sich häufig auf „richtig" oder „falsch", ohne gegebenenfalls einen Hinweis zu geben auf die Art des Fehlers oder einen Verweis auf eine geeignete Stelle innerhalb oder außerhalb des Systems, an der sich offensichtlich benötigte Informationen finden lassen.

Keinem anderen Medium wird in solchem Maße integrierte Lernzielkontrolle abgefordert wie multimedialen Lernmaterialien. Ausbilder, Lehrer, Bildungsträger erliegen immer wieder dem Trugschluss, diese Technologie könne ihnen die lästige Prüfungs- und Beurteilungspflicht weitgehend abnehmen. Systembedingt kann Multimedia aber diesem Anspruch auf Grund der technischen Grenzen zumindest heute noch nicht gerecht werden. Gerade komplexe berufliche Zusammenhänge im Übergang vom theoretischen Verständnis zur arbeitspraktischen Umsetzung unterliegen in der Erinnerung stark dem Weg der Erfahrungsbildung und dem persönlichen Wissens-Konstrukt. Derselbe Sachverhalt kann auf verschiedenen Wegen beschrieben werden, häufig sind wegen unterschiedlicher Lösungswege gar verschiedene Sachverhalte zu beschreiben, die dasselbe Problem zu einer akzeptablen Lösung führen. Derartige Fragen und Antworten lassen sich nicht nach starren Mustern auswerten. Es erfolgt deshalb meist die Beschränkung auf relativ triviale oder reine Wissens-Fragen, was nur ebenso bedingt Rückschlüsse auf die berufliche Handlungsfähigkeit zulässt wie die theoretische Führerschein-Prüfung auf die Fahrtüchtigkeit eines Prüflings.

Ein systemimmanentes *Test- und Prüfungsangebot* kann am besten unter Verzicht auf automatisierte Ergebnisbeurteilung realisiert werden: Fragen oder Problemstellungen sind im System aufrufbar und wahlweise mit aktiv-gestaltender Multimedia-Nutzung durch Text-, Bild-, Sprach-, Skizzen-Eingabe oder mit konventionellen Mitteln wie Bleistift und Papier zu bearbeiten. Das System bietet Muster- oder Beispiellösungen an, die die Lernenden mit ihrer eigenen Arbeit vergleichen, diese vielleicht auch daran messen können. In jedem Fall aber sollte das System Verweise zu weiteren Informationsquellen, zu tangierten Bereichen und Kapiteln, aber auch zu peripheren Inhalten bieten, damit der Vorgang der Aufgaben-Bearbeitung und -Auswertung genau dort lernförderlich wirkt, wo der Lernende „Lücken" festgestellt hat. Eine konventionelle Auswertung der Prüfungsleistung durch Dritte ist damit nicht ausgeschlossen.

6. Sprachunterricht in der Berufsschule mit Multimedia und Telematik

Dass die Chancen, die elektronische Medien zur Verbindung des fachlichen Lernens mit dem *Erwerb von Fremdsprachenkompetenz* bieten, noch nicht einmal annähernd ausgeschöpft sind, wird nicht mehr ernsthaft bestritten. Neuere Lernprogrammentwicklungen gehen auch für die Berufsbildung diesen Mangel offensiv an (Cornelsen 2000). Unübersehbar ist inzwischen auch englischsprachige Software in verschiedensten Arbeitsprozessen geworden. Länderübergreifende Kooperationen und die zunehmende Bedeutung des Internets zur Informationsbeschaffung und zur Kommunikation in Arbeitszusammenhängen erfordern neue Anstrengungen beim Spracherwerb.

Die verbindliche Einführung des Unterrichtsfaches *Englisch in allen Berufsschulen* an Stelle der momentan überwiegend fakultativen Angebote würde die Situation verbessern. Erfahrungsgemäß benötigen solche curricularen Neuregelungen aber mehr Zeit, als es geboten scheint. Zum anderen haben sich alle Formen des Fremdsprachenlernens, die von konkreten beruflichen Inhalten isoliert sind, als suboptimal erwiesen. Einen schnellen und pragmatischen Lösungsansatz könnten multilinguale Lern- und Informationssysteme bieten, die nicht fiktive Sachverhalte „künstlich" fremdsprachlich darstellen, sondern problem- oder projektrelevante Informationen aus fremdsprachigen Original-Quellen einbinden. Bei der Suche nach fachlichem Know-how für Problemlösungen in Lern- und Arbeitsaufgaben (s. hierzu Höpfner 1996) böten solche Medien einen echten Anreiz zur Auseinandersetzung mit der fremden Sprache. Die Ansätze zur *potenziellen Mehrsprachigkeit* sind bei multimedialen Anwendungen wie bei Autorensystemen mit wenigen Ausnahmen noch sehr zögerlich. Einen interessanten Ansatz bieten hierzu multimediale Anwendungen für die Nutzung im Arbeitsprozess, die auf der Basis des Autorenwerkzeugs *HyperTool* entwickelt wurden (Mahrin 1999 b). Sie liefern einerseits umfängliche Anpassungs- und Ergänzungsmöglichkeiten für die Benutzer („Jeder Leser kann auch Autor sein") und andererseits die Option auf verschiedene integrierte Sprachversionen.

Der Einsatz von *E-Mail* zur Kommunikation und zum Datenaustausch zwischen Schülern über Sprachbarrieren hinweg hat zum Lernen in der allgemeinbildenden Schule und in der akademischen Ausbildung außerordentlich vielversprechende Erfahrungen erbracht (s. z. B. Donath,Volkmer 1997). Hier öffnet sich auch für den nicht-akademischen beruflichen Sektor, beflügelt durch wachsende internationale Unternehmensbeziehungen, ein ertragreiches didaktisch-methodisches Handlungsfeld.

7. Multimedia und beruflicher Unterricht – ein Fazit

Wenn im Berufsschulunterricht die dominante Rolle des Lehrers ersetzt wird durch eine ebenso dominante Rolle des Computers und seiner Software, ist nichts gewonnen. Es ist im Gegenteil zu befürchten, dass individuelle Lernerfolge behindert werden, weil die soziale Komponente der Lernprozesse blockiert wird. Dies ist sicher nicht für einzelne, inhaltlich und zeitlich abgegrenzte Lernsituationen problematisch, wohl aber bei entsprechender Durchgängigkeit eines multimediazentrierten didaktischen Grundmusters von Unterricht. *Erfolgreiche multimediale Lernarrangements* in der Berufsschule sind deshalb häufig vom Prinzip der herkömmlichen unterrichtlichen Nutzung in Computerräumen gelöst. Sie zielen stattdessen in enger Anlehnung an handlungsorientierte und konstruktivistische didaktische Modelle auf enge Verbindung von computerunterstütztem inhaltlichem Lernen und berufspraktischem Tun in projektähnlichen Situationen. So entstehen auch eine Vielzahl von Ansatzpunkten zur Integration von beruflichem Lernen in Schule und Betrieb. Außerunterrichtliche multimediale Lernangebote bieten ein überdurchschnittliches Erfolgspotenzial, wenn sie nicht belehrend wirken, sondern Problembezug aufweisen und kurzweilig gestaltet sind. Der Erfolg des im Auftrag des Bundesinstituts für Berufsbildung entwickelten Lernprogramms „Elektrische Schutzmaßnahmen" (s. Gerwin 2000), das vorwiegend von Schülern und Auszubildenden auf dem „Nachmittagsmarkt" gekauft wird, belegt dies, obwohl sich das Programm einem eher trockenen und unbeliebten Thema widmet. Es nutzt die Möglichkeiten des dynamischen Mediums geschickt zur Steigerung der Motivation und Aufmerksamkeit, jedoch nicht um jeden Preis zur Effekthascherei.

Die Frage *„Lehrer oder Computer?"* stellt sich also auch in der Berufsbildung nicht. Die Rolle von Lehrern und Ausbildern wird in ihrer Ausprägung berührt, keineswegs aber existenziell bedroht (vgl. Albert et al. 1998). Die Varianz der Lernsituationen ist aber durch die Kombination verschiedener Lernorte und den direkten Bezug zur Arbeitswirklichkeit ungleich größer als in der allgemeinbildenden Schule. Damit entstehen weite didaktische Spielräume und ein umfassender Gestaltungsbedarf für Lernsoftware und Lernsituationen. Andererseits bleiben auch die inhaltlich, technisch und didaktisch perfektesten multimedialen Systeme stets nur Abbilder von Arbeitsprozessen oder Sachzusammenhängen.

Es stellen sich zwei zentrale didaktische Fragen:

a) Wie können multimediale Lern- und Informationssysteme effektiv, verständnisfördernd und motivationssteigernd in Lernszenarien eingebunden werden, die auf kompetentes berufliches Handeln zielen?

b) Unter welchen Bedingungen sollte auf den Einsatz von (Multi-)Medien zugunsten anderer Methoden und Lernmittel verzichtet werden?

Eine Teilantwort zur ersten Frage lässt sich anhand von Erfahrungen aus Modellversuchen (s. z. B. Tilch, Biel 1998) relativ schnell finden: Die beste Wirkung entfaltet Multimedia, wenn seine Platzierung im Lernumfeld einen Angebotscharakter aufweist, wenn es die Lernenden zu aktiven Handlungen anregt und wenn es einen klaren Bezug zu beruflichen Echtsituationen erkennen lässt. Als aktive Handlung ist in diesem Zusammenhang nicht nur manuelles Tun zu verstehen. Auch beispielsweise die Planung eines Arbeitsprozesses oder die selbstinitiative gedankliche Reflexion eines Sachverhaltes an einem konkreten Beispiel kann – lerntypabhängig und situationsbezogen – hier als aktives Lern-Handeln gewertet werden.

Auch zur zweiten Frage drängt sich durch die vorliegenden Erfahrungen eine Teilantwort auf: Sofern eine beabsichtigte lernrelevante Erfahrung unter vertretbarem Aufwand auch in einer Echtsituation in Verbindung mit realer sinnlicher Erfahrung gewonnen werden kann, ist der Einsatz von Multimedia wie von herkömmlichen Medien obsolet. Es sei denn, die geistige Durchdringung des Sachverhalts erfordert eine vertiefende Betrachtung, die die reale Situation nicht unmittelbar beziehungsweise nicht im erforderlichen Umfang zulässt.

Damit ist die Spannbreite des lernförderlichen Multimedia-Einsatzes in der Berufsschule und ihrem Umfeld bereits umrissen. Eine gute Einordnung von Multimedia in das Gesamtkonzept von Mediennutzung im Unterricht findet sich in Tulodziecki (1995). Im klaren Gegensatz zu klassischen Medien-Einsatz-Konzepten, z. B. als Werkzeug in der Hand des Lehrers oder als (vorgefertigtes) Arbeitsmaterial in der Hand des Schülers, wird das Lernen mit Multimedia dort eindeutig dem Interaktions-Konzept zugerechnet.

Eine Unterrichtsorganisation und didaktische Ansätze, die das Aufwerfen von Fragen und die Wahrnehmung von Problemen als Ausgangspunkt für nachhaltiges Lernen betrachten und zulassen, anstatt vorgefertigte Antworten zu vermitteln, sind die naheliegende Konsequenz auch und gerade für berufliche Schulen.

Tanja Siemer

Was findet die Schule für morgen im Netz von heute?

Noch vor kurzem waren Worte wie *„World Wide Web"* oder „Internet" fast nur aus Schülermund zu hören. Die meisten Lehrer beschäftigten sich nur wenig mit dieser Thematik. Dies lag nicht zuletzt daran, dass alleine die Anschaffung eines Computers für eine Schulklasse oder auch nur für eine Schule wegen der hohen Kosten als aussichtslos galt. Ein Internetzugang war fast schon gefürchtet, denn die Folgekosten schienen unüberschaubar oder immens hoch. Inzwischen sind jedoch (nicht zuletzt durch Sponsoren) zahlreiche Schulen mit einem oder mehreren Computern ausgestattet und auch ans Netz angeschlossen. Doch was bietet das Internet der Schule? Welche Adressen sind für Lehrer, Eltern oder Schüler interessant, liefern wichtige Information für den Schulalltag? Wir geben hier einen Überblick über das momentane Angebot ausgewählter Netz-Adressen[1]. Dabei ist zu berücksichtigen, dass das Internet ständig in Bewegung ist. Viele Anbieter bauen ihr Programm noch aus, strukturieren es um oder stellen es wieder ein. Jeden Tag kommen neue Angebote hinzu. In dieser Situation versuchen wir hier eine allgemeine Orientierung und Einschätzung zu geben, nicht zuletzt mit der Absicht, die Motivation zur selbstständigen Suche zu unterstützten.

1. Die Bildungsserver der Länder

In fast jedem Bundesland gibt es so genannte Bildungsserver. Diese sind unterschiedlich aufbereitet und auch unterschiedlich weit entwickelt. Sie verstehen sich häufig als ein Verbund von Angeboten einzelner Organisationen und Institute. Auch wenn sich manche noch in der Aufbauphase befinden, zeigen bereits die bislang ungefüllten Kapitelüberschriften, in welche Richtung gearbeitet werden soll. Die Angebote der einzelnen Server sind sich weitgehend ähnlich, die Informationen und Adressen eher länderspezifisch. Nicht nur Lehrer werden angesprochen, sondern alle, die mit Schule zu tun haben, also auch Eltern, Schüler und manchmal auch Referendare und Studenten.

---

1 Sämtliche Webadressen sind am Ende des Artikels zusammengestellt.

Einige Bildungsserver bieten einen sehr guten Überblick über die Schulen in ihrem Bundesland. Manche listen Adressen und Telefonnummern oder auch die aktuellen Schülerzahlen auf. Der Bayerische Schulserver bietet sogar die Möglichkeit, mit einem Kennwort die Hard- und Softwareausstattung der einzelnen Schulen zu erfragen. Beim Niedersächsischen Bildungsserver kann sich der Leser direkt zu Homepages von einzelnen Schulen und dort zum Teil sehr umfassend über einzelne Schulen informieren. Fotos von Schulalltag, Festen oder Projekten sowie Berichte von Schülern und vieles mehr geben einen Eindruck von der Arbeitsweise der jeweiligen Schule.

Ein Schwerpunkt im Angebot bietet die Vorstellung einzelner Modellprojekte. Dort kann man sich über die Konzeptionen, die Umsetzung und teilweise auch die Auswertung dieser Projekte informieren. Ebenso werden bildungspolitische Ideen und Planungen vorgestellt.

Einige Server haben die Rahmenpläne komplett ins Netz gestellt. Manche ermöglichen sogar den Service der *Online*-Bestellung. Sachsen-Anhalt bietet zudem einen Katalog der zugelassenen Schulbücher an. Oft ist auch das Schulrecht nachzulesen. So können sich auch Eltern schnell und einfach über wichtige rechtliche Fragen bezüglich des Unterrichts informieren.

Fast jedes Bundesland bietet einen Link zur eigenen Landesbildstelle. Dort kann man erfahren, welche Medien zur Verfügung stehen. Teilweise werden Rezensionen einzelner Produkte angeboten. Auch hier gibt es manchmal den Service, dass Produkte *online* bestellt werden können.

Sehr häufig taucht das Thema Software auf. Wer sich hier beispielsweise über Software für seinen Unterricht oder seine Kinder informieren möchte, gelangt fast immer über einen Link zum „Software-Dokumentations- und Informationssystem", kurz SODIS genannt (s. u.). Einzelne Bildungsserver bieten auch eigene Softwarebesprechungen und -bewertungen an. Jedoch sind diese meist nicht sehr umfassend. Der Thüringer „Arbeitskreis Schulsoftware" testet Schulverwaltungs- und Stundenplanprogramme. Interessenten können sich dort auch gleich über Fortbildungen in diesem speziellen Bereich erkundigen. Einige Server, zum Beispiel der Landesbildungsserver Sachsen-Anhalt, bieten Hinweise zu kostenloser Software im Netz, die sich der Benutzer selber herunterladen kann.

Lehrer, die sich über Fortbildungsangebote erkundigen wollen, werden für ihr Bundesland fast immer auf dem jeweiligen Bildungsserver fündig. Dort bekommt man Auskünfte über Angebote, Termine oder Kosten. Teilweise kann man die Kurse auch gleich buchen. Zukunftsluft kann man beim Niedersächsischen Bildungsserver schnuppern. Dort werden Fernkurse im virtuellen Lernzentrum des NLI[2] angeboten.

---

2 NLI = Niedersächsisches Landesinstitut für Fortbildung und Weiterbildung im Schulwesen und Medienpädagogik

Wer Unterrichtsanregungen oder -hilfen sucht, wird auf sehr unterschiedliche Weise fündig. Viele Bildungsserver bieten, nach Fächern und Jahrgangsstufen sortiert, interessante Links zu einzelnen Unterrichtsthemen an. Manchmal sind diese Links kommentiert, was die Suche sehr erleichtert. So findet man beispielsweise Webseiten von Kinder- und Jugendbuchverlagen, alles zur Neuregelung der deutschen Rechtschreibung, von Kindern geschriebene Märchen oder Unterrichtsmaterialien. Das Spektrum ist breit gestreut. Neben Adressensammlungen gibt es auch eigene Sammlungen von Unterrichtsentwürfen oder Examensarbeiten der zweiten Staatsprüfung. Konkrete Unterrichtsmaterialien wie Arbeitsblätter oder Klassenarbeiten sind eher selten und erscheinen in qualitativer Hinsicht als ausbaufähig. Für solche Materialien wird meist auf eine spezielle Webadresse der „Zentrale für Unterrichtsmedien im Internet e.V." (ZUM) verwiesen (s. u.). Viele Bildungsserver sind dankbar für Angebote zur Mitarbeit. Oft besteht auch die Möglichkeit, selbst zu publizieren.

Foren und *Chats* bieten eine Kommunikationsplattform zu den unterschiedlichsten Themen – meistens für Lehrer. Dort kann man verschiedene Standpunkte nachlesen, seine eigene Meinung schreiben und mit anderen diskutieren. Sehr häufig werden Anregungen zum Umgang mit dem Computer im Unterricht, speziell auch zum Umgang mit dem Internet, gegeben. Einige Server bieten Aufsätze und Erfahrungsberichte, die man nachlesen oder bestellen kann.

Es werden aber nicht nur Lehrer angesprochen. Schüler erhalten interessante Links zu speziellen Kinder- und Jugendseiten. So gibt es Adressen, die unzählige Referate oder Hausaufgaben zum Herunterladen bereithalten. Einige Bildungsserver bieten auch Prüfungsaufgaben aus den vergangenen Jahren als Vorbereitung für die eigene Prüfung an. Aber auch Adressen für Ferienjobs oder Praktika werden manchmal genannt. Der Bildungsserver von Mecklenburg-Vorpommern bietet beispielsweise einen Link zum „Jugendserver M-V". Dort können Jugendliche Informationen zur Lehrstellensuche oder zu *Au-pair*-Angeboten bekommen. Daneben werden auch Internetmagazine und Schülerzeitungen aufgelistet.

Generell findet man eine Vielzahl von wichtigen Adressen und Ansprechpartnern zu den unterschiedlichsten Themen. Selbsthilfegruppen, Beratungsstellen, Landeseltern- oder -schülervertretungen sind aufgelistet und können ganz speziell weiterhelfen. Die meisten Bildungsserver verweisen auch auf die Bildungsserver der anderen Länder oder übergreifende Bildungsserver, wie etwa „bildung *online*" oder der „Deutsche Bildungsserver" (s. u.).

Studierende und Referendare erhalten über Landesbildungsserver Informationen über die zweite Ausbildungsphase und sogar die Bewerbungsformulare für die Referendariate.

Falls man als Benutzer etwas ganz Spezielles sucht, bieten fast alle Bildungsserver Suchmaschinen an, mit denen dann das Gewünschte – hoffentlich – gefunden wird. Es gibt sogar Verweise auf spezielle Suchmaschinen für Kinder.

Interessant ist auch das Angebot von Rundbriefen. Gibt man hier seine Adresse an, so bekommt man regelmäßig aktuelle Informationen zugesandt. Der Bildungsserver aus Nordrhein-Westfalen beispielsweise verschickt sehr umfassende Informationspost. Dort wird auf neue und aktuelle Themen hingewiesen, die angeboten werden. Diese sind sogar „verlinkt", sodass sich der Leser sofort zu den gewünschten Informationen weiterklicken kann.

2. Einzelne interessante Adressen

Der „Deutsche Bildungsserver" verweist auf sämtliche Landesbildungsserver, weitere Bildungsserver in Deutschland (beispielsweise „bildung *online*"), aber auch auf Bildungsserver aus Österreich und der Schweiz. Zudem bietet der Deutsche Bildungsserver ein eigenes breites Angebot für alle, die mit Bildung auch im weiteren Sinne zu tun haben. Zusätzlich zu den erwähnten Angeboten der Landesbildungsserver findet man hier außerdem technische Hilfen für den Netzbetrieb. Dort erhält man beispielsweise Hinweise auf Themen wie: Anschluss an das Internet, Aufbau eines Schulservers, Gestaltung von WWW-Seiten. Für Fragen solcher Art werden weitere wichtige Internetadressen genannt. Auch bietet der Deutsche Bildungsserver eine Institutionendatenbank an, in der alle wichtigen deutschen Bildungs-Institutionen verzeichnet sind – von Universitäten über Ministerien und Fachgesellschaften bis hin zu zahlreichen Verbänden. Es gibt außerdem eine Informationssäule zum Thema Hochschule. Dort findet man alles über die Hochschulen, von Studienangeboten über Fernstudium bis hin zum Hochschulrecht.

Wer einen Eindruck bekommen möchte, wie unterschiedlich sich Schulen im Internet präsentieren, der ist beim „Schulweb" gut aufgehoben. Hier werden Homepages von Schulen weltweit präsentiert. Überdies gibt es Links zu zahlreichen Schulzeitungen und auch zu Schulradiostationen einzelner Schulen. Im Aufbau ist die Sammlung von Klassenfahrtenberichten, die später vielleicht einmal Anregungen für die Planung eigener Klassenreisen geben kann. Nach Fächern geordnet können Materialien zur Unterrichtsplanung aufgerufen werden. Neben den üblichen Linklisten zu Institutionen und Schulbuchverlagen (hier sind es alleine 139 Linkadressen), werden auch zahlreiche Wettbewerbe für Schulen und Schüler genannt. Ebenso werden Literaturtipps zum Thema Schule und Internet gegeben. Die Rubriken „Intranet in Schulen" und „Internet in Schulen" bieten interessante Informationen bis hin zu Unterrichtsideen an.

Das „Software-Dokumentations- und Informations-System" (SODIS) ging aus einem dreijährigen Modellversuch hervor, der am nordrhein-westfälischen Landesinstitut für Schule und Weiterbildung in Soest 1988 begonnen wurde. Ziel war es, ein für den Bund und alle Länder zugängliches Informationssystem über neue Medien für den Unterricht aufzubauen. Am Ende des Modellversuches beschlossen die Länder, SODIS fortzuführen. Später schlossen sich auch die neuen Bundesländer und Österreich an. Der Benutzer kann hier gezielt nach Softwarehinweisen suchen. Die einzelnen Programme werden beschrieben, man erhält Informationen über Preis, Betriebssystem, Verlagsadresse (teilweise mit Link) bis hin zu Inhaltsbeschreibungen. Zum Teil sind die Programme auch bewertet oder durch Erfahrungsberichte von Benutzern weiter erläutert. Es ist auch möglich, gegen ein Entgeld die SODIS-Datenbank auf CD-ROM zu bestellen. Zudem gibt es Links zu den mit SODIS kooperierenden Ländern und Instituten. Die Zukunft von SODIS könnte vielleicht in einer Übernahme durch das FWU liegen.

Neu ist der „bildungssoftwareatlas", der vom IBI – Institut für Bildung in der Informationsgesellschaft (Berlin) und dem IfB – Institut für Bildungsmedien (Frankfurt) vom Herbst 2000 an betrieben wird. Er hat zum Ziel einen umfassenden Nachweis der im deutschsprachigen Raum hergestellten Bildungssoftware. Alle Marktsektoren werden hier bedient: das formelle und das private Lernen vom vorschulischen Bereich bis in die Erwachsenenbildung in allen Altersstufen. Die Produkte werden formal und inhaltlich beschrieben. Die Nutzer finden über Volltext- und Schlagwortsuche die sie interessierenden Titel. Der Zugang ist für die Nachfrager kostenfrei.

Die Sammlung von konkreten Unterrichtsmaterialien in den Landesbildungsservern ist teilweise noch spärlich. Interessantes bietet dafür die „Zentrale für Unterrichtsmedien im Internet e.V." (ZUM). Dort sind gut kommentierte Linklisten und Suchmaschinen zu den einzelnen Unterrichtsfächern zu finden. Außerdem gibt es eine umfangreiche Sammlung von Unterrichtsmaterialien und Arbeitsblättern. Diese Materialien sind nach Bundesländern sortiert und werden noch weiter ausgebaut. So werden Gedichtsammlungen, Unterrichtsmaterialien und Lehrpläne angeboten, die teilweise gegen Gebühr bestellt werden können. Interessant ist das Angebot von Autorenmodulen. Jeder Benutzer kann ohne Probleme seinen Beitrag gleich eintippen, der automatisch an das ZUM-Layout angeglichen wird. Sehr informativ ist auch die Rubrik der Diskussionsforen. Zu unterschiedlichen und gut geordneten Themen gibt es hier Foren, zum Beispiel ein spezielles Referendarsforum, in dem sich Referendare über ihre Probleme und Fragen austauschen. Und für alle, die noch kaum Erfahrung mit dem Internet haben, gibt es auch einen *Online*-Internetkurs. Dieser besteht aus 14 gut erläuterten Kapiteln. Zu fast jedem Kapitel gibt es ein Aufgabenblatt und am Ende kann man zur eigenen Wissenserwerbskontrolle eine Prüfung ablegen.

Wer gerne mit dem Computer in der Schule arbeiten möchte, aber bislang keine Geräte zur Verfügung hat, sollte nicht gleich aufgeben. Inzwischen gibt es Initiativen, die Computer besorgen oder auch einen Internetzugang zur Verfügung stellen. Die bekannteste Adresse dürfte „Schulen ans Netz e.V." (SAN) sein, eine Initiative des Bundesministeriums für Bildung und Forschung und der Deutschen Telekom. Das Ziel dieser Initiative ist es, Schulen ans Internet anzuschließen. Gestartet wurde das Projekt 1996 und war eigentlich auf drei Jahre beschränkt. Aufgrund des großen Erfolges wurde es jedoch verlängert. Auf der Homepage von SAN wird nicht nur erläutert, wie man an der Ausschreibung zur Förderung teilnehmen kann, sondern es werden auch Links angeboten, die von Möglichkeiten des Einsatzes des Internets im Unterricht berichten. Interessant für Schulabgänger ist auch der Berufsfeldtest mit anschließender Auswertung. Zudem bietet SAN die Rubrik „Lehrer *online*", die in sich schon eine Art Bildungsserver darstellt. Dort findet man aktuelle Kurznachrichten zum Thema Schule, einen *online*-HTML-Kurs oder auch „*LizzyNet*", ein Projekt speziell für Frauen ab 14 Jahren. Für alle Jahrgangsstufen kann man nach Schulfächern sortiert Unterrichtsanregungen suchen. So werden Materialien für den Unterricht zur Verfügung gestellt, sowie die Möglichkeit des Internets im Unterricht erläutert. Neben SAN-eigenen Beiträgen und Informationen können auch Gastautoren ihre Ideen und Materialien veröffentlichen.

Und auch die einzelnen Schulbuchverlage haben den Marktwert des Internets entdeckt. So schlossen sich bereits 1997 vier namhafte Schulbuchverlage zu dem Dienstleistungsangebot „bildung *online*" zusammen. Der Server bietet Lehrern, Schülern, Eltern und fortbildungsfreudigen Erwachsenen einen fachlich kompetenten Service für die Bereiche Schule, Aus- und Weiterbildung, Schulen und Schulprojekte sowie Anbieter und Produkte zum Thema Bildung. Von dort gelangt man auch zu den einzelnen Schulbuchverlagen. Sie bieten neben ihren Produkten, die meist *online* bestellt werden können, zahlreiche Informationen für Lehrer, Eltern und Schüler. Zum Teil ist es sogar möglich, gegen Entgelt Arbeitsblätter für den Unterricht herunterzuladen. Einige Verlage haben spezielle Programme für Schüler.

Beispielsweise bietet der Cornelsen-Verlag die Netzadresse „Learnetix" an, welche vom Verlag selber als „Lern-Community" bezeichnet wird. Gegen Bezahlung hat der Schüler die Möglichkeit, in 3-D-Welten mit anderen Schülern zu chatten. Für die Fächer Mathe, Deutsch und Englisch werden *Chat*-Stunden angeboten, in denen von Experten Fragen zu Hausaufgaben beantwortet werden. Außerhalb der *Chat*-Stunden gibt es die Möglichkeit, seine Hausaufgaben zu mailen, die dann noch am selben Tag korrigiert zurückgesandt werden. Alle weiteren Fragen zu den angebotenen Fächern werden innerhalb von 24 Stunden per Mail beantwortet. Zur eigenen Lösung von Problemen und zum selbstständigen Lernen werden Archive angeboten, in denen Hunderte von Beispielaufgaben und Lösungen sowie interessante Links zu unterschiedlichen Themen zu finden sind. Zur Entspannung gibt es Spiele, Rätsel und Quiz. Zum Einstieg und Kennenlernen gibt es meist ein kostenloses Probeabo. Der Klett-Verlag hat ein ähnliches Angebot. Auch hier gibt es ein Nachhilfeprogramm für Schüler der Klassen 5 bis 10. Hilfe und Betreuung bei den Hausaufgaben stehen ebenfalls auf der Angebotsliste. Und nicht nur Schüler erhalten interessante Informationen und Linkverbindungen, sondern auch für Lehrer und sogar für die Erwachsenenbildung gibt es zahlreiche Informationen.

Der Schroedel-Verlag bietet den „Newsticker". Dies ist ein Lehrer-Magazin, welches eine umfangreiche digitale Bibliothek für schulisch relevante Presseartikel besitzt.

3. Suchmaschinen

Wenn man als Benutzer im Internet etwas Bestimmtes sucht, stehen dafür als erste Anlaufstelle die so genannten Suchmaschinen zur Verfügung. Diese bieten die Möglichkeit, mit Hilfe von Schlagwörtern die entsprechenden Informationen ausfindig zu machen. Oft wird man dort aber mit einer Fülle von Informationen überhäuft, sodass dann sehr viel Zeit damit vergeht, das Gewünschte aus den angebotenen Informationen ausfindig zu machen. Trotzdem kann man die Suchmaschinen nicht ignorieren. Sie gehören zum Umgang des Internets dazu, und damit ist ihre richtige Benutzung ein Teil einer neuen Medienkompetenz. Einige Suchmaschinen, wie etwa „Yahoo", „Lycos" oder „Fireball" bieten Rubriken an, die einem die Suche erleichtern. Bei den drei genannten gibt es die Rubrik „Bildung und Ausbildung", bzw. „Bildung und Wissenschaft". Dort findet man zahlreiche kommentierte Links zu interessanten Adressen, die Informationen zu Schule, Studium und Bildungspolitik bieten, sowie die Möglichkeit zur Suche in Bibliothekskatalogen oder Nachschlagewerken.

Zusammenfassend lässt sich sagen, dass das Angebot zum Thema Bildung insgesamt sehr groß und vielfältig ist. Es bietet die Möglichkeit, Informationen und Adressen leicht und schnell zu bekommen. Für Lehrer werden es in Zukunft nicht mehr nur die zahlreichen Fachzeitschriften sein, die sie über Aktuelles informieren und ihnen Unterrichtsanregungen bieten. Es wird auch dazugehören, sich regelmäßig im Netz umzuschauen, um auf dem aktuellen Stand zu bleiben.

4. Webadressen

Bildungsserver Nordrhein-Westfalen:	www.learn-line.de
Berliner Bildungsserver:	bebis.cidsnet.de
Deutscher Bildungsserver:	www.dbs.schule.de
Hamburger Bildungsserver:	lbs.hh.schule.de
Landesbildungsserver Sachsen-Anhalt:	lbs.st.schule.de
Bayerischer Schulserver:	www.schule.bayern.de
Niedersächsischer Bildungsserver:	www.nibis.ni.schule.de
Thüringer Bildungsserver:	www.th.schule.de
Sächsischer Bildungsserver:	www.sn.schule.de
Bildungsserver Mecklenburg-Vorpommern:	www.bildung-mv.de
Bremer Bildungsserver:	www.schule.bremen.de
Bildungsserver Saarland:	www.bildung.saarland.de
Bildungsserver Hessen:	www.bildung.hessen.de
Bildungsserver Rheinland-Pfalz:	www.bildung-rp.de
Landesbildungsserver Baden-Württemberg:	www.bw.schule.de
Landesbildungsserver Schleswig-Holstein:	www.lernnetz-sh.de
Zentrale für Unterrichtsmedien im Internet e.V.:	www.zum.de
Software-Dokumentations- und Informations-System:	www.sodis.de
Computer in die Schulen:	www.cids.de
Schulweb:	www.schulweb.de
Schulen ans Netz e.V.:	www.san-ev.de
bildung online:	www.b-o.de
Schroedel Verlag:	www.schroedel.de
Klett Verlag:	www.klett.de
Cornelsen Verlag:	www.cornelsen.de
Westermann Verlag:	www.westermann.de
Bildungssoftwareatlas:	www.bs-atlas.de
Learnetix:	www.learnetix.de
Allgemeine Suchmaschinen:	www.yahoo.de
	www.lycos.de
	www.fireball.de

Literaturverzeichnis

Albert, K.; *Wolf, B.*; *Zinke, G.*: Nutzung von Multimedia und Netzen für die betriebliche Berufsbildung – Ergebnisse einer Befragung. In: BWP, 27, 1998, 2, S. 40–43.

Ausubel, D. P.: Educational Psychology. A cognitive view. New York 1968.

Baacke, D.: Medienkompetenz – Begrifflichkeit und sozialer Wandel. In: Rein v., A. (Hrsg.): Medienkompetenz als Schlüsselbegriff. Bad Heilbrunn 1996, S. 112–124.

Bandura, A.: Sozial-kognitive Lerntheorie. Stuttgart 1979.

Barnes, S.: Hypertext literacy. Interpersonal Computing and Technology, 2, 4, 1994, S. 24–36. Internet-Dokument: http://www.helsinki.fi/science/optek/1993/ns/lemke.txt September 1999.

Bereiter, C.: Development in writing. In: Gregg, L. W.; Steinberg, E. (Hrsg.): Cognitive processes in writing. An interdisciplinary approach. Hillsdale 1980, S. 73–93.

Berliner Memorandum: Aktiver lernen – Multimedia für eine bessere Bildung, Initiativgruppe Berliner Memorandum (Hrsg.). Berlin 1994.

Berufe mit … Internet + Multimedia. Nürnberg 1999.

Blatt, I.; *Hartmann, W.*; *Voss, A.*: The Use of the Internet in University Teacher Training. In: The Internet and Higher Education. 1999, S. 305–315.

Blatt, I.: Beitrag zur Erforschung der Schlüsselqualifikation Medien-Schrift-Kompetenz im Kontext eines Virtuellen Seminars zur „Internet-Lese-und-Schreibkultur". DFG-Abschlussbericht 1999.

ders.: Schreibprozeß und Computer. Eine ethnographische Studie in zwei Klassen der gymnasialen Mittelstufe. Deutsche Hochschuledition Bd. 47, Neuwied 1996.

Bleckwenn, H.: Stilarbeit. In: Praxis Deutsch, 101, 1990, S. 15–20.

BMBF: Innovationen Wissensgesellschaft. Förderprogramm. Neue Medien in der Bildung. Berlin 2000.

Bodendorf, F.: Typologie von Systemen für die computergestützte Weiterbildung. In: Bodendorf, F.; Hofmann J. (Hrsg.): Computer in der betrieblichen Weiterbildung. München 1993, S. 63–82.

Bönsch, M.: 10 Kritische Fragen zum Thema Computer in der Schule. In: Beispiele. In Niedersachsen Schule machen. 1984, S.18.

Bredenkamp, K. u. J.: Was ist Lernen? In: Pädagogische Psychologie 2. Weinert, F. E., et al. (Hrsg.), Frankfurt/M. 1974, S. 605–630.

Brockhaus Enzyklopädie, Bd. 12, 19. völlig neubearb. Aufl., Mannheim 1990.

Bruner, J. S.: Toward a Theory of Instruction. Cambridge 1966.

Bund-Länder-Kommission für Bildungsplanung und Forschungsförderung: Gesamtkonzept für die Informationstechnische Bildung. Reihe: Materialien zur Bildungsplanung, 16, Bonn 1987.

ders.: Medienerziehung in der Schule. Orientierungsrahmen. BLK-Materialien zur Bildungsplanung und zur Forschungsförderung, Heft 44, Bonn 1995.

Christman, E.; Badgett, J.; Lucking, R.: Progressive comparison of the effects of computer-assisted instruction on the academic achievement of secondary students. Journal of Research on Computing in Education, 29, 1997, S. 325–336.

Collins, G: Cognitive apprenticeship and instructional technology. In: Idol, L.; Jones, B. (Hrsg.): Educational values and cognitive instruction: Implications for reform. Hillsdale 1991.

Technology Matters interactive. Englisch Metall- und Elektrotechnik für die Schule und im Beruf. CD-ROM Cornelsen, Berlin 2000.

Dichanz, H.: Schule und Multimedia – Entwicklungen im internationalen Vergleich. In: Meister, D. M.; Sander, U. (Hrsg.): Multimedia: Chancen für die Schule. Neuwied 1999, S. 112–126.

Dillon, A.; Gabbard, R.: Hypermedia as an educational technology: a review of the quantitative research literature on learner comprehension, control and style. Review of Educational Research 68, 1998, S. 322–349.

Donath, R.: E-Mail-Projekte im Englischunterricht. Stuttgart 1996.

Donath, R.; Volkmer, I.: Das transatlantische Klassenzimmer: Tips und Ideen für Online-Projekte in der Schule. Hamburg 1997.

Educational Testing Service: Computers and classrooms: The status of technology in U.S. schools. ETS Policy Information Center. 1999. Zusammenfassung im Internet unter: http://www.ets.org/research/pic/cc-sum.html, September 1999.

Feibel, T.: Großer Kinder-Software-Ratgeber 2000. Stuttgart 2000.

Feuerstein, R.: Der Einsatz des Internets in Schule und Unterricht. In: Meister, D. M; Sander, U.: Multimedia: Chancen für die Schule. Neuwied 1999, S. 173–195.

Flower, L.; Hayes, J.: A cognitive process theory of writing. In: College Composition and Communication, 32, 1981. S. 365–387.

Frank, H.: Lehrmaschinen in kybernetischer und pädagogischer Sicht. 4 Bde. Stuttgart, München 1963–1966.

Frey, K.: Effekte der Computerbenutzung im Bildungswesen. Ein Resümee des heutigen empirischen Wissensstandes. Zeitschrift für Pädagogik, 35, 1989, S. 637–656.

Gaschke, S.: Verheißung Internet – Alle Schulen ans Netz – ist das die Lösung? In: Die Zeit Nr. 14, Hamburg 2000.

Gerwin, W.: Lernen leicht gemacht – mit einer Multimedia-CD-ROM für Azubis in der Elektroausbildung. In: BWP, 29, 2000, S. 32.

Gesellschaft für Informatik (GI) e.V. (Hrsg.): Informatische Bildung und Medienerziehung. Empfehlung der Gesellschaft für Informatik e.V., erarbeitet von einem Arbeitskreis des Fachausschusses 7.3 „Informatische Bildung in Schulen", Beilage zu LOG IN, 19, 1999.

Greif, S.; Kurtz, H.-J.: Handbuch selbstorganisiertes Lernen. Göttingen 1998.

Haefner, K.: Die neue Bildungskrise. Basel 1982.

Hansen, K.-H.; Lang, M.: Computer in der Schule. Ergebnisse der deutschen IEA-Studie, Phase I ,1989. Institut für die Pädagogik der Naturwissenschaften, Kiel 1993.

Heintz, B.: Die Herrschaft der Regel. Zur Grundlagengeschichte des Computers. Frankfurt am Main, New York 1993.

Hendricks, W.; Schulz-Zander, R.: Überregionale Auswertung der Materialien der Modellversuche des Bereichs „Informations-und Kommunikationstechniken im Bildungswesen" – Schulbereich und Weiterbildung. (Unveröffentlichtes Gutachten im Auftrage der BLK, Berlin, Dortmund 1998.)

Hentig v., H.: Das allmähliche Verschwinden der Wirklichkeit. Ein Pädagoge ermutigt zum Nachdenken über die Neuen Medien. München 1984.

ders.: Die Schule neu denken. München, Wien 1994.

Hill, J.: A conceptual framework for understanding information seeking in open-ended information systems. Educational Technology Research and Development, 47, 1999. S. 5–28.

Holly, W.: Imagearbeit in Gesprächen. Zur linguistischen Beschreibung des Beziehungsaspektes. Tübingen 1979.

Höpfner, H.-D.: Integrierende Lern- und Arbeitsaufgaben. In: Jenewein, K. (Hrsg.): Fachtagung Elektrotechnik und Metalltechnik. Bildung und Beruf – Wege zur Entwicklung von Handlungskompetenz in der dualen Berufsausbildung. Neusäß 1996, S. 58–68.

Issing, L.; Deppe, A.: Berufsbilder und Ausbildung für den Multimedia-Bereich. In: Kubicek, H.; et al. (Hrsg.): Lernort Multimedia. Jahrbuch Telekommunikation und Gesellschaft 1998. Heidelberg 1998, S. 213–219.

Iversen, M. A.: Internet – Pädagogische Ressourcen. Schriftliche Hausarbeit zur ersten Staatsprüfung. Eingereicht an der Universität Kiel 1996.

Jonassen, D. H.: Computers in the classroom. Mindtools for critical thinking. Englewood Cliffs, New York 1996.

Kallenbach, C.; Ritter, M.: Computer-Ideen für den Englischunterricht. Anregungen und Beispiele für die Klassen 5–10. Berlin 2000.

Käberich, G.; *Schröder, T.*: Lernbereich Naturwissenschaften. Neue Medien als Hilfen zur Schulentwicklung. In: Computer und Unterricht, 33, 1999, S. 34–37.

King, A.: Verbal interaction and problem solving within computer-assisted instruction. Journal of Educational Computing Research, 5, 1989, S. 1–15.

Klafki, W.: Neue Studien zur Bildungstheorie und Didaktik. 5. Aufl., Weinheim 1996.

Klein, J. D.; *Doran, M. S.*: Implementing individual and small group learning structures with a computer simulation. In: Educational Technology, Research & Development, 47, 1999, S. 97–110.

Komoll, J.; *Miethe, H.*; *Wengler, U.*: Der Modellversuch HUMMELN – Aufgabenstellung, Raum- und Ausstattungskonzept. In: Mahrin, B. (Hrsg.): Didaktische Annäherungen. Berufliche Schulen und betriebliche Bildung auf neuen Wegen. Neusäß 1998, S. 47–58.

König, M.: Neue Lernwelten in Schule und zweiter Phase der Lehrerausbildung. In: Computer und Unterricht, 33, 1999.

Krämer, S.: Das Medium als Spur und als Apparat, in: Krämer, S. (Hrsg.): Medien – Computer – Realität. Wirklichkeitsvorstellungen und Neue Medien, Frankfurt/M. 1998, S.73–94.

ders.: Über die Kommunikation im Internet. Überlegungen zur telematischen Interaktion. In: Hartmann, C.; Hüttig, C.: Netzdiskurs. Das Internet und der Strukturwandel von Kommunikation und Öffentlichkeit. Loccumer Protokolle 67/97, Rehburg-Loccum 1998 a, S. 11–22.

Krapp, A.: Interesse und Studium. Forschungsansätze, Befunde, Konsequenzen. In: Arbeiten zur Empirischen Pädagogik und Pädagogischen Psychologie, Nr. 32. Universität der Bundeswehr, München 1993.

Kuhlen, R.: Hypertext. Ein nichtlineares Medium zwischen Buch und Wissensbank. Berlin, Heidelberg, New York 1991.

Kulik, C. C.; *Kulik, J. A.*: Effectiveness of computer-based instruction: An updated analysis. In: Computer in Human Behavior, 7, 1991, S. 75–94.

Landesinstitut für Erziehung und Unterricht (Hrsg.): Erprobungsversuch MUMELIGS. Multimediale Lernumgebungen in der Grundschule. Abschlussbericht. Stuttgart 1999.

Lang, M.; *Schulz-Zander, R.*: Informationstechnische Bildung in allgemeinbildenden Schulen – Stand und Perspektiven. In: Rolff, H.; et al. (Hrsg.): Jahrbuch der Schulentwicklung, Band 8. München 1994, S. 309–353.

Lehmann, J.; *Lauterbach, R.*: Die Wirkungen des Computers in der Schule auf Wissen und Einstellungen. In: LOG IN, 5, 1985, 1, S. 24–27.

Lemke, L. J.: Hypermedia and higher education. Interpersonal Computing and Technology, 1, 2, 1993. Internet-Dokument: http://www.helsinki.fi/science/optek/1993/ns/lemke.txt, September1999.

Lenhard, H.; Strauß, D. (Hrsg.): teach:line – Medienpädagogische Ausbildung in Studienseminaren. Gütersloh 2000.

Lenke, N.; Lutz, H.; Sprenger, M.: Grundlagen sprachlicher Kommunikation. München 1995.

Levy, M.: Computer-Assisted Language Learning. Context and Conceptualization. Oxford 1997.

Livingstone, D. W.: Informelles Lernen in der Wissensgesellschaft. In: QUEM-report, Heft 60, Arbeitsgemeinschaft Betriebliche Weiterbildungsforschung e.V., Berlin 1999, S. 65–91.

Mahrin, B.; Uhe, E.: Neue Formen der Arbeit und ihre Auswirkungen auf Berufsbildung und Studium. In: Schulz-Hageleit, P. (Hrsg.): Lernen unter veränderten Lebensbedingungen. Frankfurt/M., Berlin 1999, S. 203–220.

Mahrin, B.: Neue Impulse für die technische Berufsbildung durch aktive Multimedia-Nutzung. In: Lernen & Lehren, 14, 1999 a, S. 12–24.

ders.: Arbeiten und Lernen mit aktiver Multimedia-Nutzung. In: ibs, IGM, bfw, TU Berlin/ZEK (Hrsg.): Elektronische Dokumentation von Erfahrungswissen / Multimediale Bedienungsanleitungen. Dokumentation zum gleichnamigen Innovationsworkshop im IG-Metall-Haus Berlin am 5.11.1998. Berlin, Technische Universität 1999 b, S. 4–13.

Mandl, H.; Gruber; H., Renkl, A.: Situiertes Lernen in multimedialen Lernumgebungen. In: Issing, L; Klimsa, P. (Hrsg.): Information und Lernen mit Multimedia, Weinheim 1995, S. 167–178.

Mandl, H., Reinmann-Rothmeier, G., Gräsel, C.: Gutachten zur Vorbereitung des Programms „Systematische Einbeziehung von Medien, Informations- und Kommunikationstechnologien in Lehr- und Lernprozesse", Heft 66 der Materialien zur Bildungsplanung und zur Forschungsförderung, hrsg. von der Bund-Länder-Kommission für Bildungsplanung und Forschungsförderung. Bonn 1998. Ist auch über das Internet verfügbar: http://www.blk-bonn.de/download.htm.

Mandl, H.; Reinmann-Rothmeier, G.: Gestaltung multimedialer Lernumgebungen. In: Schenkel, P. (Hrsg.): Multimedia in der Beruflichen Bildung. Neusäß 1995, S. 23–29.

McKnight, C.; Dillon, A.; Richardson, J. (Hrsg.): Hypertext: A Psychological Perspective. Chichester 1993.

Martin, J.-P.; Kelchner, R.: „Lernen durch Lehren". In: Timm, J.-P. (Hrsg.): Englisch lernen und lehren – Didaktik des Englischunterrichts. Berlin 1998, S. 211–219.

Meister, D. M.; Sander, U.: Multimedia in der Schule – eine Einführung. In: Meister, D.M.; Sander U. (Hrsg.): Multimedia: Chancen für die Schule. Neuwied 1999, S. 7–18.

Meschenmoser, H.: Lernen mit Medien. Zur Theorie, Didaktik und Gestaltung von interaktiven Medien im fächerübergreifenden Unterricht. Hohengehren 1999.

Meyer, H.: Unterrichtsmethoden. Band 2: Praxisband. 8. Aufl., Berlin 1997.

Ministerium für Schule und Weiterbildung, Wissenschaft und Forschung des Landes Nordrhein-Westfalen: Zukunft des Lehrens – Lernen für die Zukunft: Neue Medien in der Lehrerausbildung, Rahmenkonzept. Schriftenreihe Schule in NRW, Nr. 9032, Düsseldorf 2000.

Mitschian, H.: Neue Medien – neue Lernwerkzeuge. Fremdsprachenlernen mit Computern. Erfahrungen und Möglichkeiten für Deutsch als Fremdsprache. Bielefeld 1999.

Modellversuch „Integrative Medienerziehung mit multimedialen, interaktiven Systemen (IMMIS)". Abschlussbericht. Pädagogisches Institut Frankfurt im Hessischen Landesinstitut für Pädagogik (HeLP). Frankfurt 1999 (nicht veröffentlicht).

Modellversuch „Multimediale Lernwerkstatt als Hilfe zur kooperativen Selbstorganisation von Schulen" (LESE). Abschlussbericht. Pädagogisches Institut Frankfurt im Hessischen Landesinstitut für Pädagogik (HeLP). Frankfurt 2000 (nicht veröffentlicht).

Niedersächsisches Kultusministerium (Hrsg.): Neue Technologien und Allgemeinbildung. Band 1. Grundlagen und Bildungskonzept. Hannover 1989.

ders: Neue Technologien und Allgemeinbildung. Band 4. Chemie: Anregungen für den Unterricht. Hannover 1989.

ders.: Neue Technologien und Allgemeinbildung. Band 30. Informations- und kommunikationstechnologische Bildung: Themen – Methoden – Ideen. Hannover 1994.

Opaschowski, H.: Feierabend? Von der Zukunft ohne Arbeit zur Arbeit mit Zukunft. Opladen 1998.

Papert, S.: Mindstorms. New York 1980.

Peschke, R. (Hrsg.): Gruppenarbeit in vernetzten Systemen. Computer und Unterricht, 20, 1995.

Rahmenkonzept Informationstechnische Bildung in Schule und Ausbildung der Bund-Länder Kommission für Bildungsplanung und Forschungsförderung (BLK) vom 7. Dezember 1984. In: Schulverwaltungsblatt für Niedersachsen, 1985, 3, S. 45–48.

Rammert, W.: Der Anteil der Natur an der Genese einer Technik: Das Beispiel des Telefons. In: Forschungsgruppe Telekommunikation (Hrsg.): Telefon und Gesellschaft. Beiträge zu einer Soziologie der Telekommunikation. Berlin 1989, S.87– 95.

Rebmann, K.: Wissenserwerb aus konstruktivistischer Sicht. In: berufsbildung, 55, 1999, S. 3–6.

Ritter, M.: Computer und handlungsorientierter Unterricht. Zur allgemein- und fachdidaktischen Reichweite eines neues Mediums. Donauwörth 1995.

Robb, T.: NE-Mail keypals for language fluency. Foreign Language Notes, 38, 3, 1996. S. 8–10. Online-version unter: http://www.kyoto-su.ac.jp/~trobb/keypals.html, September 1999.

Roberts, B.: The problem of non-response. Zusammenfassung der Online-Diskussion der iecc-discussion list. 1994 a http://www.stolaf.edu/network/iecc/discussion/nonresponse.html, September 1999.

Roberts, B.: Integration of e-mail in the classroom. Zusammenfassung der Online-Diskussion der iecc-discussion list. 1994 b.http://www.stolaf.edu/network/iecc/discussion/classroom.html, September 1999.

Rüschoff, B.; Wolff, D.: Fremdsprachenlernen in der Wissensgesellschaft. Zum Einsatz der Neuen Technologien in Schule und Unterricht. Ismaning 1999.

Sander, M.: Der Einsatz von Multimedia zur Unterstützung von Arbeiten und Lernen in der Versorgungstechnik. In: Mahrin, B. (Hrsg.): Didaktische Annäherungen. Berufliche Schulen und betriebliche Bildung auf neuen Wegen. Neusäß 1998, S. 87–101.

Schaumburg, H.; Issing, L. J.: Selbstständiges Lernen mit Multimedia und Hypermedia. In: Busch, R. (Hrsg.): Schule, Netze und Computer, S. 1–18, Neuwied 2000.

Schenkel, P.; Tergan, S.; Lottmann, A.: Qualitätsbeurteilung multimedialer Lern- und Informationssysteme. Nürnberg 2000.

Schmitz, G.: Lernen mit Multimedia: Was kann die Medienpsychologie beitragen? In: Schwarzer, R. (Hrsg.): MultiMedia und TeleLearning. Lernen im Cyberspace. Frankfurt/M., New York 1998, S. 197–214.

Schoenfeld, A. H.: Mathematical problem solving. In: Academic Press. New York 1985.

Schorb, B.: Vermittlung von Medienkompetenz als Aufgabe der Medienpädagogik. In: Enquete-Kommission (Hrsg.): Zukunft der Medien – Medienkompetenz im Informationszeitalter. Bonn 1997, S. 63–75.

Schröder, R.: Arbeitsgruppe „Berufs- und Wirtschaftspädagogik". In: Tulodziecki, G.; Blömeke, S. (Hrsg.): Neue Medien – neue Aufgaben für die Lehrerausbildung. Gütersloh 1997, S. 120–143.

Schulz, W.: Anstiftung zum didaktischen Denken. Unterricht – Didaktik – Bildung. Weinheim, Basel 1996.

Schuster, K.: Einführung in die Fachdidaktik Deutsch. Hohengehren 1992.

Seidel, T.: Wollen Lehrer Computer einsetzen? In: Computer und Unterricht, 33, 1998, S. 42–44.

Sembill, D.; Wolf, K. D.: Einsatz interaktiver Medien in komplexen Lehr-Lern-Arrangements. In: Gogolin, I.; Lenzen, D. (Hrsg.): Medien-Generation. Beiträge zum 16. Kongress der Deutschen Gesellschaft für Erziehungswissenschaften. Opladen 1999, S. 403–427.

Sennet, R.: Der flexible Mensch. Berlin 2000.

Siebeck, F.: Zur organisatorischen Verknüpfung von Lernen und Gestalten mit dem Arbeitsprozeß vor dem Hintergrund betrieblicher Innovationen. In: Storz, P.; Siebeck, F. (Hrsg.): Computergestütztes, erfahrungsgeleitetes Lernen und Gestalten – Grundsätze zur Entwicklung effektiver Arbeits- und Lernumgebungen im Unternehmen. Arbeit – Bildung – Beruf Bd. 12. Dresden 1997, S. 65–76.

Smith, F.: Understanding reading. Hillsdale, London 1986.

Spiro, R. J.; *Jehng, J.-C.*: Cognitive flexibility and hypertext: Theory and technology for the nonlinear and multidimensional traversal of complex subject matter. In: Nix, D.; Spiro, R.J. (Hrsg.): Cognition, Education and Multimedia: Exploring ideas in high technology, Hillsdale 1990, S. 163–205.

Stoll, C.: High Tech Heretic. Why Computers don't belong in the classroom and other reflections by a Computer contrarian. New York 1999, S. 220.

Suppes, P.: Computer Technology and the Future of Education. In: Atkinson, R. C.; Wilson, H. A. (Hrsg.): Computer-Assisted Instruction. A Book of Readings. New York 1969.

Switalla, B.: Hypermedia-Arbeitsumgebung: Gestaltung und Erprobung wissenschaftlich gesehen. In: Computer und Unterricht,13, 1994.

Tergan, O.: Hypertext und Hypermedia: Konzeptionen, Lernmöglichkeiten, Lernprobleme. In: Issing, L.; Klimsa, P. (Hrsg): Information und Lernen mit Multimedia. Weinheim 1995, S. 123–138.

Thissen, F.: Lernort Multimedia. Zu einer konstruktivistischen Multimedia-Didaktik. In: Nispel, A.; Stang, R.; Hagedorn, F. (Hrsg.): Pädagogische Innovation mit Multimedia 1. Analysen und Lernorte. Deutsches Institut für Erwachsenenbildung, Frankfurt/M. 1998, S. 29–43.

Tilch, H.; *Biel, W.*: Selbstgesteuertes Lernen in der beruflichen Bildung: Grundlagen und Erfahrungen mit einem schulischen Lernzentrum. Bremen 1998.

Tulodziecki, G.: Media as Tools for Learning and Promotion of Development. In: Bertelsmann Foundation (Hrsg.): School Improvement through Media in Education. Gütersloh 1995, S. 107–118.

Tulodziecki, G.; *Mütze, C.*: Lehrerausbildung im Bereich neuer elektronischer Medien. In: Bertelsmann Stiftung (Hrsg.): Neue Medien in den Schulen: Projekte – Konzepte – Kompetenzen. Gütersloh 1996, S. 143–163.

Wagner, W.: Neue Technologien, gesellschaftlicher Wandel und Allgemeinbildung. In: Pädagogische Führung, 1992, 3, S. 154–158.

Weidenmann, B.; *Krapp, A.*: Lernen mit dem Computer, Lernen für den Computer – Einleitung des Herausgebers zum Themenheft. In: Zeitschrift für Pädagogik 1989, 5, S. 621–636.

Weidenmann, B.: Lernen mit Bildmedien. Psychologische und didaktische Grundlagen. Weinheim, Basel 1991.

ders.: Multicodierung und Multimodalität im Lernprozeß. In: Issing, L.; Klimsa, P. (Hrsg.): Information und Lernen mit Multimedia. Weinheim 1995, S. 65–84.

ders.: Verlangen die neuen Medien ein neues Lesen? In: Höfling, S.; Mandl, H. (Hrsg.): Lernen für die Zukunft – Lernen in der Zukunft. Wissensmanagement in der Bildung. (Berichte und Studien der Hanns-Seidel-Stiftung, Band 74). München 1997, S. 88–96.

Weingarten, R. (Hrsg.): Sprachwandel durch Computer. Opladen 1997, S. 51–85.

Wenglinsky, H.: Does it compute? The relationship between educational technology and student achievement in mathematics. ETS Policy Information Center 1998. Internet Dokument: http://www.ets.org/research/pic/dic/preack.html.

Wild, K.; Schiefele U.: Lernstrategien im Studium: Ergebnisse zur Faktorenstruktur und Reliabilität eines neuen Fragebogens. In: Zeitschrift für Differentielle und Diagnostische Psychologie 15, 1994, 4, S. 185–200.

Williams, M. D.: Learner-control in instructional technologies. In: Jonassen, D. H. (Hrsg.): Educational communications and technology. New York 1996, S. 957–983.

Willis, J.: A Framework for Task-Based Learning. Harlow 1996.

Winograd T.; Flores F.: Erkenntnis – Maschinen – Verstehen. Zur Neugestaltung von Computersystemen, Berlin 1989.

Wolf, K. D.: Gestaltung und Einsatz einer selbstorganisationsoffenen Lehr-Lern-Umgebung unter WorldWideWeb. In: Hron, A. (Hrsg.): Vortragsreihe Multimediales Lernen am DIFF. Tübingen 1996, S. 30–36.

Zimmer, D.: Deutsch und anders: die Sprache im Modernisierungsfieber. Reinbek bei Hamburg 1997.

Zimmer, G.: Der Markt der Lernsoftware für berufliche Bildung. In: Bundesinstitut für Berufsbildung (Hrsg.): Berufliche Bildung – Kontinuität und Innovation. Dokumentation des 3. BIBB-Fachkongresses. Berlin, Bonn 1997, S. 619–627.

Zink, T.; Schnotz, W.: Informationssuche und Kohärenzbildung beim Wissenserwerb mit Hypertexten. Forschungsbericht 4. Institut für Psychologie der Universität Jena 1995.

Autoren

Dr. Inge Blatt

Jg. 1942, Studium der Germanistik, Geschichte, Erziehungs- und Politikwissenschaft; wissenschaftliche Mitarbeiterin am Institut für Didaktik der Sprachen im Fachbereich Erziehungswissenschaft der Universität Hamburg; Koordinatorin der „Arbeitsstelle Schriftkultur und ihre Medien".
Arbeitsschwerpunkte: Veränderungen der Schriftkultur durch die neuen Medien und daraus erwachsende Anforderungen an den Deutschunterricht und die Deutschlehrerausbildung; Aufbau eines virtuellen Seminars zur „Medien-Schrift-Kompetenz" (*Internet Literacy*) mit wissenschaftlicher Begleituntersuchung (http://www.erzwiss.uni-hamburg.de/virtsem)

Prof. Dr. Wilfried Hendricks

Jg. 1943, Studium der Erziehungs-, Politik- und Wirtschaftswissenschaften; TU Berlin, seit 1975 Professur für Fachdidaktik Arbeitslehre; seit 1995 zusätzlich wiss. Direktor des IBI – Institut für Bildung in der Informationsgesellschaft e.V.;
Arbeitsschwerpunkte: Informations- und Kommunikationstechnologien im Bildungssektor, insbes. Multimedia und Telelernen, Qualität von Bildungssoftware, Telearbeit; verantwortliche Mitwirkung in mehreren BLK-Modellversuchen und F+E-Projekten; Berater im niedersächsischen Kultusministerium für „Neue Technologien und Schule" sowie „Bildung und EXPO 2000"; Gründer des Deutschen Bildungssoftware-Preises **digita**; zahlreiche Publikationen zu allgemein-, fach- und mediendidaktischen Themen; Mitwirkung bei Film- und Videoproduktionen

Petra Hobrecht

Jg. 1961, Lehramt für Sekundarstufe II/I in den Fächern Englisch und Mathematik;
von 1990 bis 1999 Unterricht am Gymnasium, dort mit Beginn des Projektes „NRW-Schulen ans Netz – Verständigung weltweit" zuständig für den Bereich „Interneteinsatz in der Schule", seit Beginn des Schuljahres 1999/2000 an der Beratungsstelle für Neue Technologien am Landesinstitut für Schule und Weiterbildung, Soest, zuständig für den Bereich Deutsch/Fremdsprachen

Prof. Dr. Ludwig J. Issing

Jg. 1940, Studium der Erziehungswissenschaft und Psychologie mit Schwerpunkt *Instructional Technology*: M.A. Rochester, N.Y./USA; Freie Universität Berlin seit 1980, geschäftsführender Direktor des Instituts für Pädagogische Psychologie und Medienpsychologie, Arbeitsbereich Medienforschung; Arbeitsschwerpunkte: Didaktisches Design von Multimedia- und Internet-Anwendungen für Informationsvermittlung und Lernen, Evaluation von Multimedia-/Internet-Produkten, Neue Technologien in der Schule (z.B. Schulen ans Netz), Telelernen im Hochschulbereich und in der betrieblichen Aus- und Weiterbildung; Durchführung von Forschungs- und Entwicklungsprojekten im Multimedia-Bereich, zahlreiche wissenschaftliche Veröffentlichungen zur Medienpädagogik und Medienpsychologie

Manfred König

Jg. 1955, Dipl.-Päd., Mitarbeiter des Pädagogischen Instituts Frankfurt, Studium der Fächer Arbeitslehre, Geschichte und Erziehungswissenschaft; Durchführung mehrerer Modellversuche im Bereich der Informationstechnischen Bildung, Leiter des hessischen BLK-Projekts „Neue Lernwelten in Schule und zweiter Phase der Lehrerausbildung"

Bernd Mahrin

Jg. 1955, Dipl.-Ing. Ingenieurstudium (Maschinenbau) und Lehramtsstudium (Metalltechnik und Physik); Tätigkeiten mit den Schwerpunkten moderne Fertigungstechnologien und computerunterstütztes Lernen in der Aus- und Weiterbildung, wissenschaftliche Begleitung von Modellversuchen, 1995 bis 2000 wissenschaftlicher Mitarbeiter an der Technischen Universität Berlin, Fachdidaktik Metall- und Elektrotechnik mit Schwerpunkt Multimedia in der beruflichen Bildung; heute tätig in Konzeption und Entwicklung von Multimedia für die gewerblich-technische Berufsbildung und in der Curriculumentwicklung zur Erschließung von Medienberufen für benachteiligte Jugendliche

Dr. Haymo Mitschian

Jg. 1954, Privatdozent für das Lehrgebiet Deutsch als Fremdsprache, TU Berlin; Studium von Germanistik, Geschichte, Sozialkunde für das Lehramt an Gymnasien, nach dem 2. Staatsexamen zusätzlich Erziehungswissenschaften und Sinologie; mehrjähriger Aufenthalt als Deutschlehrer in der Volksrepublik China;
Arbeitsschwerpunkte: technologiegefördertes Lernen allgemein und compu-

teruntersützes Lernen des Deutschen als Fremdsprache im Besonderen; Habilitation 1999 mit einer Arbeit zum Thema „Neue Medien – neue Lernwerkzeuge. Fremdsprachenlernen mit Computern" im Fachbereich Erziehungswissenschaften der TU Berlin

Rudolf Peschke

Jg. 1947, Dipl.-Inform., Studium der Informatik und der Erziehungswissenschaften, seit 1998 Referatsleiter im Hessischen Kultusministerium für den Einsatz neuer Medien im Unterricht;
langjähriger Mitarbeiter im ehemaligen Hessischen Institut für Bildungsplanung und Schulentwicklung, dort mit der Leitung zahlreicher Modellversuche betraut, die sich mit dem Einsatz von Computern, Multimedia und Internet in Schulen sowie in der Lehreraus- und -fortbildung befasst haben

Dr. Markus Ritter

Jg. 1963, Studium der Anglistik, Biologie, Germanistik (Deutsch als Fremdsprache) und Erziehungswissenschaften an der Universität Münster;
1991 Lehrer für DaF in Großbritannien, 1993 bis 1997 Redakteur und Projektleiter für Multimedia-Entwicklungen im Cornelsen Verlag, seit 1997 wissenschaftlicher Mitarbeiter in der Anglistik, zunächst an der Universität-GH Siegen, seit 1999 an der Universität-GH Essen;
Arbeitsschwerpunkte: Lehr- und Forschungstätigkeiten zur englischen Fachdidaktik, Schulpraxis sowie zum technologiegestützten Sprachenlernen, Buch- und Zeitschriftenveröffentlichungen in diesen Themenfeldern

Heike Schaumburg

Jg. 1969, Dipl.-Psych., M. Sc. *Instructional Technology*, wissenschaftliche Mitarbeiterin im *Center for Media Research*, Freie Universität Berlin;
Arbeitsschwerpunkte: Schule und neue Medien (Evaluation des Modellversuchs „Notebook-Klassen – Lernen für die Zukunft" am Evangelisch-Stiftischen Gymnasium in Gütersloh), Lernen im Internet, psychologische Aspekte der Mensch-Computer-Interaktion

Dr. Detlev Schnoor

Jg. 1955, seit 1994 Projektleiter für „Medien und Bildung" der Bertelsmann Stiftung, zuvor viele Jahre als Erziehungswissenschaftler im Institut für Schulentwicklungsforschung der Universität Dortmund; verantwortlich für Projekte im Bereich Medienforschung, Mediensozialisation und Medienpädagogik; hierzu Publikation mehrerer Bücher und Aufsätze; Ausbildung zum Organisationsberater für Schulen durch IMTEC (*International Movement Towards Educational Change*), Oslo; Beratungstätigkeit für Schulen in Entwicklungsprojekten und interner Organisationsberater beim Senator für Bildung und Wissenschaft der Hansestadt Bremen

Prof. Dr. Renate Schulz-Zander

Jg. 1945, seit 1992 Universität Dortmund, Professur für Bildungsforschung und Informations- und Kommunikationstechnologische Bildung, 1978 bis 1992 wissenschaftliche Mitarbeiterin am Institut für die Pädagogik der Naturwissenschaften in Kiel;
Mitglied im Leitungsgremium des Instituts für Schulentwicklungsforschung der Universität Dortmund sowie im Graduiertenkolleg „Geschlechterverhältnisse und sozialer Wandel", 1980 Gründerin und bis 1990 Schriftleiterin der Zeitschrift *LOG IN*; 1991 Gründerin und leitende Herausgeberin der Zeitschrift *Computer und Unterricht*

Tanja Siemer

Jg. 1970, Studium von Grund- und Hauptschulpädadogik in Lüneburg; 1995 2. Staatsexamen in Berlin, seitdem wissenschaftliche Mitarbeiterin an der Technischen Universität Berlin im Lernbereich Deutsch im Fachbereich Erziehungswissenschaften;
Arbeitsschwerpunkte: computerunterstützter Grundschulunterricht, Kinder- und Jugendliteratur

Dr. rer. nat. Wolfgang Tews

Jg. 1944., Dipl.-Phys., seit 1993 Fachbereichsleiter für Mathematik und Informatik (Paulsen-Gymnasium Berlin);
1987 bis 1996 nebenberufliche Dozententätigkeit (Software-Engineering für Multimedia-Produkte); Autor verschiedener Lernprogramme; Drehbuch-Autor von „Mathlantis – Modul Algebra"; seit 1997 Mitarbeit beim Online-Lernhilfe-Service Learnetix: „Dr. Mathe"

Dr. Wolf-Rüdiger Wagner

Jg. 1943, Studium der Germanistik, Politikwissenschaft und Philosophie;
Arbeit in Schule, außerschulischer Bildung und Universität; Leiter des Dezernats Medienpädagogik am Niedersächsischen Landesinstitut für Fortbildung und Weiterbildung im Schulwesen und Medienpädagogik

Dr. Hartmut Warkus

Jg. 1949, Privatdozent für Medienpädagogik, Universität Leipzig; Geschäftsführer des Zentrums für Medien und Kommunikation an der Universität Leipzig;
Arbeitsschwerpunkte: Medienpädagogik und neue Medien, Lernen mit und im Internet, Evaluation von Lernsoftware, Mediendidaktik, Jugendmedienschutz

Wolfgang Weber

Jg. 1954, Studium von Mathematik, Biologie und später auch Informatik für das Lehramt an Gymnasien;
Leiter der Beratungsstelle für Neue Technologien am Landesinstitut für Schule und Weiterbildung, von 1981 bis 1990 Lehrer an einer Gesamtschule, seit 1990 am Landesinstitut in Soest, Mitwirkung in bzw. Leitung mehrerer Modellversuche und Projekte zum Lernen mit Neuen Medien bzw. zur Medienbildung, zuständig für den NRW-Bildungsserver learn:line

Stichwortverzeichnis

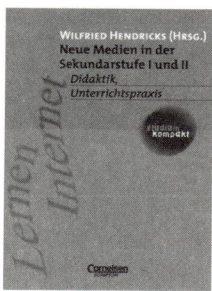